HISTOIRE
D'ESPAGNE

TEMPS PRIMITIFS,
DOMINATION CARTHAGINOISE, ROMAINE, VISIGOTHE,
ARABE.

PAR

LUCIEN RENARD

PARIS

FURNE, LIBRAIRE-ÉDITEUR,
RUE SAINT-ANDRÉ-DES-ARTS, 45.

1855.

HISTOIRE D'ESPAGNE

Paris. — Imprimerie de L. MARTINET, rue Mignon, 2.

HISTOIRE
D'ESPAGNE

TEMPS PRIMITIFS,
DOMINATION CARTHAGINOISE, ROMAINE, VISIGOTHE,
ARABE.

PAR

LUCIEN RENARD

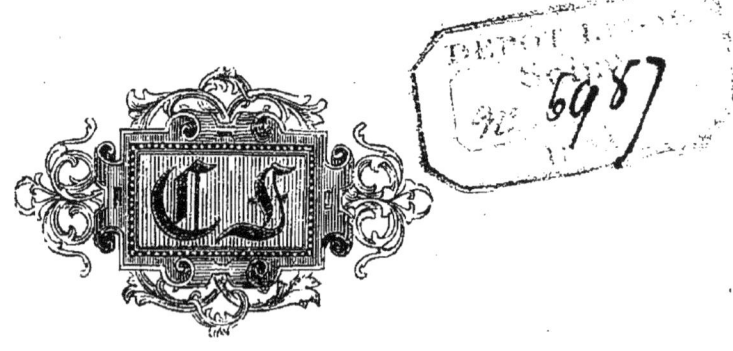

PARIS

FURNE, LIBRAIRE-ÉDITEUR,
RUE SAINT-ANDRÉ-DES-ARTS, 45.

1855.

A SON EXCELLENCE

DON BALDOMERO ESPARTERO

DUC DE LA VICTOIRE

Excellence,

Heureuse de vous devoir son salut, l'Espagne reconnaissante vous appelle son libérateur, et inscrit votre nom, désormais immortel, parmi les plus beaux noms de ses annales.

La Providence achèvera par vous l'œuvre commencée ; par vous, le peuple généreux dont j'entreprends d'écrire l'histoire, verra renaître les jours de ses prospérités et de ses grandeurs.

Le duc de la Victoire lui rendra ses hautes destinées.

Daigne Votre Excellence accepter l'hommage de ce livre, où sont racontés les luttes et les triomphes de votre beau pays, et me permettre de le placer sous son puissant patronage.

J'ai l'honneur d'être, avec un profond respect, de Votre Excellence, le très humble serviteur.

25 août 1855.

Lucien RENARD.

AVANT-PROPOS.

Gardée au nord par ses montagnes, au sud, à l'est et à l'ouest par deux grandes mers qui l'étreignent avec amour, l'Espagne, grâce à ces limites naturelles, semble un monde à part, séparé des autres pays du globe par la volonté du ciel.

On dirait que la Providence, l'ayant de tout temps prédestinée à la lutte, a voulu la disposer comme une vaste arène où devaient combattre, venus des contrées les plus opposées, les peuples divers que le calcul avait amenés sous son beau ciel ou que le hasard avait conduits sur son sol, le plus riche et le plus fécond de la terre.

Ibères, enfants de l'Asie; Celtes, originaires de la Germanie; Carthaginois, Romains, Goths, Arabes, se sont disputé la possession de cette contrée, aussi renommée par l'abondance de ses mines d'or et d'argent que par la variété et l'excellence de ses produits.

On peut le dire, en vérité, l'Espagne fut le pays de la lutte opiniâtre, de la lutte constante. C'est un champ clos où le moyen âge continue le combat commencé dès le IIIe siècle avant Jésus-Christ.

Au duel entre les Carthaginois et les Romains, succède le duel entre les barbares du Nord et ceux du Midi, entre les Goths et les Arabes; duel terrible, croisade persévérante qui a formé, suivant l'heureuse idée de Michelet, le fond même du caractère espagnol, avec sa farouche intolérance et son orgueil chevaleresque, exaltés par la violence des passions africaines.

De l'autre côté des Pyrénées, les rivalités de race disparaissent avec le temps.

Grâce à des concessions mutuelles, les vainqueurs et les vaincus, unis par les liens indissolubles d'une même religion, tendent à ne faire qu'un seul peuple, et les nationalités se fondent.

En deçà, au contraire, la lice reste ouverte. Huit cents ans durant les champions sont en présence, et ce n'est qu'au xve siècle que l'Espagne, maîtresse enfin d'elle-même, ne reconnaît plus qu'un seul peuple, sous le sceptre d'un seul roi.

A partir de cette époque, la Péninsule, forte de son unité, demande à prendre sa place parmi les grandes nations; elle abaisse ses Pyrénées, prend part au mouvement des autres peuples de l'Europe, et menace un instant d'envahir l'empire universel.

Ses conquêtes et ses alliances lui acquièrent de vastes et nombreuses contrées. Ses rois peuvent avec orgueil se dire les maîtres de toutes les Espagnes.

Plus tard, alors que l'ancienne Europe, secouée par le souffle puissant des révolutions, s'ébranle et s'agite avant de trouver l'équilibre que doivent lui donner ses nouvelles institutions, la Péninsule, préservée par sa position géographique non moins que par les habitudes de ses populations, résiste à l'élément révolutionnaire, retrouve, pour lutter contre l'invasion des étrangers, ce courage indomptable d'une race *aussi altière dans son indépendance que terrible dans sa religion*, et justifie l'ancienne réputation de l'esprit de résistance naturel aux Aragonais.

« Donnez un clou à l'Aragonais, il l'enfoncera avec sa tête plutôt qu'avec un marteau. »

C'est donc une grande histoire que celle de l'Espagne; c'est une histoire des plus fécondes en événements intéressants, et des plus instructives en enseignements de tout genre. Elle est pourtant peu connue; non pas qu'elle ait manqué de narrateurs habiles et consciencieux: les historiens de réputation ne lui ont point fait défaut, et en France, les Rosseeuw Saint-Hilaire, les Romey, les de Neibo, lui ont prêté l'appui de leurs talents. Mais leurs œuvres, d'une étendue proportionnée à l'importance de l'histoire qu'ils ont racontée, ont peut-être trouvé peu de lecteurs en dehors de cette classe d'hommes qui s'occupe plus spécialement de recherches historiques.

Loin de nous l'orgueilleuse pensée de suivre, même à une immense distance, le travail de ces savants écrivains. Nous avons voulu seulement, par un aperçu rapide et par un résumé succinct de leurs livres, contribuer à rendre plus populaire une histoire si intéressante et inspirer le désir de l'étudier dans les chefs-d'œuvre des auteurs que nous avons cités.

Là se borne toute notre ambition.

HISTOIRE D'ESPAGNE.

CHAPITRE PREMIER.

ESPAGNE DANS LES TEMPS PRIMITIFS.

Premiers habitants de l'Espagne. — Ibères. — Celtes. — Celtibères. — Colonies phéniciennes. — Colonies grecques.

En remontant aux siècles les plus reculés, nous trouvons l'Espagne occupée par une multitude de tribus sorties primitivement de deux grandes souches, les Ibères et les Celtes, d'où naquit plus tard, par une réunion partielle, la nation des Celtibères.

Aucun auteur n'indique, d'une manière précise, l'époque à laquelle ces peuples vinrent habiter la Péninsule, et la question, du reste, importe peu à l'intelligence de l'histoire. Il suffit de savoir que déjà, et depuis longtemps, les uns et les autres avaient formé des établissements nombreux sur toute la surface du pays, lorsque les Phéniciens, et, après eux, les Grecs vinrent y établir de brillantes colonies, vers les temps de la fondation de Rome, c'est-à-dire dès le VIIIe siècle avant J.-C. (1).

Nous ne voyons nulle part que les premiers habitants de l'Espagne aient opposé aucune résistance à l'établissement de ces colonies; il paraît, au contraire, que les nouveaux venus purent sans difficulté se construire des magasins, qui bientôt se changèrent en villages et devinrent des villes fortifiées.

On pourrait donc classer en trois grandes divisions les habitants de l'Espagne, aux temps antérieurs au IIIe siècle avant J.-C. :

1° Les Ibères, } d'où les Celtibères;
2° Les Celtes, }

3° Les colonies phéniciennes, grecques et carthaginoises.

Voici sur l'origine de ces différents peuples, sur leur caractère et sur la position qu'ils occupaient dans la Péninsule, quelques notions puisées dans les auteurs qui se sont inspirés aux meilleures sources.

IBÈRES. — Originaires de l'Asie, les Ibères vin-

(1) Masdeu fait remonter à une époque bien plus ancienne les premiers établissements des Phéniciens en Espagne. D'après lui, Cadix fut fondée au XVe siècle avant J.-C.

rent s'établir dans la Péninsule, à une époque très reculée, et furent les premiers possesseurs de la plus grande partie, sinon de la totalité de cette terre, la plus riche du monde connu des anciens. Cette opinion se fonde sur ce fait constaté par les savants, que, dans toute l'étendue de l'Espagne, on parlait la langue basque, et que cette langue était celle des Ibères.

Ces peuples occupaient plus des deux tiers de la Bétique (1), et leurs tribus maritimes s'étendaient, le long de la côte, de Cadix à Carthagène. Les Indigètes, les Ilergètes, les Contestains et les Ilervacones appartenaient à cette nation.

Visités souvent, à raison de leur position le long des côtes, par les commerçants grecs, phéniciens et carthaginois, qui affluaient sur leurs bords, les Ibères conservèrent moins pur le type de leur première origine.

On les retrouve, de temps en temps, amis quand même de la liberté, mais ils se laissèrent gagner par l'amour du gain, et durent à leurs alliances avec les étrangers l'affaiblissement de leur ardent amour pour l'indépendance.

CELTES. — Les Celtes, issus de la race indo-germanique, passèrent des Gaules en Espagne vers le

---

(1) Plus tard l'Andalousie.

ive siècle avant J.-C. Les Ibères, déjà maîtres du pays, résistèrent à leur invasion. Combien de temps dura cette lutte, quelles en furent les principales péripéties, voilà ce qu'il nous est impossible d'établir. Nous savons seulement que les deux nations rivales finirent par s'entendre, et que, déposant les armes, elles partagèrent en amies le pays dont elles avaient joué la destinée sur les champs de bataille. Diverses tribus des deux peuples se fondirent même dans une alliance plus intime, et formèrent un peuple nouveau, qui prit le nom de *Celtibères*.

Les Astures, les Cantabres, les Vascons, les Galliciens et les Lusitaniens, faisaient partie de la grande nation des Celtes.

Esprits guerriers, cœurs indomptables, non moins amateurs de leur liberté que de leurs montagnes, la plupart de ces peuples intrépides résistèrent constamment à toutes les dominations étrangères qui tour à tour subjuguèrent l'Espagne.

Ils régnaient particulièrement au nord et à l'ouest, dans cette contrée qui abonde en métaux précieux, et surtout en fer, à ce point que les auteurs l'appellent la mine de la Péninsule, la forge de Vulcain (1).

---

(1) « Marti et Vulcano adeo amica, ut non immerito quis » illius Dei officinam vocet. » (Nonnius.)

CELTIBÈRES. — Ainsi que nous l'avons dit, les Celtibères étaient un mélange de Celtes et d'Ibères. Ils habitaient spécialement l'intérieur du pays, dans une étendue de territoire qui varia beaucoup aux diverses époques antérieures à la conquête romaine.

D'après Strabon, leur pays renfermait quatre grandes tribus, dont les Arévaques étaient la plus puissante.

Forts, vigoureux, pleins de bravoure et d'audace, les Celtibères, au dire de Martial, leur compatriote, l'emportaient sur les voluptueux Romains autant que l'aigle l'emporte sur la colombe, le lion sur le daim (1).

Cependant ils mentirent souvent à leur origine. Dans la lutte de la Péninsule contre la domination étrangère, ils se montrèrent presque toujours égoïstes et sordides, notamment dans la guerre contre les Romains.

COLONIES. — Les Phéniciens furent les premiers à fonder des établissements de commerce sur le sol hispanique.

Essentiellement navigateurs et marchands, ils n'eurent pas plutôt connu les douceurs du climat

---

(1)   Tam dispar aquilæ columba non est,
        Nec dorcas rigido fugax leoni.

MARTIAL.

de l'Espagne, la beauté de son ciel, la fertilité de son sol, et par-dessus tout, la richesse prodigieuse de ses mines, qu'ils cherchèrent à s'y établir d'une manière durable.

C'est ainsi qu'ils bâtirent Gadès (aujourd'hui Cadix), et un peu plus tard Malaga, Cordoue, et une foule d'autres places fortes.

Attirés par l'appât du gain, de nouveaux colons pénétrèrent plus avant dans l'intérieur des terres. Leur passage dans la plupart des provinces de la Péninsule est attesté par de nombreuses médailles, par des monnaies, par des ruines.

Grecs. — On conçoit que les rapports nombreux des Phéniciens avec les Grecs aient donné à ceux-ci le désir de venir aussi chercher la richesse en Espagne.

Rhodiens. — Huit cents ans environ avant notre ère, les Rhodiens abordèrent en Catalogne, et fondèrent une ville, qui, de leur nom, s'appela *Rhodia* (Rosas).

Phocéens. — Les Phocéens ne tardèrent pas à les suivre, et vinrent fixer leurs colonies sur la même côte, où bientôt ils régnèrent en maîtres. Leurs nombreux établissements, devenus riches et prospères, encouragèrent l'émigration; et, en peu d'années, presque tous les peuples de la Grèce eurent leurs représentants sur la terre hispanique.

Telle est la situation politique de l'Espagne, à l'époque où commence la lutte grandiose qui s'ouvre avec Amilcar, l'an 235 avant J.-C., et ne finit qu'avec la prise de Grenade, l'an 1492 de l'ère chrétienne.

CHAPITRE II.

CONQUÊTE CARTHAGINOISE.

Commencements de la domination carthaginoise en Espagne (1). — Amilcar. — Fondation de Barcelone. — Résistance des naturels. — Conquête des Carthaginois. — Asdrubal gendre d'Amilcar. — Les naturels implorent le secours des Romains. — Annibal. — Siége et prise de Sagonte. — Cnéus Scipion débarque en Espagne. — Lutte entre les Carthaginois et les Romains. — Arrivée en Espagne de Publius Scipion (plus tard Scipion l'Africain). — Prise de Carthagène par les Romains. — Asdrubal fils de Giscon. — Les Carthaginois abandonnent la Péninsule.

Chassés par les Romains de la Sicile, de la Sardaigne et de la Corse, les Carthaginois cherchèrent dans la conquête de l'Espagne une compensation à toutes leurs pertes.

Vers l'an 235 avant J.-C., Amilcar, avec des forces considérables, débarque dans la Bétique, et, après quelques combats, dont les détails ne nous sont point connus, il triomphe des naturels d'abord,

(1) L'avarice et l'esprit de domination des Phéniciens avaient soulevé contre eux les naturels du pays, les Ibères. Dans la lutte, ces derniers étaient demeurés vainqueurs. Menacés alors jusque dans Cadix, leur principale forteresse, les Phéniciens implorèrent le secours des Carthaginois, et c'est ainsi que la république africaine prit pied dans la Péninsule.

puis des Phéniciens eux-mêmes, contre lesquels il a tourné ses armes. Il lui fallut du temps, cependant, pour consolider et étendre ses nouvelles conquêtes. Pendant neuf années, il eut à réprimer les perpétuelles attaques des tribus indigènes, qui, fières de leur nationalité, opposèrent une vigoureuse résistance au joug qu'on voulait leur imposer. Aussi, comprenant toute la difficulté de sa position, au milieu de tribus guerrières et indomptables, le général carthaginois prit-il toutes les précautions commandées par la prudence en pays ennemi. Il bâtit des citadelles, pour contenir dans la soumission des peuples toujours disposés à revendiquer leur indépendance les armes à la main. La principale fut de son nom appelée Barcelone (1). Brave, mais d'un caractère farouche, Amilcar, après avoir laissé une partie de ses troupes pour garder les forteresses, parcourt le pays, avec le reste de son armée, répandant partout la terreur et éloignant les peuples de la domination qu'il veut fonder, par l'horreur qu'il leur en inspire.

De tous côtés les indigènes organisent la résistance. Les Sagontins (2), aidés des Édétains (3), font

(1) Amilcar appartenait à la famille des Barca.
(2) On croit que Sagonte avait été fondée par des Grecs (Zacinthiens) unis à des colons venus de l'Italie (les Rutules).
(3) Les Édétains étaient de la nation des Ibères.

surtout de formidables préparatifs de défense. Amilcar, averti de la gravité de cette prise d'armes, se dispose à frapper un grand coup. Réunissant toutes ses forces, il marche contre les révoltés : le combat s'engage, et le général carthaginois périt sur le champ de bataille (228).

La mort d'Amilcar encouragea les efforts des naturels qui avaient déjà pris les armes, et réveilla l'amour de la liberté dans l'âme de ceux qui avaient accepté le joug.

Une vaste conspiration se forma contre les oppresseurs; mais elle échoua, faute d'un chef capable de réunir, en un seul faisceau, les forces disséminées de tant de peuples divers.

D'un autre côté, Asdrubal, gendre d'Amilcar, investi par le sénat de la conduite de la guerre et de l'administration des provinces conquises, s'efforçait d'attirer à lui, par la modération et l'affabilité, la soumission et la confiance des vaincus. Cette conduite, du reste, n'était chez lui qu'un calcul coupable.

Rêvant, à son profit et au préjudice de sa patrie, une souveraineté indépendante, le nouveau gouverneur voulait conquérir l'appui des naturels, en cas d'une lutte avec Carthage. C'est dans ce but d'une royauté possible, qu'il avait fondé Carthagène (228), pour en faire la capitale de ses futurs États. Déjà, il était parvenu à mettre dans ses intérêts plusieurs populations, dont il avait su flatter l'amour-propre national, par la promesse d'un empire espagnol indépendant de toute domination étrangère ; lorsque les colonies grecques, établies sur le littoral de la Méditerranée, effrayées des progrès de l'invasion punique, songèrent à réclamer le secours des Romains, ces ennemis naturels de Carthage. Ce fut une faute. L'histoire nous apprend ce qu'il advient ordinairement de cet appui demandé à de trop puissants voisins.

Rome entendit avec bonheur ce cri d'appel que lui jetait l'ancienne Ibérie. Elle aussi avait porté sur cette contrée privilégiée du ciel un œil de convoitise ; et ce fut avec une joie mal déguisée, que le sénat saisit l'occasion qui lui était offerte d'envoyer ses troupes dans la Péninsule. Après s'être assuré, par ses émissaires, de la haine générale vouée à la domination africaine, il députa ses ambassadeurs à Carthage, exigea, par un traité, l'engagement formel d'arrêter les conquêtes à l'Èbre, et de n'inquiéter ni les Sagontins, ni les colonies grecques.

Mais Asdrubal ne tint aucun compte de ce traité ; et, maître de ses troupes, dont il avait su gagner l'affection, il n'en poursuivit pas avec moins d'ardeur la réalisation des vastes plans qu'avait conçus son ambition personnelle. Résolu de tenter un grand effort, avant que les Romains aient eu le temps de secourir leurs nouveaux alliés, il marche contre Sagonte, dont la possession doit lui donner une des principales forces du pays, et lui fournir un centre de résistance contre l'ennemi puissant qui le menace. Déjà il n'était plus qu'à quelques journées de la place, lorsqu'il fut assassiné, dit Polybe, par un esclave, qui se fit ainsi le vengeur de son maître, mis à mort par l'ordre du général carthaginois (220).

Cet événement amena au pouvoir l'homme qui fut le premier génie militaire de son temps, Annibal, fils d'Amilcar.

C'était presque un Espagnol que ce jeune homme de vingt-cinq ans, venu dans la Péninsule alors qu'il n'était encore qu'un enfant.

C'est en Espagne qu'il avait grandi : c'est au milieu des naturels qu'il avait appris le noble métier des armes, et qu'il avait reçu les premières leçons dans l'art difficile de la guerre. Hâtons-nous d'ajouter que ce jeune héros était resté Carthaginois par le cœur. Il avait assisté, enfant, à la honte de sa patrie lors de la première guerre punique, et il avait juré à son père de le venger, en la vengeant. Plus ennemi des Romains que son père lui-même, le futur vainqueur du Tésin, de la Trébie, de Trasimène et de Cannes, ne vit dans la guerre en Espagne qu'une étape de sa grande guerre contre le peuple géant, que la hauteur de ses Alpes devait bientôt ne plus abriter.

Poursuivant l'idée de son prédécesseur, il assiége Sagonte.

Polybe, et surtout Tite-Live, nous ont laissé de ce siége mémorable des récits effrayants : ils nous ont fait connaître, dans tous leurs détails, et le génie de l'attaque et le courage héroïque de la défense.

Les Sagontins, dans cette circonstance, donnèrent au monde le spectacle sublime d'un peuple mourant, jusqu'à son dernier homme, pour défendre sa liberté.

Vingt mois durant, nous le trouvons debout sur ses remparts, repoussant l'attaque, réparant les brèches que les machines de guerre ont faites à ses murailles, ne prenant aucun repos et n'en laissant prendre aucun à l'ennemi nombreux qui le cerne de toutes parts.

Chacun fait son devoir : les enfants sont devenus des hommes; les femmes ont le courage des guerriers; et, lorsque la famine, prêtant son secours à la guerre, décime les défenseurs de l'infortunée cité, lorsque toute résistance est devenue impossible, le patriotisme de ceux qui restent grandit jusqu'à la fureur. Tout ce qui peut porter les armes fait une sortie désespérée, résolu de périr jusqu'au dernier. Quant à ceux que l'âge ou les infirmités empêchent de prendre le glaive et d'aller conquérir la mort dans les rangs ennemis, un immense bûcher, dressé au milieu de la ville, les délivrera de la vie et les sauvera de l'esclavage.

La sortie n'aboutit qu'à un massacre général. Aucun des combattants ne rentra dans la ville : tous moururent martyrs de la liberté de leur patrie.

Annibal ne s'empara que d'une vaste ruine (219).

A la nouvelle de la destruction de Sagonte, Rome entière est plongée dans la consternation.

On reproche amèrement au sénat sa négligence à envoyer des secours à cette malheureuse ville; on pleure sur le triste sort de ses habitants; on craint pour Rome même.

Cette terreur se traduit enfin par d'immenses préparatifs, et le sénat décrète que des secours partiront immédiatement pour l'Espagne. En même temps, il envoie des députés chargés de réunir les différentes tribus dans une confédération commune contre les Carthaginois. Mais, le peuple des Ibères était indigné de la conduite des Romains vis-à-vis de Sagonte. Des alliés qui ne savaient arriver que lorsque la ruine de leurs amis était entièrement consommée ne méritaient guère la confiance des peuples. Les ambassadeurs ne trouvèrent accueil nulle part.

Cependant Cnéus Scipion, lieutenant de son frère

Publius alors consul, débarqua en Catalogne avec 10.000 hommes d'infanterie et 500 chevaux : armement sans proportion avec la grandeur et l'importance de l'entreprise. Aussi, ce général, connaissant la faiblesse de ses ressources, n'opère-t-il qu'avec la plus grande prudence. Il cherche d'abord à se faire des alliés parmi les différentes peuplades, répand les promesses, se montre partout affable et dévoué, fait si bien, en un mot, que plusieurs tribus, revenant de leurs préventions contre les Romains, et les considérant comme des libérateurs, se déclarent pour Rome.

Sans s'inquiéter de ce mouvement de réaction en faveur de ses ennemis, Annibal, par une de ces inspirations qui n'appartiennent qu'au génie, traversait pendant ce temps les Pyrénées et les Gaules, franchissait les Alpes et marchait, selon l'expression de Tite-Live, à la délivrance du monde, par la destruction du nom même des Romains.

Tant pour protéger ses derrières que pour garder les provinces conquises, le jeune et héroïque général avait laissé dans la Péninsule deux armées, commandées, l'une par Hannon, l'autre par Asdrubal. Le premier gardait le Sud, le second avait son camp dans le Nord.

Réduit aux seules forces que la république avait mises sous ses ordres, Scipion n'aurait jamais pu prendre l'offensive contre les généraux carthaginois; mais, ainsi que nous l'avons déjà dit, il avait su se faire des amis nombreux parmi les indigènes, et bientôt il eut sous ses drapeaux une armée capable de tenir la campagne. Il vint offrir la bataille à Hannon et lui fit éprouver des pertes énormes. A la suite de ce combat, le général carthaginois fut obligé de sortir de la Catalogne dont s'emparèrent les Romains, et où Scipion passa ses quartiers d'hiver (217).

L'année suivante, il poursuivit ses succès; et, une victoire navale remportée à l'embouchure de l'Èbre sur la flotte carthaginoise, plaça sous sa domination toute la côte maritime, depuis la province de Murcie jusqu'aux Pyrénées (1).

Ce succès fit cesser les hésitations des tribus indécises, et les Celtibères donnèrent leur adhésion à la ligue romaine. La république, dès lors, marcha de victoire en victoire.

L'arrivée du consul Publius Cornélius Scipion, avec des renforts considérables, augmente encore l'ardeur des troupes alliées; et Asdrubal, battu dans trois engagements consécutifs, fut forcé de chercher un refuge dans les murs de Carthagène.

C'est ainsi que l'Espagne changeait de maîtres et

(1) Paquis, *Histoire d'Espagne*, Paris, 1836, t. Ier, p. 24.

passait, au bruit des batailles, de la domination punique à la domination romaine.

Il ne restait plus que quelques forteresses au pouvoir des Carthaginois.

Asdrubal cependant, dont le caractère tenait beaucoup de la fermeté et de l'activité d'Annibal, son frère, redouble d'efforts pour reprendre l'offensive.

A l'imitation des Scipions, il cherche à se faire des alliances dans le pays. En même temps, il sollicite et obtient de Carthage des secours considérables : à la ruse, il oppose la ruse, et met en jeu toutes les ressources de son esprit et de son expérience pour maintenir debout, sur le sol hispanique, l'étendard de son pays.

Scipion, pour s'attacher les indigènes et augmenter le nombre de ses troupes, avait enrôlé dans son armée, moyennant une paie régulière, les nations belliqueuses de la Celtibérie. Asdrubal parvient à détacher de la cause romaine ces redoutables auxiliaires, en leur faisant offrir une paie au moins égale, non pas pour combattre dans les rangs de son armée, mais pour regagner leurs forêts. Cette défection plaça Publius Scipion dans la nécessité de reculer, afin d'opérer sa jonction avec son frère Cnéus.

Mais, la fortune inconstante avait abandonné les Romains. Cnéus venait d'être défait et tué par Magon, à Anitorgis (212) : son armée avait été anéantie. Les deux généraux carthaginois, ayant donc réuni leurs forces, poursuivirent le proconsul fugitif, l'atteignirent non loin de Saragosse, et lui livrèrent bataille.

Au dire de Tite-Live, certains auteurs prétendent que Scipion fut tué, dès le commencement de l'action; suivant d'autres, il parvint à s'enfuir avec quelques troupes dans une forteresse voisine, qui, tombée bientôt au pouvoir des vainqueurs, servit de tombeau au général et à ses braves compagnons (212).

La mort de ces deux illustres capitaines semblait devoir entraîner pour les Romains la perte de l'Espagne. En vain, Lucius Martius, qui tenait encore la campagne avec les débris de l'armée de Scipion, remporte-t-il quelques avantages partiels (1) : le découragement est dans tous les cœurs, au camp comme à Rome.

C'est dans cette situation désespérée des Romains en Espagne, que le jeune fils de Publius Scipion, à peine âgé de vingt-quatre ans, osa briguer le commandement d'une province où son père et son oncle étaient morts glorieusement, après avoir glorieusement combattu.

(1) Profitant des ténèbres de la nuit, Martius, après avoir inspiré à ses soldats la rage du désespoir, s'était glissé dans le camp d'Asdrubal, qu'une fausse sécurité avait laissé sans sentinelles, et avait massacré l'ennemi à demi éveillé.

C'est de l'arrivée de Scipion en Espagne que date l'ère véritable de la domination romaine (211).

La campagne s'ouvrit par le siége et la prise de Carthagène, l'arsenal des forces puniques dans la Péninsule. Les généraux carthaginois avaient commis la faute de disperser leurs forces : tandis qu'Asdrubal, frère d'Annibal, était à Sagonte, rebâtie par les Scipions, Asdrubal, fils de Giscon, campait dans la Bétique, non loin de Cadix, et Magon se trouvait entre cette province et la Nouvelle-Castille.

En apprenant le siége de Carthagène, Magon accourt à sa défense. Mais, malgré les renforts qu'il avait amenés, la ville se vit réduite à capituler, et le général carthaginois fut fait prisonnier avec la plus grande partie de ses troupes.

Les progrès de Scipion furent rapides ; sa conduite pleine de modération et de générosité lui avait concilié tous les esprits, et il était parvenu, à force de vertus feintes (1) ou réelles, à se faire des amis et alliés parmi les différentes peuplades autrefois si sauvagement jalouses de leur indépendance. Ibères, Celtes et Celtibères, faisaient cause commune avec les Romains. Après la prise de Carthagène, il ne restait plus aux Carthaginois que deux armées dans

---

(1) Le caractère de Scipion est diversement représenté dans Polybe, Tite-Live ou Plutarque. Masdeu, dans son *Histoire d'Espagne*, l'appelle *insigne hypocrita.*

la Péninsule : l'armée d'Asdrubal, frère d'Annibal, et celle d'Asdrubal, fils de Giscon.

Asdrubal fut défait dans la Bétique et parvint cependant à franchir les Pyrénées pour aller, suivant l'ordre qu'il en avait reçu de son gouvernement, unir ses forces à celles d'Annibal. Hannon, son plus jeune frère, le remplaça; mais il fut battu et fait prisonnier par le jeune héros romain. Les débris de son armée se retirèrent dans plusieurs places fortes qui tombèrent, dans le courant de l'année suivante, au pouvoir du vainqueur.

Tout cependant n'était pas encore perdu pour la cause carthaginoise, car le courageux fils de Giscon, l'intrépide Asdrubal tenait toujours la campagne; mais Scipion, qui veut anéantir dans la Péninsule jusqu'aux derniers vestiges de la domination punique, l'attaque, et remporte la victoire décisive de Bétule, qui lui est chèrement disputée (209).

Avec l'armée d'Asdrubal, tombait la dernière espérance de Carthage sur la Péninsule. Son drapeau ne flottait plus que sur les hautes tours de Cadix, première et dernière possession de la république africaine.

Il ne flotta pas longtemps.

Le sénat africain, apprenant que Scipion marche sur la ville, et que toute résistance est inutile, donne l'ordre d'abandonner la cité, et d'en transporter la garnison en Italie, pour renforcer l'armée d'Annibal (1).

Deux mots peuvent résumer la domination des Carthaginois en Espagne, savoir : Guerre contre les naturels ; guerre contre les Romains.

La première avait duré seize ans (235 à 219).

La seconde, treize (219 à 206).

(1) Paquis.

CHAPITRE III.

DOMINATION ROMAINE.

Tyrannie des Romains. — Révolte des naturels. — Indébilis. — Les cruautés et les exactions des vainqueurs excitent de nouvelles rébellions. — Les différents peuples de l'Espagne s'unissent dans une confédération commune. — La désunion des confédérés donne la victoire à leurs ennemis. — Viriathe. — Siége et destruction de Numance. — Sertorius. — La lutte recommence contre la domination romaine. — Assassinat de Sertorius. — Soumission de l'Espagne. — Dans la guerre civile entre César et Pompée, la Péninsule redevient un champ de bataille. — Nouvelle division, à l'avénement d'Auguste. — Ère de calme et de prospérité. — Situation de l'Espagne sous les successeurs d'Auguste. — Première invasion des barbares. — Les Romains se disposent à défendre leur conquête. — Fin de la domination romaine.

L'Espagne fut d'abord divisée par le sénat romain en deux provinces :

La citérieure et l'ultérieure.

L'Èbre servit de limites entre les deux. Chacune de ces provinces eut son préteur; chaque préteur, son armée.

Ici commence un système de rapines et d'oppressions, auprès duquel la conduite des Carthaginois, dans la Péninsule, ressemble à de la modération.

Aussi, les révoltes furent-elles en permanence parmi ce peuple pressuré et traité en troupeau d'esclaves. Chaque ville, chaque province eut un instant d'enthousiasme pour secouer le joug ; et, si les Romains restèrent maîtres du territoire, il ne faut l'attribuer qu'au défaut d'entente et d'union parmi les indigènes. Chacun d'eux agit isolément, se présentant seul au combat contre une puissance infiniment supérieure.

Unis, ils auraient pu vaincre ; séparés, ils furent vaincus. Quelques-uns même se soumirent sans résistance : tels furent les habitants de la Bétique, qui, façonnés au joug carthaginois, supportèrent plus aisément la servitude. Il n'en fut pas ainsi des Ilergètes. Indébilis, leur chef, leva le premier l'étendard de l'indépendance, et appela les peuples aux armes. La lutte fut opiniâtre ; mais la victoire resta aux oppresseurs, et cette première tentative contre la tyrannie romaine fut noyée dans des flots de sang. Indébilis, ayant trouvé la mort au milieu des rangs ennemis, Mardonius, son frère, releva son épée, et jura de le venger ; mais il fut pris et mis à mort par les ordres du proconsul.

Loin d'éteindre l'esprit de nationalité et d'indépendance, la mort de ces deux martyrs de la liberté ne fit que l'enflammer. Les Celtibères, les plus audacieux de ces races indomptables, se révoltèrent à leur tour; mais ils furent défaits et réduits à accepter momentanément un joug odieux, que l'avarice et la cruauté des préteurs rendaient plus odieux encore.

Car c'est un triste spectacle que celui de la domination romaine en Espagne. Avidité, perfidie, cruauté, violation de la foi jurée, persécution, telle est, en quelques mots, l'histoire de ses préteurs ou de ses proconsuls. Rome ne se contente pas d'avoir vaincu, elle veut opprimer.

Il n'est pas jusqu'au sévère et rigide Caton qui ne se montre inhumain. Quelques villes résistent : il les fait démanteler par leurs propres habitants, et pousse la cruauté jusqu'à vendre, comme esclaves, ceux d'entre eux qui refusent de prêter leurs mains à cette œuvre de démolition (195). Tant de barbaries rendent de plus en plus intolérable la domination romaine.

A une révolte écrasée sous des ruines succède une nouvelle révolte. Cent villes sont prises par un préteur dans une campagne; cent villes secouent en un jour le joug de la dépendance. Rome aurait dû comprendre alors qu'une administration sage et modérée pouvait seule ramener à elle l'esprit de ces tribus aigries par la cruauté et l'avarice de ses gouverneurs; mais elle reste sourde à toutes les prières et persiste dans son système d'oppression. C'est en vain que les malheureux Espagnols adressent leurs plaintes au sénat : l'or qu'on leur a volé sert à acheter des juges, et les préteurs sont absous. Ainsi abandonnés par le sénat, les opprimés puisent de nouvelles forces dans leur désespoir, et, instruits par l'expérience, ils forment enfin une fédération commune contre leurs ennemis. Lusitaniens, Celtibères, Arévaques, réunissent leurs forces, et composent une armée de 25,000 hommes. C'était peu pour repousser un vainqueur puissant ; mais un peuple est bien fort, quand il est uni et qu'il combat dans ses foyers pour son indépendance. Les Romains sont vaincus dans trois combats consécutifs, et chassés honteusement d'un bon nombre de leurs forteresses. Ces succès auraient dû faire sentir aux alliés, que l'union fait la force. Malheureusement la division ne tarda pas à se glisser parmi eux, et le préteur Galba, reprenant l'offensive, remporta des avantages signalés. Profitant habilement de la discorde qui régnait dans l'armée des indigènes, il offre son amitié aux Lusitaniens des bords du Tage, leur promet un territoire fertile, et la paix sous la protection romaine. Confiants dans sa parole, trente mille de ces infortunés se rendent au camp du préteur. Galba les reçoit avec une bonté hypocrite, et, sous prétexte que les armes leur sont inutiles pour cultiver des champs, il les leur enlève; puis, par une infâme perfidie, il en fait massacrer vingt mille. Le reste fut vendu comme esclaves.

A une pareille violation de toutes les lois de la justice et de l'humanité, l'indignation s'échappe avec une énergie effrayante. Lucullus alors se montre encore plus cruel, s'il est possible, que son prédécesseur. Au mépris des traités, il fait passer au fil de l'épée 10,000 habitants d'une des principales villes du pays des Arévaques, qui s'était rendue à lui, et appelle par de telles barbaries la justice et la vengeance du ciel. La justice et la vengeance arrivèrent enfin (149).

Un homme avait échappé à cette horrible boucherie. Cet homme, qui mérite à nos yeux une gloire immortelle, ce Spartacus espagnol (1), qui tint, pendant six ans, en échec toute la puissance romaine, et avec qui le sénat traita d'égal à égal, n'avait qu'un nom obscur, mais il avait une âme à la hauteur de sa mission libératrice. Cet homme était Viriathe.

Endurci à la fatigue, au froid et à la faim, il joignait à ces dons communs à tous ses compatriotes des qualités plus hautes et plus rares (2).

---

(1) M. de Saint-Hilaire.
(2) *Id.*

Né et élevé au milieu des montagnes, il avait fait, depuis longtemps, l'apprentissage de la lutte.

Sans avoir jamais étudié l'art de la guerre, il en avait deviné tous les secrets, et la rapidité de son coup d'œil lui tenait lieu d'expérience.

Retiré dans les montagnes, il ne fut d'abord entouré que d'une poignée d'hommes, et le sénat lui donnait sans pudeur l'épithète de brigand.

Berger, brigand ou grand capitaine, il n'en lutta pas moins avec succès contre le colosse romain, et s'il tomba, ce ne fut que sous le poignard des assassins, achetés à prix d'or dans un marché infâme.

Bientôt le sénat s'aperçut qu'il avait affaire, non à un bandit, mais à un général habile, non à un aventurier, mais à un libérateur de ses frères. Aussi pensa-t-il à lui opposer un adversaire digne de lui. On lui fit l'honneur de choisir un consul, et ce consul c'était Fabius Maximus Æmilianus. (145 avant J.-C.)

Le nouveau général, reconnaissant bientôt l'ennemi qu'il est appelé à combattre, a le courage de refuser la bataille. Il fuit pendant un an toute rencontre avec les troupes de Viriathe, afin de donner aux siennes le temps de s'endurcir à cette rude discipline qui faisait la force des légions romaines.

La guerre se poursuivit entre les deux illustres

généraux avec des alternatives de succès et de revers. La défection des mobiles Celtibériens ne découragea pas l'intrépide patriotisme du héros lusitanien. Las d'une guerre sans résultat et sans gloire, le sénat demanda la paix, et l'on vit ainsi, spectacle étrange! le peuple romain, le maître et l'arbitre du monde, ce peuple roi qui commandait à des rois, traiter d'égal à égal avec celui qu'il appelait un bandit.

La paix fut signée à des conditions honorables pour Viriathe (141 av. J.-C.); mais, l'année suivante, le préteur Cépion, successeur de Servilianus, ne tarda pas à la violer.

Désespérant toutefois de vaincre par la seule force des armes un ennemi toujours sur ses gardes, il eut recours à l'assassinat.

Des députés lusitaniens, payés avec l'or du préteur, égorgèrent Viriathe, pendant son sommeil (140).

Ainsi tomba le véritable défenseur des libertés espagnoles : avec lui s'éteignit la dernière espérance d'indépendance nationale.

Abattue par la mort de son chef, la Lusitanie se rend aux Romains, et les habitants se laissent parquer comme de vils animaux dans les terres que la pitié dédaigneuse des vainqueurs veut bien leur concéder. La Galice, la Celtibérie, se soumettent, et chaque ville vient à son tour faire acte de dépendance.

Numance seule refuse de se courber sous le joug; elle seule reste fidèle à la mémoire de Viriathe, et rejette avec dédain les ouvertures qui lui sont faites au nom de Pompée.

Trois préteurs, Métellus (le Macédonique), Pompeius Nepos et Mancinus, sont repoussés, trois armées sont battues, et Mancinus est réduit à signer un traité honteux que le sénat refuse de ratifier (137). Enfin, Scipion Émilien fut chargé de réparer tant de désastres. Le nouveau général commença sa mission, en déclarant la guerre à la corruption qui avait perdu l'armée.

Avant d'attaquer l'ennemi, il voulut apprendre à ses soldats à mériter la victoire par l'habitude du travail et par la discipline : enlevant de leurs mains les armes dont ils ne savaient plus se servir, il les condamna à des travaux pénibles, dont la fatigue leur faisait regretter les périls glorieux de la guerre.

« Qu'ils se salissent dans la boue, disait-il aux murmurateurs, ceux qui n'ont pas voulu s'ennoblir dans le sang des ennemis. »

Enfin, quand il eut une armée au lieu d'une troupe efféminée, il se mit en marche vers Numance, et la ville, cernée de toutes parts, fut entourée d'une triple enceinte de fossés et de remparts.

L'armée assiégeante montait à 60,000 hommes.

Après avoir rendu impraticable la seule voie par laquelle les assiégés pussent recevoir des vivres, en faisant jeter de grosses poutres en travers du fleuve, le général romain, froidement, impitoyablement cruel, se croisa les bras et laissa faire son alliée, la famine; car, résolu à ne pas accepter de combat, il avait juré de tuer par la faim tout ce que renfermait Numance.

Il tint parole.

On ne peut lire, sans frémir d'horreur, le récit des historiens sur les scènes de désolation et de désespoir dont la ville fut le théâtre. Jamais on ne vit défense plus opiniâtre et plus acharnée; jamais la vertu du patriotisme n'inspira de plus héroïque résistance.

Ne pouvant acheter la mort dans un combat contre des ennemis qui refusaient de se battre, et n'opposaient à toutes les attaques que l'impassibilité derrière leurs fossés et leurs palissades, les assiégés prirent une résolution suprême : tous jurèrent de ne laisser aux Romains que leurs cadavres ensevelis sous les ruines de leur ville; et Numance, selon l'énergique expression de Rosseeuw Saint-Hilaire, n'était plus qu'un vaste charnier alors que Scipion y pénétra. (133 av. J.-C.)

L'histoire a justement flétri la conduite barbare de Scipion. Au dire de Tite-Live les dieux eux-mêmes prirent soin de punir le bourreau de tout un peuple : il mourut empoisonné par sa femme.

La chute de Numance entraîna celle de la liberté. La Péninsule se soumit tout entière, et l'indépendance fut forcée de se réfugier dans quelques bourgades cachées au fond de vallées inaccessibles.

Pendant les vingt années qui suivirent, l'Espagne, cernée de toutes parts, n'est plus qu'un vaste parc où le préteur fait traquer comme une bête fauve quiconque ose prononcer le mot de nationalité. Toute tête qui se lève pour protester est aussitôt abattue : le Romain n'est pas un soldat qui combat, c'est un bourreau qui tue.

Poussés à bout par tant d'oppression et de barbarie, les Lusitaniens, chez qui errait encore l'ombre de Viriathe, prennent les armes (109) ; pendant quinze années, ils meurent décimés par le glaive, criant secours à l'Espagne, et l'Espagne reste sourde à leur appel. On dirait que la peur a rendu insensibles à leurs propres intérêts, tous ces peuples divers, si jaloux autrefois de leur indépendance.

Abandonnée à ses propres forces, la Lusitanie, après ce suprême et impuissant effort, courbe la tête, pour ne plus la relever jamais, sous les armes victorieuses de Crassus.

Dix ans après, les Celtibériens, qui avaient laissé mourir la Lusitanie leur sœur, sans lui porter secours, furent à leur tour poussés à la révolte par les cruautés du consul Titus Didius. C'est alors qu'apparaît le Viriathe romain, Sertorius, que l'Espagne adopta pour son fils, mais qui ne regarda jamais l'Espagne comme sa mère.

D'une habileté, qui, selon Plutarque, ne le cédait à celle d'aucun des plus grands capitaines de l'antiquité, Sertorius, au dire de Salluste, était en outre doué de toutes les qualités physiques et intellectuelles qui forment le bon soldat.

Échappé aux proscriptions de Sylla, le général romain vint débarquer dans l'Espagne citérieure, au milieu des Ibères, qui le reçurent comme un libérateur (84). Ambitieux jusqu'à l'excès, il avait compris combien offrait de ressources, pour la réalisation de ses vues, cette contrée fermée de toutes parts, assise sur deux mers, à quelques jours de marche de l'Italie, et riche encore parmi les plus riches, malgré les spoliations de ses préteurs.

Par sa bienveillance, l'illustre exilé sut facilement se concilier l'affection d'un peuple généreux, que la rigueur rendait indomptable, mais que la bonté trouvait toujours disposé à l'amitié. On conçoit avec quelle ardeur un pays écrasé sous d'injustes exactions, brisé par un esclavage odieux, et qui épiait, chaque jour, la moindre lueur propice dans l'horizon de sa liberté, dut embrasser l'espérance que lui offrait Sertorius.

De tous côtés on accourut se ranger sous ses drapeaux : chaque peuple envoya son contingent, et l'Espagne opprimée crut saluer enfin l'ère de son affranchissement.

En peu de temps, Sertorius eut sous ses ordres une armée vaillante et bien disciplinée.

Vainqueur, dans plusieurs rencontres, des lieutenants de Sylla, il couronna ces premiers succès, en mettant en fuite les troupes nombreuses de Métellus (76).

Fort et de l'appui des peuples, et du prestige de ses victoires, il voulut créer en Espagne une seconde Rome, avec son sénat, sa magistrature, ses lois, ses mœurs. Resté Romain par le fond de ses entrailles, il ne considéra la Péninsule que comme un instrument destiné, entre ses mains, à le placer, lui proscrit, au sommet du pouvoir de sa république toujours chère. Et c'est ainsi que ce malheureux pays fut sacrifié par celui-là même qu'il appelait le régénérateur de son indépendance.

La mort de Sylla, arrivée sur ces entrefaites, laissa son parti au pouvoir, et par conséquent ne changea rien à la situation de Sertorius; mais elle amena sur le théâtre de la guerre un ennemi plus redoutable que tous ceux qui l'avaient précédé. Pompée vint faire, sous Métellus, son apprentissage de général (78).

La guerre se poursuivit, avec une alternative constante de succès et de revers, et la malheureuse Espagne, saccagée tour à tour et par les troupes de Sertorius et par celles de Pompée, n'offre aux yeux attristés que le navrant spectacle d'un pays conquis.

Telle était cependant, même en dehors des limites de l'empire, la puissance de l'exilé, que Mithridate lui députa un ambassadeur, pour lui offrir son amitié et son alliance contre leur ennemi commun, le gouvernement de la république.

Sertorius réunit son sénat; et, parlant avec l'autorité d'un dictateur de Rome, il fit ses conditions, et accepta l'amitié du roi, tout en refusant son alliance contre son pays.

De pareils faits prouvent suffisamment à quel degré de pouvoir était parvenu Sertorius, et font présumer l'avenir qui lui était destiné, si la mort ne fût venue le frapper par la main d'un traître.

Désespérant de le vaincre par la force des armes, Métellus avait mis sa tête à prix.

Mille arpents de terre devaient être la récompense de l'assassin.

Dès ce moment, les soupçons et les méfiances rendirent dur et cruel le proscrit de Sylla. Il éloigna de sa personne tous les Romains qu'il avait jusque-là admis dans son intimité : ceux-ci se vengèrent en calomniant ses intentions, et les populations, jadis si dévouées, devinrent sourdement hostiles.

Une conspiration se forma dans son propre camp, ayant à sa tête Perpenna, cet autre exilé, dont Sertorius avait fait son conseil et son ami.

L'assassinat eut lieu en plein festin, au milieu de convives dont chacun avait juré la mort du dictateur (73); et, une fois de plus dans l'histoire des peuples, la salle du banquet fut convertie en salle mortuaire.

Cette trahison reçut la récompense qu'elle méritait : Pompée fit condamner à mort l'auteur de cette infâme perfidie et s'honora aux yeux de la postérité, en brûlant, sans les avoir lus, les papiers et les correspondances de Sertorius, qui auraient pu compromettre un trop grand nombre de familles.

Sertorius mort, l'Espagne fut soumise, et, à partir de cette époque, son histoire ne présente plus rien qui mérite d'être rapporté, jusqu'au jour où les guerres entre César et Pompée l'ébranlent du nord au midi, et en font de nouveau un champ de bataille ; malheureuse contrée que les ambitieux de tous les siècles et de tous les pays foulent également aux pieds !

C'est vraiment un champ clos que cette Espagne où viennent vider leurs querelles tous ces conquérants, rivaux d'ambition et d'orgueil. Les armées, sans respect pour les droits sacrés des peuples, servent de seconds dans ce duel barbare, dont la Péninsule est la lice, et qui lui réserve l'esclavage, quel que soit le vainqueur.

César parut d'abord deux fois en Espagne : la première fois, comme questeur (60); la seconde, comme préteur (57); c'est alors qu'il soumit la Galice et quelques contrées de la Lusitanie, qui avaient presque su traverser la domination romaine sans perdre leur liberté. Malgré le succès de cette expédition, ces deux premières visites méritent à peine d'être rapportées. Mais il y revint plus tard, à deux reprises différentes, lorsque la Péninsule servit de théâtre à une partie des événements qui signalèrent la grande guerre entre les deux plus grands capitaines de ce temps.

Lors du partage de l'Empire romain entre les triumvirs Crassus, César et Pompée, l'Espagne échut en partage à ce dernier, qui la fit gouverner par ses lieutenants Afranius et Pétréius. Tant que dura le triumvirat, la Péninsule jouit d'une parfaite tranquillité ; mais, lorsque, après la mort de

Crassus, la guerre éclata entre les deux rivaux, le vainqueur des Gaules, César, ne voulant point laisser à son ennemi une province aussi féconde en ressources de tout genre, fit traverser les Pyrénées par l'un de ses lieutenants, tandis qu'il débarquait lui-même à Ampurias, afin d'attaquer l'Espagne par deux points à la fois.

. Ainsi que nous le lisons dans ses immortels *Commentaires*, à propos d'une autre conquête, ce favori de la fortune, *vint, vit et triompha.*

Après une première campagne, il était déjà parvenu, par des mouvements adroitement combinés, à réduire son ennemi à la dernière extrémité. Varron seul tenait encore pour Pompée, avec une armée de 25,000 hommes. Il restait maître de la Bétique. César marche contre lui, et le force à se rendre. Puis, laissant à ses lieutenants, Cassius et Lépide, la Péninsule soumise, il retourne à Rome.

L'Espagne, cependant, avait conservé une admiration religieuse pour la mémoire de Pompée ; et, lorsque, après la bataille de Pharsale et l'assassinat de son père, le jeune Cnéius Pompée se montra dans la province, plusieurs populations se déclarèrent en sa faveur, et une armée se leva pour défendre sa cause.

Avec sa rapidité ordinaire, César vole en Espagne, soumet, sur son passage, toutes les villes qui s'étaient déclarées contre lui, et gagne sur le fils de son ancien rival la bataille de Munda (45).

Jamais, sans en excepter Pharsale, victoire ne lui fut plus chèrement disputée; un moment même, la fortune passait à ses ennemis, lorsque son intrépide valeur la ramena sous son drapeau.

Cnéius Pompée fut pris et mis à mort, au moment où il se disposait à passer en Afrique. Cette défaite ruina les dernières espérances de son parti. Il est vrai que, après le départ de César, le second fils du triumvir, Sextus, tenta, avec succès, de renouveler la guerre dans la Lusitanie et dans la Bétique; mais la mort du dictateur calma le soulèvement, et l'avénement d'Auguste à l'empire fut pour l'Espagne une ère nouvelle, qui mit fin, pour un temps, aux guerres désastreuses dont cette contrée avait été jusque-là le théâtre.

Pour premier acte d'autorité sur l'Espagne, Auguste la divisa en trois provinces :

La Tarragonaise, comprenant la Catalogne, l'Aragon, la Biscaye, les Asturies, la Navarre.

La Bétique, contenant le royaume de Grenade, l'Andalousie.

La Lusitanie, renfermant le Portugal, l'Estramadure.

A partir de cette époque, l'Espagne n'a plus d'histoire particulière. Assimilée à toutes les autres provinces de l'Empire, elle se confond avec elles, et vit de leur vie. La paix, dont Auguste gratifia le monde, fit sentir sa douce influence par delà les Pyrénées, et la Péninsule goûta enfin le repos qu'elle avait perdu depuis plus de deux siècles.

L'empereur l'honora d'une visite (28), et tout ce qu'il vit dans ce pays favorisé du ciel, mais déchiré par la cruauté des hommes, lui inspira la volonté de réparer les torts de la république romaine. En conséquence, au fracas sinistre des armes succède le bruit des instruments de la paix; l'agriculture et l'industrie cicatrisent les plaies de la guerre.

Aqueducs portant l'eau et la fertilité dans des plaines arides; ponts jetés sur des torrents impétueux; routes à travers des montagnes jusque-là impraticables; fondations de nouvelles colonies exemptes d'impôts; honneurs et dignités accordés avec le titre de citoyens romains, aux indigènes les plus illustres : tels furent les bienfaits du règne d'Auguste pour un pays désolé depuis si longtemps par les désordres civils et par les guerres étrangères. Aussi les Espagnols, cette race aux nobles instincts, ce peuple toujours prêt à récompenser le bien par un dévouement sans bornes, honora-t-il Auguste comme un dieu.

Malheureusement, les règnes suivants ne continuèrent point le règne de ce prince. Ineptes et cruels, à quelques exceptions près, les empereurs qui lui succédèrent firent peser sur les provinces de l'Empire un joug non moins dur qu'humiliant.

Tibère avait fait regretter Auguste.

Caligula fit regretter Tibère.

Néron combla la mesure des crimes et du mécontentement; et, lorsque les peuples, déjà courbés à la servitude, hésitaient à secouer la tyrannie, en renversant le despote, ce fut l'Espagne qui, la première, donna le signal de la lutte où l'empereur perdit et le trône et la vie. Galba et Othon, tous deux anciens gouverneurs de l'Espagne, tinrent une conduite différente : Galba fut cruel et vindicatif; Othon s'appliqua à marcher sur les traces d'Auguste.

Le règne des Vespasiens (de 69 à 81) fut pour la Péninsule, comme pour tout le reste de l'Empire, une ère de tranquillité et de bonheur. Le chef immortel de cette glorieuse suite d'empereurs la dota du droit de cité romaine, et lui fit le présent le plus riche qu'un empereur puisse faire à un peuple : il lui donna un sage gouverneur dans la personne de Pline l'Ancien.

Titus fut appelé les délices de l'Espagne, comme il l'était déjà de tout le genre humain.

Le règne seul de Domitien jette quelques années mauvaises au milieu de cette longue suite d'heureux jours.

Se conformant à l'exemple de leur maître, les préteurs ramenèrent dans les provinces les temps des rapines et des violences. La cruauté et le vol furent poussés si loin, que les Espagnols, dont le bras avait désappris à porter le glaive, élevèrent la voix, et firent entendre leurs plaintes jusqu'au sein du sénat. Pline le Jeune et Hérennius se chargèrent de soutenir la justice de leurs réclamations. Les préteurs infidèles furent condamnés.

Dans les années qui suivirent, Antonin et Marc-Aurèle, issus de parents espagnols fixés à Rome, ressuscitèrent, dans la Péninsule, les heureux souvenirs des Flaviens.

Sous Nerva, elle a le bonheur de ne fournir aucun fait à l'histoire. Heureuse de sa tranquillité, elle se rattache chaque jour davantage, par le sentiment de la reconnaissance, à l'Empire, qui lui donne le repos, et elle oublie, dans les douceurs de la paix, les fiertés orageuses de la liberté.

Après Nerva, deux empereurs des plus illustres, et des plus dignes de l'être, Trajan et Adrien, se sont honorés d'appartenir à la nation espagnole, qu'ils enrichirent encore de nouveaux bienfaits (97 à 138). Adrien vint même visiter sa mère patrie, et rassembla, à Tarragone, les députés de toutes les provinces.

Depuis Marc-Aurèle jusqu'à Augustule, c'est-à-dire sous les règnes de plus de trente empereurs, l'Espagne opprimée, mais tranquille, se laissa conduire par les événements, sans les appeler ni les combattre. Son repos, cependant, est un instant troublé par une irruption de Suèves et de Francs qui traversèrent les Pyrénées (260), et couvrirent, pendant douze ans, de leurs hordes incendiaires, ce sol redevenu le théâtre des luttes et des désolations.

Indifférents sur le nom du maître auquel ils doivent appartenir, les Espagnols n'opposent aucune résistance, et laissent les Romains combattre, si bon leur semble, pour conserver une possession qu'ils ont arrosée de leur sang, mais dont les trésors ont rempli plus d'une fois les coffres de l'État. Le sénat oppose aux Barbares déjà vainqueurs le préteur Posthumius, qui les chasse de la Péninsule.

Le moment approchait où la secousse donnée à l'Empire allait détacher, une à une, du tronc qui les avait jusque-là tenues réunies, les différentes provinces dont Rome tirait sa force et sa richesse.

Dès lors, l'histoire de l'Espagne est, à proprement parler, tout à fait terminée dans ses rapports avec la ville éternelle.

Constantin et Dioclétien l'accablent d'impôts; les rigueurs recommencent : on dirait que, prévoyant l'heure prochaine où l'Espagne va leur échapper, les empereurs n'ont plus qu'une pensée, celle d'en tirer le plus de richesses qu'il leur sera possible, afin de la livrer pauvre et nue aux mains des barbares. Aussi, dans la Péninsule, comme dans les Gaules, comme en Afrique, les peuples se détachent du pouvoir impérial, qui les abandonne, et cherchent une protection dans l'Église, devenue la seule puissance réelle à qui appartiennent la vie et l'avenir.

CHAPITRE IV.

SUÈVES. — ALAINS. — VANDALES. — VISIGOTHS.

Les Suèves, les Alains et les Vandales se partagent l'Espagne. — Apparition des Visigoths. — Ils disputent la Péninsule aux trois peuples envahisseurs. — Défaite des Vandales et des Alains. — Les Suèves résistent. — Les Romains essaient de reprendre la Péninsule aux barbares. — Alliance des Suèves et des Visigoths. — Rupture de cette alliance. — Les Visigoths s'unissent aux Romains. — Les Suèves sont vaincus. — Les Visigoths se déclarent contre leurs alliés. — Ils triomphent sous leur chef Euric. — Chassés de la Gaule, ils s'établissent en vainqueurs au delà des Pyrénées. — Situation de l'Espagne, à l'avénement de Theudis. — Divers peuples qui l'habitent. — Victoire des Visigoths. — Destruction définitive du royaume des Suèves. — Les Visigoths poursuivent leurs conquêtes. — Anarchie causée par le principe de la royauté élective. — Troubles religieux. — Guerre contre les Francs. — Récarède renonce à l'arianisme et embrasse le catholicisme. — Il triomphe des Francs. — Les Visigoths maîtres de l'Espagne. — Lutte entre la royauté et les grands. — Influence du clergé. — Les conciles. — Léthargie politique du peuple. — La royauté sous Vamba essaie de ressaisir le pouvoir. — Guerre heureuse dans la Septimanie. — Première attaque des Musulmans contre l'Espagne. — Pouvoir des évêques. — Symptômes de la chute prochaine de la domination gothique. — Deuxième attaque des Arabes. — Ils sont repoussés. — Règne de Roderic. — Trahison du comte Julien. — Tareck débarque dans la Péninsule. — Bataille de Xérès. — Victoire des Musulmans.

En 409, les Suèves, les Alains et les Vandales, peuples d'origine différente (1), mais unis par un

(1) Les Suèves étaient sortis des côtes de la Baltique; les

commun esprit de pillage, traversent les Gaules, franchissent les Pyrénées, et pénètrent dans la Péninsule, non sans une vigoureuse résistance des Vascons, ces sentinelles placées aux portes de l'Espagne. Leur passage fut marqué par l'incendie et le meurtre, comme celui de toutes les hordes barbares qui accoururent, à cette époque, à la curée de l'Empire romain. Pour complément à la terreur qu'ils inspiraient, ils traînaient après eux la famine et la peste.

Que pouvait l'Espagne contre une telle agression? Épuisée par les exactions commises au nom des empereurs, habituée à obéir, ayant en désaffection et en dégoût la domination romaine, peu lui importait de changer de maîtres.

Rome, d'ailleurs, ne pouvait suffire à arrêter le torrent qui menaçait l'Italie elle-même.

Aussi ne lisons-nous nulle part que la résistance ait été grande contre les nouveaux envahisseurs. Ils purent piller et massacrer impunément, jusqu'à ce qu'enfin, las de leur propre barbarie, et, craignant de n'avoir plus à régner que sur des ruines, ils se partagèrent l'Espagne, comme on se partage une proie (411).

Alains, race gothique, habitaient primitivement les contrées entre le Volga et le Don ; les Vandales, race germanique, étaient originaires des bords de la Vistule.

Les Vandales, ou du moins une tribu des leurs, les Silinges, eurent la Bétique, qui, de leur nom, s'appela plus tard *Vandalicia*, d'où Andalousie.

La Lusitanie et la province carthaginoise échurent en partage aux Alains.

Les Suèves prirent la Galice, de concert avec une fraction des Vandales, et s'établirent, en outre, dans le royaume de Léon et dans la Vieille-Castille.

La paix, qui suivit ce partage entre les vainqueurs, ne fut pas de longue durée. L'Empire d'Occident, épuisé d'hommes et d'argent, n'avait pu tenter aucun effort pour conserver cette province, le grenier de Rome, la mine inépuisable qui, depuis tant d'années, avait versé, dans les coffres de l'État, autant de sommes à elle seule que toutes les autres provinces ensemble. Comment aurait-il pu défendre des possessions si éloignées, lorsqu'il avait peine à conserver l'Italie, alors inondée par un déluge de barbares, par les Visigoths, ayant à leur tête le farouche Alaric (1). Mais, si l'empereur dut se résigner, pour un temps, à la perte de la Péninsule, il

---

(1) Les Goths sont d'origine germanique. Avant le quatrième siècle, époque de leurs invasions dans l'empire romain, on les trouve d'abord aux sources de la Vistule, berceau de leur race ; un peu plus tard, ils se sont établis dans la Scandinavie méridionale et centrale, ainsi que dans le nord de la presqu'île cimbrique. Puis on les revoit sur les bords de la Baltique (sud),

n'en conserva pas moins la pensée de la reprendre dès qu'il se sentirait assez fort pour le tenter avec succès.

C'est ce qu'il fit, à la mort d'Alaric.

Ataulphe, que la nation des Goths avait choisi pour succéder à son chef (412), venait de passer les Alpes, emmenant avec lui Placidie, sœur d'Honorius.

La Gaule, à ce moment, était le théâtre d'une lutte sanglante entre les armées d'Honorius, commandées par Constance, et celles des révoltés, qui avaient proclamé empereur Jovinus leur chef.

Ataulphe offrit au fils de Théodose de combattre l'usurpateur; et, sa proposition ayant été acceptée, il livra bataille à Jovinus qu'il défit, tandis que

d'où ils descendent par masses innombrables dans le pays compris entre la Vistule et la Theiss.

C'est de là que les Visigoths (Goths de l'ouest), branche détachée de la grande famille des Goths, fuyant les hordes huniques, dont les Ostrogoths (Goths de l'est) ont accepté le joug, franchissent le Danube et attaquent Valens, empereur d'Orient. Vainqueurs, à Andrinople (378), ils ne sont arrêtés dans leur marche triomphante que par les armes de Théodose, qui les prend à sa solde.

A la mort de cet empereur, Alaric, leur chef, les promène par la Thrace et la Macédoine, obtient d'Arcadius, fils de Théodose et son successeur dans l'Orient, le commandement des milices romaines en Illyrie, envahit deux fois l'Italie sous le règne d'Honorius, frère d'Arcadius et empereur d'Occident, prend et saccage Rome, et va mourir à Cozenza, dans la Calabre.

Constance battait deux autres prétendants, Constantin et Géronce.

La guerre se déclara entre les deux vainqueurs au sujet de Placidie, que Constance voulait épouser, autant par ambition que par amour.

Ataulphe attaqua et prit Narbonne. Toulouse et Bordeaux subirent le même sort.

C'est alors qu'il se crut assez grand pour épouser publiquement la sœur d'Honorius.

Ce mariage fut célébré, à Narbonne, avec une pompe extraordinaire, Ataulphe, voulant se montrer le digne successeur des Césars, passa les Pyrénées, pour en chasser les envahisseurs.

Pendant trois ans, il fit avec succès aux Vandales de la Galice, les premiers exposés à ses coups, une guerre acharnée ; mais les Goths, qui ne pouvaient pardonner à leur général d'avoir épargné la ville éternelle et d'avoir épousé une Romaine, conspirèrent contre lui, et l'assassinèrent à Barcelone (415). Le meurtrier fut un nommé Dabios, dont Ataulphe avait fait tuer le maître.

Les Visigoths ne possédaient en Espagne que le littoral de la Catalogne, pris sur les Vandales.

Siege-Rich, successeur d'Ataulphe, n'ajouta rien à l'empire gothique, et mourut, comme lui, assassiné par ses propres sujets, qui ne le trouvaient pas assez l'ennemi des Romains.

A cette époque parut Wallia, dont le nom signifie rempart.

En le choisissant, les Visigoths avaient espéré qu'il ferait une guerre d'extermination à cette Rome qu'ils poursuivaient d'une inimitié implacable : mais Wallia préféra rester l'ami et l'allié des empereurs.

Toutefois, comme une pareille conduite avait déjà coûté la vie à ses deux prédécesseurs, il commença par donner satisfaction à la haine instinctive de ses peuples contre les Romains, en marchant au-devant de Constance, qui venait, les armes à la main, réclamer la princesse Placidie. Mais, peu jaloux de compromettre le salut de son armée pour une pareille cause, Wallia traita secrètement avec Constance ; et, en échange de la sœur d'Honorius, il reçut la promesse d'un puissant secours pour le seconder dans ses projets contre les trois peuples conquérants, restés jusque-là principaux possesseurs de la Péninsule.

Le traité une fois signé, il ne s'agissait plus que de le faire accepter de ses sujets, bien plus ennemis des Romains que des Suèves ou des Vandales.

Pour y parvenir, Wallia donna le change à l'ardeur haineuse des Visigoths. Il leur fit entendre qu'il fallait d'abord se débarrasser des barbares,

4

pour arriver ensuite à écraser plus facilement les Romains.

En conséquence, il attaqua, en Bétique, les Vandales (417), auxquels les Goths avaient toujours porté une haine particulière.

Vaincus par ce terrible ennemi, les Vandales vont chercher un asile auprès des Suèves, leurs anciens alliés, qui, comme nous l'avons dit plus haut, avaient partagé la Galice avec une tribu des leurs. Wallia, avant de les poursuivre, se jette sur les Alains, possesseurs de la Lusitanie, et les anéantit, après avoir tué dans une bataille leur roi Atax.

On se demande comment ces peuples, autrefois réunis pour le pillage et le meurtre, ne cherchèrent pas à former une confédération pour résister à l'ennemi commun.

Ce manque d'union fut cause de leur perte.

Les débris de la nation vaincue s'incorporèrent aux Vandales établis dans l'ouest de l'Espagne, et reconnurent leur roi Gunderich (419).

Pour achever la conquête de la Péninsule, il ne restait donc plus à Wallia qu'à traiter les Suèves comme il avait traité les Vandales et les Alains. Mais les Suèves, prévoyant le sort qui leur était réservé, évitèrent de jouer leurs destinées dans un combat, et, pour échapper aux Goths, ils se donnèrent aux Romains.

Wallia avait tout intérêt à respecter les alliés de l'Empire. Il se contenta donc de désarmer les Suèves, et reçut d'Honorius, en récompense de ses services, la deuxième Aquitaine. Il mourut à Toulouse (419).

Le départ de Wallia avait ouvert de nouveau l'Espagne aux horreurs de la guerre civile. Les Vandales, sous la conduite de Gunderich, attaquèrent les Suèves dans les montagnes de la Galice.

C'était mal reconnaître l'hospitalité qu'ils en avaient reçue.

Hermerich, roi des Suèves, surpris par cette attaque inattendue, se retrancha d'abord sur le mont Hervas; mais bientôt, prenant l'offensive, il repoussa les Vandales, et les força d'abandonner la terre qui les avait accueillis, pour retourner dans la Bétique, d'où les avait chassés Wallia.

Profitant de la désunion de leurs ennemis, les Romains de l'Espagne, aidés des Visigoths, marchèrent contre les Vandales, qui, cernés de toutes parts et pressés par la faim, étaient disposés à se rendre; mais le général romain Castinus ayant préféré à la voie des négociations les chances d'un combat, les Vandales se battirent avec le courage du désespoir, et remportèrent une éclatante victoire, près de Tarragone. Ce succès sur les armes romaines leur permit de piller Carthagène, de ravager les îles Baléares et de s'emparer d'Hispalis (Séville), où mourut leur roi Gunderich, en 428.

Genseric, son frère, lui succéda. Il eût pu, avec les forces de sa nation, disputer l'Espagne et l'enlever aux Romains; mais Boniface, gouverneur de l'Afrique pour l'empereur d'Occident, lui ayant proposé les deux tiers de sa province pour conserver le reste, il renonça à l'Espagne et traversa le détroit, avec 80,000 hommes de sa nation (429).

Ainsi, la Péninsule fut délivrée d'un de ses conquérants les plus redoutables. Le passage des Vandales fut de courte durée (1), mais il fut marqué par le pillage et la guerre, à la manière des barbares.

A la sortie des Vandales, l'Espagne est habitée par trois peuples, de race et de mœurs différentes :

1° Les Romains, qui possédaient la Carthaginoise et la plus grande partie du littoral de l'est;

2° Les Visigoths, qui se sont emparés des portes des Pyrénées;

3° Enfin, les Suèves, qui occupent la Lusitanie, la Galice et la majeure partie du pays des Vascons.

On prévoit dès lors que la lutte doit recommencer, et elle recommence en effet.

Ennemi de la tranquillité et du repos, bien plus

---

(1) Vingt ans (409 à 429).

façonné pour la guerre qu'habile à profiter des douceurs de la paix, le peuple des Suèves attaque les Romains, avec différentes alternatives de succès et de revers. Les Romains trouvent un secours contre l'ennemi commun dans les Visigoths, dont le roi était alors Théodoric Ier; mais, à la mort de Réchila (448), successeur d'Hermiar, roi des Suèves, son fils Réchier demanda et obtint la main de la fille de Théodoric; et ainsi se contracta une alliance suévo-visigothe.

Fort de l'appui de son beau-père, le jeune roi ravage successivement la Vasconie romaine et la Tarragonaise. Son règne se passa ainsi à guerroyer contre les Romains, et la lutte acharnée qu'il leur livra ne fut interrompue quelque temps, s'il faut en croire certains historiens, que pour former, avec les Francs, les Romains et les Visigoths, une quadruple alliance contre les Huns, commandés par Attila.

Selon ces mêmes historiens, Réchier en personne aurait combattu à la bataille de Châlons-sur-Marne, où le *fléau de Dieu* fut vaincu et forcé de se replier sur l'Italie, mais où périt Théodoric Ier (451), dont le fils aîné, Thorismund, ne fit que passer sur le trône.

De retour en Espagne, l'indomptable Suève rompt la trêve avec les Romains et dévaste leurs provinces. Trois fois un traité met fin à la lutte, toujours recommencée par lui ; trois fois il viole le traité, et attaque les possessions de ses ennemis.

Cette mauvaise foi fait déserter sa cause par son allié Théodoric II, successeur de son frère Thorismund, et qui passe du côté des Romains. Ceux-ci, voulant enfin enchaîner l'humeur du farouche barbare, envoient en Espagne un corps auxiliaire composé d'Hérules à la solde de l'Empire. Réchier, défait et blessé à la bataille de Paramo, sur les bords du fleuve Ibricus (456), erre quelque temps en Lusitanie, et tombe entre les mains de Théodoric II, qui le fait mettre à mort.

La nation suève se soumet en grande partie au roi des Visigoths ; le reste, acculé à l'extrémité occidentale de la province, demeure indépendant.

Un Warnien d'origine, nommé Achiulf, choisi par Théodoric II, fut donné pour roi à cette partie des Suèves qui s'étaient mis sous la protection des Visigoths.

Les autres placèrent à leur tête le fils de Massilia, Maldras, prince remuant, dont le règne se passa à ravager la Lusitanie, et qui mourut assassiné par ses propres sujets.

Cette division, tolérée par Théodoric II, que la mort d'Avitus, empereur d'Occident, avait rappelé en Gaule, subsiste jusqu'en l'an 464, époque à laquelle Remismund réunit sous un même sceptre tout ce qui restait de la nation des Suèves. Comprenant que sa force lui viendrait de son alliance avec les Visigoths, il envoya des ambassadeurs, pour faire sa soumission à Théodoric II, et demander en mariage une princesse de sa nation. Il alla plus loin encore : afin de mieux faire sa cour à ce souverain, il abandonna la foi catholique pour l'arianisme, qui fut prêché à ses peuples par Ajax, dont le zèle fanatique réussit à gagner les Suèves à son hérésie.

Cette alliance avec les Visigoths fut respectée tant que vécut Théodoric II ; mais, à la mort de ce prince, assassiné par son frère Euric, les choses changèrent de face. L'esprit belliqueux des Suèves ne pouvait souffrir le repos. Ils continuaient, sans interruption, leurs déprédations, et commettaient les plus grands excès dans la Lusitanie et les pays d'alentour.

Euric, qui s'était fait roi des Visigoths par l'assassinat de son frère (466), et dont l'ambition rêvait un empire en Espagne, fondé sur les ruines de la domination romaine et sur la destruction complète du royaume des Suèves, envoya des troupes dans la Péninsule, avec ordre de combattre indistinctement et les Suèves et les Romains. Vaincre les uns et les autres ne fut pas difficile. Déjà l'Espagne était préparée à la nouvelle domination que lui apportaient ces terribles alliés des Romains; déjà les peuples s'étaient habitués à les considérer comme les arbitres de l'Occident. L'Aquitaine et tous les pays situés entre le Rhône, la Loire et l'Océan, avaient reçu leur joug, et Euric frappait de tous côtés, sans éprouver de résistance. Pampelune fut soumise; César-Augusta, et les villes voisines, éprouvèrent le même sort. Rome, enfin, fut remplacée, en Espagne, par les Visigoths, en 473, suivant les uns (1); 477, suivant les autres (2).

Quant à la nation des Suèves, la plus grande partie reconnut la souveraineté des vainqueurs, et le reste, confiné dans quelques coins de la Galice et de la Lusitanie, vécut, pendant près d'un siècle encore, dans un oubli complet, sous la protection des nouveaux maîtres de l'Espagne.

Malgré les conquêtes importantes qu'il avait faites dans la Péninsule, Euric, dont les possessions principales étaient en Gaule, continua à fixer sa résidence à Toulouse, où il mourut dans la foi arienne, au milieu de sa famille et de ses courtisans (484).

A la mort d'Euric, les Francs, ces nouveaux lutteurs, dans la lice où se partageaient les dépouilles de l'Empire d'Occident, avaient déjà posé le pied sur

---

(1) Sulp. Sev., p. 433.
(2) Aschbach.

le sol de la Gaule romaine; Clovis, leur chef, menaçait de la couvrir tout entière de ses braves et sauvages cohortes.

Aussi les Visigoths, obligés de faire face aux vainqueurs de Soissons et de Tolbiac, ne peuvent-ils agrandir leurs conquêtes en Espagne.

Alaric II, fils et successeur d'Euric, n'avait ni le courage ni le génie de son père.

Afin de s'assurer l'affection des catholiques, dans les circonstances difficiles où il se trouvait, il s'appliqua à donner satisfaction aux évêques, et fit rédiger par eux un nouveau code des institutions romaines, destiné à fixer l'interprétation, jusqu'alors arbitraire, du Code théodosien, resté seul en vigueur dans les Gaules; mais il ne put, malgré ces concessions et l'appui de son beau-père, Théodoric le Grand, roi des Ostrogoths, conserver la paix avec son ambitieux voisin, et il fut vaincu à Vouillé, où mourut avec lui la domination gothique dans les Gaules (507).

Gésalic, fils naturel d'Alaric, fut reconnu, au détriment du fils légitime Amalaric, encore enfant; mais, prince faible et sans courage, il ne put arrêter la ruine complète des siens. Vaincu par Clovis, qui s'empara de tout le pays entre le Rhône, la Loire et l'Océan, il transporta au delà des Pyrénées le siége du royaume, et se fixa à Barcelone.

Ne conservant plus en Gaule que quelques places fortes, telles que Carcassonne et Narbonne, Gésalic espérait du moins régner paisiblement sur la Péninsule ; mais il n'en fut pas ainsi.

Théodoric prit en main la cause de son petit-fils injustement dépouillé, et envoya en Espagne son lieutenant Ibbas, qui vainquit Gésalic, et rendit la couronne à Amalaric (511).

Toutefois, ce prince étant encore trop jeune pour régner par lui-même, Théodoric le Grand lui donna pour ministre Theudis, qui devait plus tard monter sur le trône. Mais, comme l'esprit actif du ministre lui causait quelques craintes, il le déposa à la majorité de son petit-fils.

Amalaric, pour obtenir l'alliance des Francs, et conserver la Septimanie gauloise, seul resté des possessions de ses prédécesseurs dans les Gaules, épousa Clotilde, fille de Clovis. Ayant voulu la contraindre d'embrasser l'arianisme, celle-ci implora le secours de ses frères, qui battirent le roi visigoth, et le poursuivirent jusque par delà les Pyrénées. Il fut tué, dit-on, par ses troupes révoltées (531).

En lui finit la maison de Théodoric I, qui avait donné six rois aux Goths.

A partir de cette époque, les rois visigoths concentrèrent toutes leurs espérances sur l'Espagne.

Toutefois, ils s'efforcent, par tous les moyens en leur pouvoir, de conserver dans les Gaules une portion de territoire dont ils puissent faire un boulevard contre les invasions étrangères. Narbonne, Maguelone, Nîmes, Béziers et Carcassonne, leur restent, et sont mises en état de défense.

A la mort d'Amalaric, Theudis fut proclamé roi par le libre suffrage de la nation (531).

De tous les peuples qui l'avaient possédée tour à tour, depuis les Ibères et les Celtes, les plus anciens habitants, jusqu'à ses derniers conquérants, les Suèves, les Alains et les Vandales, il ne restait plus que des débris.

Excepté quelques colonies grecques, établies sur le littoral de l'ouest et du sud, et qui s'étaient rachetées de l'esclavage, moyennant tribut, toutes avaient reconnu le joug des nouveaux vainqueurs.

Les Romains avaient complétement disparu.

Les Vandales, émigrés en Afrique, n'avaient pas même laissé un souvenir de leur passagère domination.

Quant aux Suèves, dont le petit État indépendant avait été épargné par Euric, c'est à peine s'ils pouvaient attirer l'attention, relégués qu'ils étaient dans un coin de la Lusitanie. Il existait bien encore au centre de la Péninsule, et dans la Vasconie, quelques peuplades indigènes, toujours révoltées, et toujours vaincues, mais ces tribus éparses çà et là, sans centre et sans lien, étaient incapables d'opposer une résistance sérieuse.

Tel était l'état de l'Espagne à l'avénement de Theudis.

Sous le règne glorieux de ce prince, les Visigoths, commandés par Théodgisil, repoussèrent avec succès une invasion des rois francs, Childebert et Clotaire, qui déjà s'étaient emparés de Pampelune et assiégeaient Saragosse (543). Bien plus, ils passèrent en Afrique, que les empereurs d'Orient venaient de reprendre aux Vandales, et firent une expédition heureuse, dans laquelle ils se rendirent, un instant, maîtres de Ceuta sur les Gréco-Byzantins.

Theudis mourut assassiné par un homme qui contrefaisait l'insensé (548). Il eut pour successeur Théodgisil, l'illustre général à la bravoure duquel étaient dues les victoires de son règne : mais, s'il était grand capitaine, Théodgisil n'en fut pas moins un débauché. Ses déréglements excitèrent à un tel point le mépris et l'indignation, qu'il fut déposé. Il mourut assassiné à Hispalis, dans une orgie : fin digne d'une vie licencieuse (549).

Agila, élu après lui, eut à réprimer divers soulèvements, excités surtout par l'exaltation des idées religieuses. Ainsi se révolta la catholique Cordoue, devant laquelle Agila vint mettre le siége. Mais les

Cordouans firent une sortie vigoureuse, qui coûta au roi visigoth la perte de son fils et de ses trésors. Après sa défaite, Agila gagna Emérita et parvint à relever le courage de ses partisans.

De leur côté, les révoltés se préparèrent à vaincre. Ils placèrent à leur tête Athanagilde, récompensant ainsi les services que ce général avait déjà rendus à leur cause. Celui-ci commit un crime de lèse-patrie, en appelant à son aide les Gréco-Byzantins.

Le patrice Libérius accourut, avec une puissante armée, au secours des rebelles. Mais, après avoir aidé Athanagilde à triompher de son rival, près d'Hispalis (Séville), il se posa en maître, et garda pour lui et les siens la ville conquise. Les Goths alors ouvrirent les yeux, et comprenant que leurs dissensions finiraient par placer le pouvoir entre les mains des étrangers, ils renoncèrent à leurs discordes. Agila fut sacrifié (554), et Athanagilde seul reconnu souverain de toute la nation. Il essaya d'arrêter les empiétements de ses dangereux alliés ; mais ceux-ci ne voulurent point renoncer à leurs conquêtes, et gardèrent les places maritimes qui étaient déjà en leur pouvoir.

Pour consolider son trône, Athanagilde cherche à raffermir l'alliance de son peuple avec les Francs, en mariant ses deux filles, Brunehaut et Galsuinde, à Sigebert, roi d'Austrasie, et à Chilpéric, roi de Neustrie.

C'est à cette époque, que la nation des Suèves, sortant de l'oubli où l'avaient jetée les victoires d'Euric, reparaît dans l'histoire. L'un de ses rois, appelé Carrarik, ayant obtenu, par l'intercession de saint Martin de Tours, la cessation de la peste qui désolait son royaume, et la guérison de son fils, se convertit au catholicisme.

Son successeur Théodemir ne se montra pas moins zélé pour la foi orthodoxe. Par ses soins, un concile fut réuni, et une nouvelle discipline introduite dans l'Église.

Sur ces entrefaites, Athanagilde mourut, à Tolède, de mort naturelle, circonstance qui mérite d'être remarquée, la plupart de ses prédécesseurs ayant succombé à une mort violente (567).

Le principe de la royauté élective commence, après lui, à porter ses fruits désastreux. Cinq ans durant, les grands discutent sur le choix d'un successeur. Enfin, les Goths de la Septimanie placent la couronne sur la tête de Liuwa, que les Goths d'Espagne refusent de reconnaître.

Peu jaloux de les gouverner, Liuwa leur donne pour roi son frère Léovigilde, et se contente de régner sur la Septimanie. Ce partage, à l'instar de ce qui se pratiquait chez les Francs, ne dura que quelques années; car, à la mort de Liuwa, Léovigilde rétablit l'unité (572). Les guerres de religion ensanglantèrent son règne. Par haine pour l'hérésie, l'orthodoxe Cordoue voulut se donner aux Grecs. Espérant étouffer, par la force, une insurrection dont le principe reposait sur la liberté de conscience, le roi arien inonda la ville du sang des martyrs; mais la cruauté n'obtint pas le résultat qu'elle s'était promis. Les montagnards de la Biscaye et du royaume de Léon entendirent du haut de leurs monts les cris de l'héroïque cité; ils prirent les armes (573), et, aidés de leurs voisins, les Suèves, revenus, ainsi que nous l'avons dit, à la foi catholique, ils ne craignirent pas de se mesurer avec les Visigoths. Léovigilde, après quelques succès sans résultat, accorda une trêve aux alliés, et tourna tous ses efforts contre les Grecs, qu'il chassa des montagnes de Grenade, et auxquels il ne laissa que quelques villes du littoral de la Méditerranée. Malgré ces avantages remportés sur ses ennemis, Léovigilde ne possédait qu'un trône chancelant. L'hérésie arienne, dont il se montrait l'ardent sectaire, avait provoqué une réprobation presque universelle, et les persécutions dont les catholiques avaient été les victimes avaient soulevé contre lui un mécontentement général. Pour conjurer l'orage, Léovigilde, sur la fin de son règne, s'associa ses deux fils Herménégilde et Récarède. Il avait espéré par là fortifier le pouvoir royal et le fixer dans sa famille; mais il résulta de ce partage un effet tout contraire à celui qu'il s'était proposé. Bientôt, Herménégilde, que sa femme Ingunde, fille de Brunehaut, avait converti au catholicisme, lève ouvertement l'étendard de la révolte, appelle à lui tous les mécontents de l'intérieur, et, à l'extérieur, fait alliance avec les ennemis de son père.

La position de Léovigilde devenait critique. D'un côté, les Grecs, qui avaient conservé un pied en Espagne, menaçaient d'occuper, au nom d'Herménégilde, les plus belles provinces. De l'autre, les Suèves aspiraient après le jour où ils pourraient secouer un dur vasselage; les Francs enfin convoitaient la Narbonaise. En présence du danger, Léovigilde employa tour à tour les armes de la ruse et celles de la guerre. Il chercha d'abord à détacher son fils du parti des rebelles; mais, voyant que ses efforts étaient inutiles, il alla mettre le siége devant Hispalis, dont les séditieux avaient fait leur capitale.

Cependant, les rois francs, profitant des conflits intérieurs de l'Espagne, attaquèrent la Gaule gothique, tandis que Miro, devenu roi des Suèves après la mort de son père Théodemir, courait au secours d'Herménégilde, son allié.

Pour diviser ses ennemis, Léovigilde demanda à

Chilpéric, pour son second fils Récarède, la main de sa fille Rigunde.

Cette proposition suspendit en effet les hostilités déjà commencées contre la Narbonaise. Léovigilde en profita pour presser plus vivement Hispalis. Il cerna la ville de toutes parts, força le roi des Suèves à implorer la paix, exigea de lui le serment de fidélité, et réduisit enfin la place, par la famine, après deux ans de siége (584). Herménégilde s'enfuit à Cordoue, où le poursuivit son père. C'est alors que, réduit aux dernières extrémités, il implora la clémence paternelle. Léovigilde lui accorda son pardon, à condition qu'il irait vivre loin de la cour et des affaires. Valence lui fut assignée pour lieu d'exil.

Tandis que ces événements se passaient en Andalousie, Andéca ayant usurpé le trône des Suèves sur Euric, fils de Miro, que Léovigilde avait honoré de son alliance, celui-ci prit prétexte de cette trahison pour entrer en Galice, détrôner l'usurpateur, et convertir en province de son empire le royaume des Suèves, qui disparaît ainsi et pour toujours du domaine de l'histoire (585) (1).

Herménégilde cependant était parvenu à s'échapper de sa retraite. Aidé des Grecs, dont il avait une deuxième fois imploré le secours, il pénétra dans

---

(1) Selon quelques historiens en 584.

l'Estramadure, et obtint quelques succès; mais il en fut bientôt expulsé par son père, qui le poursuivit jusqu'à Valence. L'intention d'Herménégilde était de passer en France, afin de solliciter l'appui de son beau-frère, mais il fut pris et enfermé dans la prison de Tarragone. Léovigilde était père et roi : père, il eût voulu pardonner une seconde fois; roi, il sacrifia à l'intérêt de sa politique ses affections paternelles et se fit persécuteur. Avec une constance qui l'honore, Herménégilde refusa, même au prix de sa vie, de renoncer à la foi catholique.

Toutes les instances furent vaines, et le prince fut mis à mort dans sa prison, expiant ainsi par le martyre le crime de sa double rébellion contre son père et son souverain. Délivré de ses ennemis intérieurs, Léovigilde voulut couronner son règne, en menant à bonne fin les négociations entamées pour le mariage de son fils Récarède avec la princesse franque Rigunde, et déjà la jeune fiancée était en route pour l'Espagne, avec un brillant cortége et des sommes considérables, lorsqu'à Toulouse ces trésors tentèrent la cupidité de Désidérius, qui s'en empara. Rigunde trouva asile dans un couvent, d'où sa mère la fit sortir plus tard, sans que Récarède eût essayé le moindre effort pour venger l'affront fait à sa fiancée ou pour la retenir.

La guerre alors éclate entre les deux peuples. Les

rois francs, Childebert et Gontran, envahissent la Septimanie : l'un marche sur Nîmes, et l'autre sur Carcassonne, tandis que leur flotte va ravager la Galice. Mais leur expédition navale échoua complétement ; c'est à peine si quelques navires purent échapper à la destruction.

Le roi visigoth soutient la guerre avec vigueur. Récarède fait lever le siége de Nîmes, poursuit les Francs jusque sur leur territoire, et revient en Espagne, couvert de lauriers et chargé de butin.

Le glorieux règne de Léovigilde ne devait plus compter que peu de jours. Après avoir associé son fils au trône, il mourut saintement à Tolède, converti, dit-on, à la foi catholique (586) (1).

En faisant asseoir, ainsi que nous allons le raconter, le catholicisme sur le trône, Récarède rendit à l'Espagne un service signalé. Dès son avénement à la couronne, le roi visigoth avait pensé à abjurer l'hérésie et à donner à son peuple la paix et le bonheur, en le ramenant à l'unité de religion ; mais ce projet demandait du temps et de l'adresse.

En conséquence, Récarède fit d'abord préparer les esprits par des confidents ecclésiastiques, qu'il dépêcha dans les provinces ; puis, quand il crut le moment favorable, il convoqua à Tolède un concile

---

(1) Des historiens mettent l'année de la mort de Léovigilde en 585, en 588 et même en 589.

d'évêques, mi-parti ariens, mi-parti catholiques. Le roi, dans un discours qui fut accueilli avec enthousiasme, renonça ouvertement à l'arianisme, donnant pour raison de sa conversion les miracles nombreux opérés en faveur de la foi orthodoxe; mais en même temps il protesta de son respect pour la liberté de conscience, tout en faisant ressortir les avantages qui résulteraient pour l'Espagne de l'unité de croyance. La plupart des nobles et des prélats de l'assemblée signèrent après le prince, l'acte de confession, et la religion catholique fut déclarée religion de l'État (589) (1).

Quelques évêques ariens voulurent protester, et poussèrent le fanatisme jusqu'au crime. Une conspiration se forma contre la vie du souverain; elle fut découverte, et les évêques coupables furent envoyés en exil. Leur crime méritait la mort; mais le roi, nouveau converti au catholicisme, donna l'exemple d'une sage modération, en commuant leur peine.

Après sa conversion, Récarède voulut faire la paix avec les rois francs et leur députa des ambassadeurs avec mission de demander la main de la princesse Chlodosuinde, sœur de Childebert. Childebert les accueillit avec joie et se montra heureux d'accéder à leur demande; Gontran, au contraire, refusa toute

---

(1) Rosseeuw Saint-Hilaire place cet événement en 587.

alliance, et déclara qu'il ne consentirait jamais à une union quelconque avec le fils de l'hérétique Léovigilde (1).

En même temps, et comme pour donner un démenti formel à la pureté de ses intentions, on le vit joindre ses armes à celles des révoltés de la Septimanie, qui s'étaient soulevés pour défendre l'arianisme. Il avait refusé l'alliance d'un prince orthodoxe, il accepta celle des hérétiques, et n'hésita pas à leur envoyer de puissants secours, commandés par Désidérius, comte de Toulouse.

De son côté, Récarède fit face à ses ennemis ; son armée, sous les ordres du duc de Lusitanie Claudius, battit complétement les Francs, les poursuivit jusque dans la Bourgogne, et vengea par d'affreuses représailles les ravages qu'ils avaient commis en Septimanie. Vainqueur au delà des Pyrénées, Récarède le fut aussi en deçà.

Des évêques ariens, appuyés sur les Byzantins de la Bétique, voulurent essayer de nouveau de renverser le catholicisme, en renversant le trône sur lequel il s'était assis.

Quelques auteurs placent à la tête de cette conspiration Sunna, évêque d'Émérita, tandis que d'autres l'ont fait figurer dans la première révolte, dont nous

(1) Le mariage n'eut pas lieu.

avons déjà parlé. Quoi qu'il en soit, il paraît certain que plusieurs nobles, mécontents, prêtèrent à cette rébellion l'éclat de leur nom et l'appui de leur bras.

Rosseeuw Saint-Hilaire, dont les notes sont toujours puisées à des sources certaines, nous apprend que Récarède sortit dans cette circonstance de sa modération accoutumée, et qu'il fit couper la main droite à tous les conjurés.

Cette conspiration était à peine vaincue, qu'une nouvelle attaque des Francs de Gontran dans la Septimanie, força le roi visigoth à franchir de nouveau les Pyrénées, pour venir protéger sa province gauloise, le bouclier de sa royauté. Les Bourguignons furent entièrement défaits, et la Gothie transpyrénéenne respira enfin, délivrée de leurs terribles incursions.

Les dernières années du règne glorieux de Récarède furent encore signalées par quelques révoltes dont il sut triompher.

Il eut aussi à repousser les attaques des Grecs; ceux-ci, à l'intervention du pape Grégoire le Grand, obtinrent un traité, par lequel, renonçant à toute idée de conquête à l'intérieur, ils conservèrent paisiblement leurs possessions sur la côte.

La principale gloire du fils de Léovigilde fut surtout dans les sages institutions dont il dota son peuple.

SUÈVES, ALAINS, VANDALES, VISIGOTHS.

Les haines de race existaient encore à cette époque entre les Romains, les Suèves et les Goths. Pour les faire disparaître, Récarède, après avoir donné à ses sujets l'unité de religion, voulut les rapprocher encore en les soumettant à une loi unique, commune aux Goths et aux Romains.

C'est ainsi que ce grand prince prépara la fusion qui devait s'accomplir sous les règnes suivants. Nous ferons observer que Récarède fut le premier roi qui se soit fait sacrer par la main des évêques, et qui ait mérité par ses vertus le titre de roi catholique, titre qui fait encore aujourd'hui l'orgueil de la royauté en Espagne. Il mourut paisiblement à Tolède (601).

Nous passerons rapidement sur les règnes de Liuwa II, de Witerich et de Gundemar. Ces trois princes, qui occupèrent le trône de 601 à 612, ne firent, pour ainsi dire, que paraître.

L'histoire vante les vertus de Liuwa, fils de Récarède, et flétrit les vices de son meurtrier et successeur, l'incapable Witerich (603). En vain ce prince voulut-il faire oublier son crime et son usurpation, en faisant la guerre aux Grecs d'abord, et plus tard au roi des Burgundes Théodorich, qui venait de répudier Hermemberge, sa fille; ses revers augmentèrent encore son impopularité. Il mourut, assassiné dans un festin (610). Gundemar, qui lui succéda, marqua son passage sur le trône par la soumission des Vascons révoltés. Son règne ne dura que deux ans.

L'aridité des temps qui précèdent va faire place à la vie et au mouvement d'une époque remplie d'événements. L'histoire de Sisebut, le successeur de Gundemar (612), est une belle page dans les annales de la royauté gothique en Espagne. A son avénement au trône, les Gréco-Byzantins possédaient encore tout le littoral à l'est du détroit jusqu'à Valence, et le sud du Portugal. Non moins brave au combat qu'habile dans les conseils, Sisebut marche contre eux, les défait en deux batailles rangées, et les force à chercher un refuge derrière les remparts de leurs villes.

Héraclius occupait alors l'empire d'Orient. En apprenant par Cœsarius, son commandant en Espagne, la triste position de ses sujets dans cette province, il voulut leur envoyer des secours; mais occupé tout entier à repousser les invasions des Perses, il traita avec Sisebut, et lui céda toutes les villes maritimes, sauf quelques-unes dans les Algarves.

Les Visigoths, dès lors, restèrent presque seuls maîtres de l'Espagne, et cette conquête fit la gloire de Sisebut.

Saint Isidore, dont les chroniques sont une source

précieuse pour l'histoire de ces temps, vante la sagesse et la modération du roi visigoth.

Frédégaire nous apprend qu'il était si doux, si humain, qu'il pleurait à la vue du sang versé sur le champ de bataille, et qu'il regardait comme un bonheur de sauver la vie à un homme.

Et pourtant, il persécuta les Juifs avec une rigueur sans exemple sous ses prédécesseurs : quatre-vingt mille furent contraints de recevoir le baptême, violence que saint Isidore lui-même n'a pu s'empêcher de blâmer.

Sisebut, dit le vénérable historien, n'agit pas dans son zèle pieux selon la science (*secundum scientiam*), et contraignit par la force ceux qu'il fallait persuader par le raisonnement.

Sisebut n'en reste pas moins l'un des plus grands princes qui se soient assis sur le trône. Il protégea les lettres, créa une marine, fortifia Évora, et montra à ses successeurs le chemin de l'Afrique.

Il mourut, universellement regretté, après un règne de huit ans (621) (1). Son fils, Récarède II, ne fit que passer sur le trône, et ne put continuer l'œuvre commencée par son père.

Si ce prince eût possédé les vertus de Sisebut, et

---

(1) Quelques auteurs placent la mort de Sisebut en 620 ; d'autres, en 623.

s'il eût laissé la couronne à un fils digne de son nom, le droit d'hérédité se serait peut-être substitué au droit fatal d'élection, et nous n'aurions pas à raconter le déclin d'un empire livré par ses propres querelles à la conquête étrangère.

Après la mort de Récarède II, l'élection plaça la couronne sur la tête de Suintila (621) (1).

C'était un ancien général de Sisebut, et quelques chroniqueurs prétendent qu'il était fils de Récarède Ier.

Il ouvrit son règne par une campagne contre les Grecs; les expulsa du territoire qu'ils occupaient dans l'extrémité méridionale du Portugal, et la Péninsule, du nord au sud, et de l'est à l'ouest, ne compta pas une ville, pas une forteresse, pas une bourgade, qui n'appartînt aux Goths (624).

Après cette expédition, le vainqueur tourna ses armes contre les Basques, qui désolaient la Tarragonaise.

La rapidité de sa marche et son arrivée soudaine inspirèrent une telle crainte à ces derniers, qu'ils déposèrent les armes, et consentirent à bâtir de leurs mains et des fruits de leur butin la ville d'Oligitum, au profit de la couronne. Ses succès, et plus encore ses vertus, qui lui avaient fait donner par Isidore

---

(1) 620 selon Gaillardin, 623 selon Paquis.

d'Hispalis le titre de *Père des pauvres*, méritèrent à Suintila la vénération et l'admiration universelle. Il voulut en profiter pour rendre la couronne héréditaire dans sa famille, et, à cette fin, il s'associa son fils Ricimer; mais le clergé et la noblesse, qui jusque-là avaient eu le privilége d'élever et de renverser les rois, ne pouvaient se laisser tranquillement dépouiller d'un droit qui faisait leur force. Ils se révoltèrent; et voilà ce qui nous explique peut-être le brusque changement des rares historiens du temps, moines ou évêques, dans leur opinion sur le souverain que jusque-là ils avaient préconisé.

Suintila voulut en vain lutter contre cette double puissance, le clergé et la noblesse. La lutte était impossible, il ne tarda pas à succomber.

Sisenand, un des membres les plus influents de la noblesse gothique, leva ouvertement l'étendard de la révolte; mais, ne trouvant pas dans le peuple l'appui nécessaire pour détrôner un roi victorieux, il acheta les secours de Dagobert, roi des Francs, et offrit en paiement le fameux vase d'or du poids de 500 livres que le patrice Aétius avait donné à Thorismund, après la bataille de Châlons-sur-Marne(1).

Le marché fut conclu, et le roi franc fit avancer ses troupes jusqu'à Saragosse. Les Goths effrayés

---

(1) Ce vase faisait partie du butin pris sur les Huns.

déposèrent les armes, et Sisenand fut proclamé roi, malgré cette honteuse intervention des étrangers (631).

Nous ne savons pas quel fut le sort de Suintila après sa déposition.

Quant aux Francs, ayant atteint le but de leur expédition, ils repassèrent les Pyrénées, rapportant le prix destiné à payer les secours qu'ils avaient fournis. Mais les Goths qui ne voulaient point se dessaisir de ce riche trophée, le reprirent aux ambassadeurs de Dagobert, et le nouveau roi paya 200,000 soldi, pour dédommager son allié.

La nation avait, sinon acclamé, du moins accepté l'élection de Sisenand. Celui-ci, cependant, comprit bientôt que sa royauté n'aurait de profondes racines, qu'autant que la religion consacrerait la couronne posée sur sa tête, et il convoqua à Tolède un concile de tous les évêques du royaume. Quatre-vingt-seize y figurèrent, soit en personne, soit par des délégués (633).

Le concile déclara Suintila déchu du trône, et confirma l'élection de Sisenand. Puis, non content d'avoir assuré la tranquillité pour le présent, il songea à prévenir les troubles que chaque nouveau régne semblait devoir périodiquement ramener. En conséquence, les Pères rassemblés décidèrent que désormais le choix du nouveau monarque dépendrait uniquement du clergé et de la noblesse réunis à Tolède : ils réglèrent tout ce qui concernait cette élection, et, comme sanction à la loi qu'ils venaient de voter, ils prononcèrent les plus grands anathèmes contre quiconque attenterait aux jours ou porterait les mains sur la couronne du roi leur élu.

Justement reconnaissant envers l'Église, dont la sagesse venait de sauver le pays, en mettant une digue à l'ambition personnelle des grands, et à leur jalousie contre sa personne, Sisenand exempta le clergé de tout impôt, et sut mériter, par son zèle et sa piété, le nom de roi orthodoxe.

Il mourut, après cinq ans d'un règne qui accrut, aux dépens de l'autorité royale, la puissance de l'Église catholique (636) (1).

A la mort de Sisenand, le clergé fit placer sur le trône Chintila, dont le zèle pour la foi catholique, et la soumission au pouvoir des évêques, assuraient à ces derniers la prépondérance dans le gouvernement.

Deux conciles furent tenus à Tolède. Les évêques réunis s'efforcèrent, par différents décrets consignés dans les canons du concile, de rendre en protection à la royauté ce que celle-ci leur accordait en puis-

---

(1) 638 selon Paquis.

sance : mais, à travers tous les efforts de ces assemblées, pour faire à l'autorité royale un rempart du respect dont jouissaient les évêques, on aperçoit déjà l'esprit d'antagonisme qui divisait la noblesse et l'Église. Les nobles Goths, en effet, n'avaient vu qu'avec un déplaisir extrême ce qu'ils appelaient les empiétements du clergé, et déjà ils ne cachaient plus leurs desseins de ressaisir le pouvoir, à la première occasion favorable.

Cette occasion ne se fit point attendre. Chintila étant mort après un règne de deux années, les évêques choisirent, pour le remplacer, son fils Tulga (640).

Trop jeune pour régner par lui-même, le nouveau roi gouverna sous la tutelle du clergé : trop faible pour tenir en bride la race indocile et bouillante de ses nobles, il laissa briser le sceptre entre ses mains.

Un vieux guerrier d'illustre naissance, Kindaswinth, tira l'épée, s'empara du monarque, et l'enferma dans un couvent.

Roi par la grâce de son glaive, Kindaswinth ne régna que par la force. Irrités d'être contenus par un bras si puissant, les grands conspirèrent et essayèrent de renverser le terrible potentat. Mais Kindaswinth écrasa la révolte, ordonna le supplice de tous ceux qui avaient trempé dans une conspiration, même sous les règnes précédents, et n'épargna ni les femmes ni les enfants, qu'il fit remettre comme esclaves au pouvoir des serviteurs restés fidèles. Plusieurs familles s'exilèrent volontairement (646).

Ce que l'État perdit en liberté, sous ce régime de l'arbitraire, il le gagna en tranquillité. Kindaswinth obtint par la force, ce que n'avait pu obtenir la modération des rois précédents. Il régna en paix.

Vainqueur, grâce à la terreur qu'il inspirait, de l'esprit de résistance et de révolte, incarné, pour ainsi dire, dans sa noblesse, il crut prudent de se servir d'une autre arme pour s'attacher le clergé. Il capitula.

Un concile général fut convoqué à Tolède, et le monarque demanda aux évêques la sanction religieuse, dont un roi goth ne pouvait guère se passer. Cette sanction lui fut accordée. De nouvelles peines furent prononcées contre quiconque, ecclésiastique ou laïque, machinerait la perte du souverain. On lança de nouveau l'anathème contre tout Goth qui tenterait d'usurper le pouvoir, et les évêques poussèrent le zèle jusqu'à excommunier le roi lui-même, si, dans sa clémence, il s'avisait de pardonner au coupable.

Parvenu à un âge avancé, Kindaswinth, d'après l'avis du clergé, s'associa son fils Rekeswinth (649).

Il mourut, trois ans après, à l'âge de quatre-vingt-dix ans.

Son règne marque parmi les plus beaux de sa

race. Prince d'une piété éclairée, il enrichit les églises, dota les couvents, et secourut les malheureux de ses aumônes. Les lettres trouvèrent en lui un protecteur, et nous lui devons les œuvres de saint Grégoire le Grand, qu'il envoya recueillir à Rome par un évêque de sa nation.

En s'associant son fils, Kindaswinth avait voulu lui assurer le trône. Mais, à sa mort, les nobles, toujours jaloux de leurs prérogatives, et craignant de laisser établir le droit d'hérédité, firent au nouveau souverain une opposition formidable et armée, sous le commandement de Froya, un des leurs. Les Basques se joignirent aux révoltés, et Rékeswinth dut marcher contre eux, à la tête des troupes dévouées à sa cause. Les rebelles se défendirent avec opiniâtreté : leur défaite coûta cher aux vainqueurs.

Ce règne n'offre plus rien de remarquable. Le clergé, maître des affaires, se réunit, pour la huitième fois, en concile national, et devant cette puissance, qui désormais dominait toute autre puissance, le roi, humble et soumis, parut en suppliant. Il conjura les Pères de révoquer les arrêts inexorables portés contre les rebelles et contre les rois tentés de leur pardonner. C'était donner un grand exemple de respect à la supériorité de l'Eglise que de venir ainsi solliciter des évêques et des prêtres un droit qu'il eût pu trouver dans sa propre autorité de souverain; mais autant il est beau et juste de laisser l'Église gouverner dans la plénitude de son pouvoir les choses purement spirituelles, autant il est dangereux de placer entre ses mains la puissance temporelle, et la suite de l'histoire des Visigoths semble justifier cette observation.

En effet, à partir de cette époque, le peuple espagnol et son roi abdiquent leurs droits réciproques et renoncent à leurs priviléges. Le roi laisse régner les conciles; le peuple s'amollit dans les douceurs d'une longue paix et dans l'indifférence politique, si funeste aux États. Aussi, quand la conquête arabe viendra la surprendre, la nation gothique, ayant oublié l'antique valeur de ses ancêtres, n'opposera qu'une faible résistance à la domination étrangère; et, chose inouïe dans les fastes de l'histoire, il suffira d'une seule défaite pour renverser un empire que cinq cents ans de durée et de luttes auraient dû enraciner dans le sol hispanique.

Rékeswinth régna vingt-trois ans.

Pieux et doux, il ne s'occupa que du bonheur de ses sujets. Malheureusement il commit la faute de rétablir après lui le droit d'élection, qui devait ouvrir l'abîme où s'engloutirait la monarchie. Même avant de mourir, il put voir les grands se disputer sa succession.

Dégoûté des honneurs et du monde, il alla s'ensevelir dans une petite retraite qu'il s'était choisie aux environs de Salamanque, et c'est là qu'il mourut dans un paisible repos (672).

Tout semblait présager de sanglantes funérailles au dernier roi, lorsque tout à coup, et au moment où les glaives allaient être tirés pour lui donner un successeur, un changement subit s'opéra dans les âmes : d'une voix unanime, on proclama Wamba, vieillard respectable que ses vertus désignaient à ce choix. Il refusa d'abord, et la violence seule put obtenir son consentement (1).

Une pareille élection tenait du prodige, et les chroniques du temps ne manquent pas de l'accompagner de circonstances miraculeuses.

Celui-ci nous raconte que l'huile sainte versée sur son front, au moment du sacre, s'évapore en fumée, et qu'une abeille voltige sur sa tête, présageant ainsi l'activité de son règne.

Celui-là, faisant de Wamba un autre Cincinnatus, nous apprend que les députés conduits par saint Léon, pour lui offrir la couronne, le trouvent labourant son champ. En apprenant l'objet de leur visite, il refuse l'honneur qu'on veut lui imposer,

(1) Paquis raconte le fait suivant : Un des ducs du palais, impatienté de ses refus, lui mit un poignard sur la poitrine, et s'écria : « Choisis ou le trône ou la mort! il ne sortira d'ici qu'un roi ou un cadavre ! » (P. 119.)

SUÈVES, ALAINS, VANDALES, VISIGOTHS. 83

et sur leurs instances : « Je n'accepterai, dit-il, que si je vois reverdir le bâton sec que je tiens à la main, » et le bâton se couvrit aussitôt de feuilles et de fleurs.

Quoi qu'il en soit de ces différents récits, toujours est-il que son règne fut en effet un prodige au milieu des règnes qui l'ont précédé ou suivi. A peine le roi du miracle est-il couronné à Tolède, que la Septimanie, non consultée sur son élection, refuse de le reconnaître et se révolte. Childéric (ou Hildéric), gouverneur de Nîmes, se déclarant en rébellion, ferme les portes de sa ville. Il gagne à sa cause Gumhild, évêque de Maguelone, et l'abbé Rammir, l'un des membres les plus influents du clergé de la Gaule. Puis il traite avec les Francs et obtient de leur roi Childéric la promesse d'un corps de troupes auxiliaires.

Wamba confie à Paulus le commandement de ses troupes, avec mission de soumettre les rebelles; mais, par une trahison des plus coupables, Paulus forme le projet de tourner contre son souverain les forces dont il dispose et de s'en faire un piédestal pour arriver au trône. Il fatigue d'abord son armée par des marches forcées dans la Tarragonaise, fait épouser sa cause par Ranosind, chef de cette province, et parvient à pénétrer dans Narbonne, avant que l'évêque, qui avait deviné ses desseins, eût pu lui en fermer les portes. Là, déclarant Wamba déchu du trône, par un simulacre d'élection il se fait donner la couronne.

A la nouvelle de cette perfidie, Wamba, alors occupé à soumettre les Vascons révoltés, vole en Gaule : Barcino (Barcelone) et Gerunda (Girone) ouvrent leurs portes. Caucoliberis (Collioure) le reçoit dans ses murs. Vulturaria et Castrum Libœa font leur soumission, enfin les troupes royales assiégent Narbonne. Cette ville, le centre de la révolte, et la citadelle des Goths, en deçà des Pyrénées, oppose une vigoureuse résistance. Elle cède cependant, et Widimir, général laissé par Paulus pour défendre la ville, tombe entre les mains du vainqueur, qui le fit battre de verges. Néanmoins le chef de la révolte, Paulus, tenait encore la campagne. Réfugié à Nîmes, il menaçait de perpétuer la rébellion dans cette province éloignée de la métropole et cherchait, en prolongeant la résistance, à lasser son ennemi; mais Wamba brusqua les choses. Réunissant toutes ses forces, il alla investir la place et s'en rendit maître, après un double assaut qui coûta beaucoup de monde aux deux partis; Paulus, fait prisonnier, demanda grâce et obtint son pardon.

Wamba, après avoir pacifié la Septimanie et puni les ravages que le duc Lupus avait commis sur le territoire de Béziers, rentra triomphant dans sa patrie.

Tous ses soins alors furent consacrés à réveiller chez son peuple le courage endormi par une longue habitude de la paix.

Il fit des lois punissant de mort comme infâme et traître à la patrie, celui qui refusait d'être soldat, pour chasser l'ennemi. On eût dit que Wamba devinait déjà l'attaque des nouveaux conquérants de l'Afrique, les Musulmans, fils du Prophète.

Bientôt, en effet, ces futurs dominateurs de l'Espagne, conduits par Okba, leur chef (670 à 683), victorieux des Grecs de l'Afrique, viennent attaquer le littoral de la Péninsule, avec une flotte nombreuse. Wamba leur oppose ses navires, remporte une éclatante victoire, et a l'honneur de retarder de trente années l'asservissement de sa race.

Vainqueur de ses ennemis sur terre et sur mer, maître aimé et redouté tout à la fois, ce prince n'avait plus, ce semble, qu'à se reposer dans la paix et la reconnaissance des peuples des travaux glorieux de son règne.

Mais il n'en fut pas ainsi. Une conspiration s'ourdit contre lui.

Parmi les grands qui vivaient à sa cour, comblés de ses bienfaits et honorés de son amitié, était un Grec d'origine nommé Erwich, dont le père Asdabasd, venu en Espagne sous le règne précédent, descendait, dit-on, d'Athanagilde.

Intimidé par l'exemple de Paulus, ce digne enfant du Bas-Empire conspira dans l'ombre et demanda à la ruse et au crime ce qu'il n'osait demander à son épée. Il endormit le monarque, à l'aide d'un breuvage empoisonné; et, profitant de ce sommeil factice, il lui fit raser la tête et le revêtit d'un habit de moine (680). A son réveil, le vieux roi protesta contre une pareille félonie; mais le clergé, gagné d'avance à la cause d'Erwich, se fit une arme des canons qui interdisaient la couronne à quiconque avait porté l'habit monacal. Wamba, se sacrifiant à la paix et à la tranquillité de son pays, alla finir ses jours dans un cloître.

A partir du règne d'Erwich, l'empire des Goths marche rapidement vers sa décadence. Ce n'est plus le roi qui gouverne, mais le clergé. Les conciles se succèdent fréquents et nombreux; les prélats, un pied dans le royaume de ce monde et un pied dans l'autre, règlent à leur gré les affaires de l'État, mêlent le temporel et le spirituel; décrètent, suivant la circonstance et leur intérêt, le pour et le contre; anathématisent les conspirateurs et conspirent les premiers; font et défont les rois, tout en lançant les malédictions de l'Église contre le rebelle assez hardi pour oser toucher à la couronne royale, de telle sorte que l'histoire de la monarchie (de 680 à 711) pourrait s'intituler l'histoire des conciles.

Ce règne dura huit ans, si toutefois on peut appeler règne une honteuse abdication de toute autorité. Malgré le soin extrême que les conciles mirent à l'envi à protéger sa personne et sa famille, le faible et infortuné monarque vécut dans la crainte et le soupçon. Le roi détrôné possédait encore des partisans, qui menaçaient de se rallier autour d'Égica, son plus proche parent. Erwich voulut attacher ce prince à sa personne, en lui donnant pour épouse sa fille Cixilona et en le reconnaissant pour son successeur.

Sur la fin de sa vie, Erwich, poursuivi par le remords de sa trahison envers son souverain, se retira dans un cloître (687), où il mourut, revêtu de l'habit de pénitent. Égica lui succéda.

Placé entre les serments qu'il avait faits au dernier roi de protéger sa famille, et ses sympathies pour les partisans du prince déchu, Égica convoqua un concile, le quinzième tenu à Tolède, et soumit ses scrupules aux évêques, qui le délièrent de ses serments et confirmèrent son élection. Wamba vivait encore.

D'après ses avis, le nouveau roi répudia sa femme Cixilona, rendit aux partisans de l'illustre vieillard leurs dignités et leurs biens, tandis qu'il dépouilla la famille et les amis d'Erwich; puis, pour assurer la couronne à son fils, il se l'associa au trône et le nomma gouverneur de la Galice.

Cette conduite d'Égica suscita bien des haines et souleva de terribles orages. Sigebert, évêque de Tolède, homme aussi corrompu qu'ambitieux, se mit à la tête d'une vaste conspiration, formée de cette classe de mécontents que l'on rencontre sous tous les règnes, et grossie des partisans d'Erwich. Le roi, tous les membres de sa famille, et cinq de ses plus fidèles palatins, devaient être mis à mort; mais le complot fut découvert, l'évêque jeté en prison, et les révoltés furent battus par les troupes fidèles.

Dans un concile convoqué à cette occasion (692)(1), Sigebert fut déclaré déchu de son siége, et les Pères renouvelèrent tous les anathèmes des conciles précédents contre les rebelles.

Mais que pouvaient ces assemblées et leurs décrets, que pouvaient même les bonnes intentions du roi, pour arrêter dans sa chute un empire qui croulait de toutes parts? La noblesse et le clergé semblent rivaliser de débauche et de corruption; le peuple, abâtardi, n'a plus ni force ni volonté. Tout présage une ruine prochaine.

Les juifs, prétendus convertis, nouent des intelligences coupables avec ceux de leurs coreligionnaires que les persécutions ont chassés en Afrique, et forment un complot plus redoutable encore que

---

(1) 693 selon Saint-Hilaire.

celui de l'évêque Sigebert : il avait pour objet de livrer l'Espagne aux Arabes (694).

Égica, prévenu à temps, réunit un nouveau concile, le troisième de son règne, et réclama contre les juifs les peines les plus sévères. On ne resta pas en arrière dans les mesures de rigueur. Les juifs furent réduits à l'esclavage, eux, leurs femmes et leurs enfants; leurs biens furent confisqués.

Les Arabes cependant, sûrs de trouver un appui, avaient équipé une flotte nombreuse, avec laquelle ils vinrent attaquer les côtes de la Péninsule; mais ils furent repoussés par Theudemir, que le roi des Goths avait nommé commandant de ses forces navales. Ces succès donnèrent un instant d'autorité à Égica, qui en profita pour faire asseoir avec lui sur le trône son fils Witiza (698). Il mourut trois ans après, avec la consolation de laisser son royaume dans une situation améliorée par ses soins, et relativement plus belle que celle des États voisins.

Witiza, déjà roi du vivant de son père, s'empressa de se faire sacrer. Son règne est un de ceux qui embarrassent singulièrement l'historien, par le grand nombre de contradictions des biographes. Suivant quelques chroniqueurs, Vitiza fut un grand prince; suivant d'autres, ce fut un monstre sur le trône.

On lui reproche sa vie licencieuse, l'encouragement donné à tous les déréglements des grands et du clergé. On l'accuse d'avoir menacé de marcher sur Rome, le pape Constantin, qui lui avait adressé de sages représentations ; on lui fait un crime d'avoir obtenu par la violence la révocation des décrets portés par les conciles précédents contre les juifs, qu'il rappela de l'exil, et réintégra dans leurs biens. Quoi qu'il en soit de toutes ces accusations, Witiza eut à nos yeux le mérite d'obtenir l'éloge de ses contemporains, qui s'accordent à lui donner toutes les vertus, et de repousser, à l'aide du brave Theudemir, une nouvelle attaque par mer, des Mahométans (709).

Cette victoire navale, en raffermissant le pouvoir du roi, excita la colère et l'envie d'une noblesse gonflée d'ambition et d'orgueil, mais vide de patriotisme.

Parmi les victimes du caractère cruel que certains historiens prêtent à Witiza se trouvait un duc de Cordoue, issu du sang royal, appelé Theuderec (1). Le roi, dit-on, lui avait fait crever les yeux, parce qu'il redoutait son ambition.

Roderic, fils de ce Theuderec, résolut de venger son père, et de réclamer la couronne.

Ici, il se fait dans l'histoire du fils d'Égica une nuit

(1) D'autres disent Theudefred.

profonde. Quel fut son sort dans cette révolte? mourut-il les armes à la main, ou dans les supplices? C'est ce qu'on ignore complétement.

Le fait certain, c'est que Roderic s'empara du pouvoir par une conspiration (710). Mais ce trône usurpé fut entouré d'ennemis. Les fils de Witiza avaient de nombreux partisans, et ils trouvèrent dans le gouverneur de Ceuta, le comte Julien, un ardent et zélé défenseur de leurs droits.

Trop faibles pour renverser l'usurpateur, les mécontents commirent le crime d'appeler à leur aide les étrangers, les Arabes, qui, depuis longtemps, guettaient le moment de planter sur la Péninsule l'étendard du prophète.

Cette haine sacrilége de Julien, livrant son pays pour renverser son roi, a été expliquée de différentes manières : mais il nous semble que sans recourir à la fable de sa fille Florinda (*la Cava*), outragée par Roderic, on peut en trouver la cause dans l'ambition effrénée de ces Goths, pour qui la patrie n'était qu'un vain nom. Mouza était alors visir d'Afrique, le calife Walid régnait à Damas. Sollicité par les rebelles, attiré surtout par l'appât d'un riche et nombreux butin, l'avare émir demanda et obtint du calife la permission de tenter la conquête de ce paradis de l'Occident.

N'osant cependant pas encore entreprendre en

personne une expédition qui pouvait être désastreuse, le prudent Mouza voulut s'assurer d'abord de la possibilité de la réussite, et de la coopération certaine de ses nouveaux alliés. Quelques succès lui ayant démontré qu'il pouvait compter sur les rebelles et espérer la victoire, il donna à son lieutenant Tareck l'ordre de commencer les hostilités. Tareck s'empare d'abord de Tanger et de quelques autres citadelles que les Visigoths occupaient en Afrique; puis, cinglant vers l'Espagne, il débarque, avec 12,000 Berbers, dans l'Andalousie, au pied du mont Calpé. Qu'on juge du ravissement et de l'enthousiasme des Musulmans, à la vue de cette terre, favorisée du ciel, comparée au sol aride et brûlé de l'Afrique.

Theudemir, le même qui deux fois déjà avait repoussé les Arabes sous le prédécesseur de Roderic, gouvernait ce jardin de l'Espagne. Il crut d'abord n'avoir affaire qu'à une troupe d'aventuriers, facile à rejeter de l'autre côté du détroit; mais, lorsqu'il vit se succéder, rapides et nombreux, les envois de troupes, et qu'il comprit enfin qu'une véritable invasion menaçait son pays, il fit demander en toute hâte des renforts à Roderic, alors occupé contre les Vascons, ces insoumis de tous les règnes. Le roi visigoth détache de son armée un corps de sa meilleure cavalerie, et Theudemir s'avance avec ce secours contre les étrangers ; il est vaincu. A cette nouvelle, Roderic averti du danger, fait appel à la nation, se place lui-même à la tête de ses troupes, et marche contre les envahisseurs, résolu de sauver son peuple. Il espérait sans doute que, dans ce péril extrême, chacun des partis qui divisaient alors le pays, ferait, sur l'autel de la patrie menacée, le sacrifice de ses haines et de ses ambitions ; mais le cœur manquait à l'Espagne, et, chose honteuse à dire, on vit des Espagnols grossir en grand nombre les rangs des infidèles.

Renversons d'abord l'usurpateur, disaient-ils, et puis gorgeant de butin les troupes ennemies, nous les renverrons dans leurs déserts.

Par une imprudence, qu'il crut être une sage politique, Roderic confia aux fils de Witiza le commandement de deux corps de troupes. Espérant les avoir ainsi détachés du parti de ses ennemis, il s'avança contre les Arabes, avec une armée de 90,000 hommes, et opéra sa jonction avec Theudemir.

Mouza, de son côté, avait reçu des renforts, et s'était préparé à un combat désespéré, ayant, disent certains historiens, fait brûler ses vaisseaux, pour enlever à ses soldats tout moyen de fuite.

Les deux armées se rencontrèrent non loin de Xérès de la Frontera, à quelques lieues de Cadix.

Le combat eut lieu.

On se battit de part et d'autre avec un acharnement à la hauteur des destinées qui se jouaient sur le champ de bataille. Les Goths défendaient leurs foyers, leurs femmes, leurs enfants, leur nationalité, leur religion. Les Arabes avaient à défendre leur vie, leur liberté, et à conquérir une patrie.

Roderic, que son courage, dans ce moment solennel, doit absoudre de tout son passé, si son passé en a besoin, commandait le centre de son armée. Les fils de Witiza commandaient les deux ailes. La supériorité du nombre était du côté des Goths; mais ils avaient à combattre un ennemi fanatique, auquel il ne restait d'autre ressource que de vaincre. La bataille dura huit jours, depuis le dimanche 19 juillet (711) jusqu'au dimanche suivant (1). Le combat commençait au lever du soleil, et ne cessait qu'à l'entrée de la nuit.

Les pertes de chaque jour étaient grandes de part et d'autre, mais plus sensibles du côté des Arabes, quatre fois moins nombreux que leurs ennemis. Roderic pouvait donc espérer la victoire, avant que Mouza eût eu le temps de recevoir des renforts, lorsque la trahison impie des deux fils de Witiza, qui passèrent aux Arabes, vint changer la face des choses. Malgré cette perfidie, le roi visigoth ne perdit point cou-

(1) La bataille de Xérès eut lieu le 11 novembre 712, d'après Mariana.

rage. La défection des deux jeunes princes avait égalisé les forces; Roderic s'adressa au patriotisme des siens, et tira une dernière fois le glaive, résolu de vaincre ou de périr en roi. La victoire fut pour les Arabes. On ignore si le roi visigoth eut le bonheur de trouver la mort sur le champ de bataille, ou s'il dut, déguisé en paysan, errer fugitif dans le pays dont il avait été le souverain (1). Theudemir parvint à s'échapper; il se réfugia, avec

---

(1) Trente-trois rois avaient gouverné les Visigoths depuis Ataulfe jusqu'à Roderic, savoir:

Dans les Gaules :

Ataulfe, de 412-415.
Siege-Rich, 415.
Vallia, 415-419.
Théodoric I, 419-451.
Thorismund, 451-452.

Théodoric II, 452-466.
Euric, 466-484.
Alaric II, 484-507.
Gesalic, 507-511.
Amalaric, 511-534.

Dans la Péninsule :

Theudis, 531-548.
Théodgisil, 548-549.
Agila, 549-554.
Athanagilde, 554-567.
Liuwa I, 567-568.
Léovigilde, 568-586.
Récarède I, 586-601.
Liuwa II, 601-603.
Witterich, 603-610.
Gundemar, 610-612.
Sisebut, 612-621.
Récarède II, 621.

Suintila, 621-631.
Sisenand, 631-636.
Chintila, 636-640.
Tulga, 640-642.
Kindaswinth, 642-652.
Rekeswinth, 652-672.
Wamba, 672-680.
Erwich, 680-687.
Egica, 687-701.
Witiza, 701-710.
Roderic, 710-711.

quelques troupes, dans ses vastes domaines du royaume de Murcie. Quant aux fils de Witiza, ils furent tués dans le combat, et leur mort dégagea Mouza de la parole qu'il leur avait donnée de les replacer sur le trône.

CHAPITRE V.

DOMINATION ARABE.

Réflexions sur le peu de résistance des Visigoths à la nouvelle domination. — Division de l'histoire des Musulmans dans la Péninsule. — Succès de Tareck. — Prise de Tolède. — Theudemir et Pélage, échappés au désastre de Xérès, fondent deux États indépendants : Theudemir dans la province de Murcie, Pélage dans le royaume des Asturies. — Theudemir se reconnaît tributaire des Musulmans. — Mouza en Espagne. — Mouza et Tareck sont rappelés en Afrique. — Abdelaziz, fils de Mouza, achève la soumission de la Péninsule. — Il est mis à mort par l'ordre du calife. — Fin du royaume tributaire de Murcie. — Émirs ou gouverneurs. — Conquête de la Septimanie. — Eudon, duc d'Aquitaine, bat les Musulmans. — Expédition d'Abdelrahman dans les Gaules. — Guerre civile entre les Berbers et les Arabes. — Les Syriens d'Afrique interviennent. — Ils sont chassés par Almansour. — L'Espagne musulmane commence à rompre le lien qui l'unissait aux califes. — Insubordination des walis. — Progrès du royaume chrétien fondé par Pélage. — Guerre civile entre les Musulmans. — Abdelrahman, prince ommiade, fondateur du califat de Cordoue.

Dans les plaines de Xérès commença pour l'Espagne l'ère d'une nouvelle domination.

Rien ne démontre mieux la décrépitude où était tombée la nation gothique et l'insuffisance de ses institutions, que sa docilité à accepter le joug. On a peine à concevoir comment le souffle d'une seule bataille a pu renverser une possession que deux cents ans et plus d'existence auraient dû attacher au sol par de profondes racines. Qu'étaient donc devenus ces guerriers du Nord, qui ne connaissaient pas d'obstacle? Qu'étaient devenus leur esprit d'indépendance et leur bravoure dans les combats? Un champ de bataille peut bien engloutir une armée, mais non servir de tombeau à tout un peuple.

La perfidie criminelle du comte Julien, la trahison patricide des fils de Witiza ont suffi pour amener une défaite, et causer un désastre; mais c'est ailleurs qu'il faut chercher la cause de cette immense ruine d'un pays, recevant presque sans résistance, avec la honte de la domination étrangère, des mœurs et une religion nouvelles.

Le dévouement et la vertu des grands sont la tête et le cœur d'un gouvernement, comme l'esprit national du peuple et son amour de la patrie en sont les deux bras. Or, la tête, le cœur et les bras faisaient alors défaut à l'Espagne.

Amollis par le luxe, corrompus, énervés par l'abus des plaisirs, les grands avaient perdu les nobles sentiments de l'âme; leur ambition ne connaissait plus de bornes, et pour la satisfaire, ils étaient prêts à vendre leur patrie et leur Dieu. Quant au peuple, accablé sous l'oppression des seigneurs, ruiné par les guerres civiles, dont il ne pouvait espérer aucun profit, déshabitué de se regarder comme quelque chose dans la commune patrie, peu lui importait de servir tel ou tel maître. Il ne pouvait rien craindre de pire que la position qui lui avait été faite. Voilà pourquoi l'Arabe n'eut qu'à se montrer pour soumettre et subjuguer l'Espagne. C'est à peine si quelques villes, telles que Cordoue, Tolède et Mérida essayèrent de résister. Leur soumission ne se fit pas longtemps attendre et Tareck eût pu répéter les trois mots fameux du vainqueur de Pharsale, ainsi que nous allons nous en convaincre par le récit de la conquête après la bataille de Xérès.

Disons cependant, pour l'honneur de la race gothique, que l'énergie de la nation, que son patriotisme et sa foi trouvèrent un asile dans le cœur d'un petit nombre d'hommes, qui, sous la conduite d'un descendant de leurs anciens rois, de Pélage, préférèrent à une vie tranquille dans l'asservissement, les misères de l'exil dans leur propre patrie. Ajoutons que ces dignes fils des premiers Visigoths surent garder fidèlement leur drapeau; qu'ils le transmirent honoré et honorable à leurs neveux, et que ce drapeau eut la gloire de reconquérir plus tard à la religion et à la liberté cette riche Péninsule, devenue si facilement la proie des infidèles.

La domination des Arabes en Espagne peut se diviser en six périodes.

1° Temps de la conquête, suivis de l'époque des émirs. Pendant cette période, la Péninsule, dépendante des califes d'Afrique, ne forma qu'une province du vaste empire conquis par les Ommiades.

2° Le califat de Cordoue.

L'Espagne musulmane se rend indépendante des califes de Bagdad, et forme un royaume séparé. Cette période comprend un espace de 276 ans.

3° L'anarchie.

Plusieurs gouverneurs se font souverains dans leurs provinces; le califat n'existe plus que de nom; neuf royaumes se fondent sur ses débris : Cordoue, Murcie, Badajoz, Grenade, Saragosse, Majorque, Valence, Séville, Tolède.

Cette anarchie dure de 1031 à 1091.

4° Règne des Almoravides, de 1091 à 1157.

5° Règne des Almohades, de 1157 à 1269.

6° Royaume de Grenade, de 1269 à 1492

PREMIÈRE PÉRIODE.

TEMPS DE LA CONQUÊTE. — ÉPOQUE DES ÉMIRS.

TEMPS DE LA CONQUÊTE.

711-715.

Tareck. — Mouza. — Abdelaziz.

Tareck (711-712). — Profitant de la frayeur que la défaite de Xérès a jetée dans le cœur des Visigoths, Tareck les poursuit de ville en ville, de citadelle en citadelle. Terrible pour ceux qui résistent, doux et humain pour ceux qui se soumettent, il voit bientôt toute la province obéir à ses lois.

Tout à coup, et au milieu de ses triomphes, il reçoit de son chef, l'émir d'Afrique, l'ordre de s'arrêter. Mouza, jaloux de la gloire de son lieutenant, voulait ainsi se donner le temps de passer en Espagne, afin de recueillir les fruits d'une aussi belle conquête. Tareck hésite; mais, d'après les avis de ses officiers, et sur les instances du comte Julien, il marche en avant, après avoir partagé ses troupes en trois corps d'armée, commandés l'un par Mogaïth, et l'autre par Zaïd; il s'était réservé le commandement du troisième. Cordoue ouvre ses portes à Mogaïth; Zaïd s'empare de Malaga, tandis que Tareck, avec le reste de l'armée, s'avance pour assiéger Tolède. Là étaient concentrés tous les moyens de résistance des derniers débris de la nation gothique. Le général arabe, ne voulant négliger aucune précaution pour hâter la reddition de la place, mande ses lieutenants vainqueurs, Mogaïth et Zaïd, et l'armée entière se trouva réunie sous les murs de l'antique capitale.

La position de Tolède pouvait la défendre longtemps contre les attaques des assiégeants ; mais sa garnison était démoralisée, et l'on capitula.

Tareck dicta les conditions suivantes : Les Tolédans remettront armes et chevaux ; ils paieront un tribut annuel ; ceux qui voudront sortir de la ville le pourront, sans rien emporter ; ceux qui resteront garderont la liberté de leur culte, et conserveront leurs lois et leurs juges.

Ces conditions furent acceptées, et le vainqueur fit son entrée triomphante dans la capitale des Goths, devenue celle des Arabes (712).

Infatigable de corps et d'esprit, Tareck sort bientôt de Tolède, marche contre quelques bandes de chrétiens, retirés dans les montagnes de la Vieille-Castille, s'empare de Wadil-Hedjara, où il trouve, dit-on, une table d'or enrichie de pierreries, se rend maître, par la famine, de la forteresse d'Amaya, et n'est arrêté dans sa course victorieuse que par l'arrivée de Mouza. Tareck, à cette nouvelle, se rend auprès de son général, lui offre la plus riche part du butin pris sur les ennemis, et lui explique la raison de sa conduite. Mouza dissimule d'abord; mais à peine a-t-il fait son entrée dans Tolède qu'il destitue son lieutenant et le fait jeter en prison.

Mouza (712-713). — La résistance cependant s'était organisée sur quelques points; deux provinces surtout refusaient de se soumettre, savoir : Murcie, où Theudemir, reconnu roi, après la disparition de Roderic, avait réuni autour de son étendard quelques milliers de défenseurs; et les Asturies, où Pélage (1), descendant des anciens rois, était parvenu à faire reconnaître son autorité. Mouza envoie son fils Abdallalah contre Theudemir. Celui-ci se défend d'abord dans ses montagnes; mais, apprenant que l'ennemi assiége Lorca, il descend dans la plaine, et essaie de dégager cette ville. Battu par Abdallalah, il se jette dans Orihuela, qu'il ne peut défendre, et dont il ouvre les portes aux Arabes, après

(1) Pélage était fils du duc Fafila, que Witiza, dit-on, avait fait tuer dans un accès de colère.

avoir toutefois obtenu une capitulation honorable (1).

Le vainqueur se montra généreux. Theudemir garda son gouvernement, moyennant un tribut annuel; les habitants conservèrent leurs biens et leur religion. Grand nombre de villes, entre autres Valence, Boisura, Orta, Mula, furent comprises dans ce traité, et formèrent, avec le reste de la province, le royaume tributaire de Murcie.

Un an à peine s'était écoulé depuis la bataille de Xérès, et déjà la moitié de l'Espagne avait accepté le joug du vainqueur.

Le nord et l'ouest opposaient seuls une barrière à la domination universelle du croissant.

Mouza pensait à les réduire, lorsqu'il reçut de Damas l'ordre de rétablir dans ses dignités le vainqueur de Xérès. L'émir se résigna, et obéit à son calife. Cette réconciliation apparente des deux chefs doubla leurs forces et leur permit de pousser plus vigoureusement leurs conquêtes.

---

(1) Nous empruntons à Paquis le récit de la ruse que le prince goth employa pour obtenir des conditions favorables.

« Theudemir, dit-il, fit prendre à toutes les femmes des habits d'hommes et des armes et, pour rendre l'illusion plus complète, il leur recommanda de croiser leurs cheveux sous le menton, de manière à faire croire que c'était leur barbe. Ainsi arrangées, elles prirent position sur les remparts de la ville. Lorsque les Arabes virent un si grand nombre de défenseurs, ils accordèrent des conditions très honorables. »

Mouza se dirigea vers le nord (712), réduisit Salamanque, s'avança jusqu'à Astorga, gagna les rives du Douro, dont il remonta le cours jusqu'à Soria, descendit ensuite l'Èbre, et arriva devant Saragosse, que Tareck assiégeait.

La ville se rendit aux mêmes conditions que celles qui avaient été dictées à d'autres cités déjà soumises; seulement, pour punir les habitants de leur longue résistance, les deux chefs arabes exigèrent une énorme contribution, payable le jour même de l'entrée de Mouza.

La prise de Saragosse parut devoir mettre fin de ce côté à toute nouvelle tentative d'indépendance de la part des Visigoths.

La marche des généraux arabes n'est plus un combat, c'est un triomphe : Tortose, Murviedro, Xativa, et beaucoup d'autres villes, ouvrent leurs portes à Tareck.

Mouza s'avance vers les Pyrénées, plante le croissant sur les murs de Huesca, de Targona, de Lérida, de Barcelone et d'Ampurias. Quelques historiens prétendent même qu'il franchit les montagnes, et alla recevoir la soumission de la Septimanie (1).

(1) Mouza passa les Pyrénées, afin d'achever la conquête de la Septimanie; mais les Goths l'arrêtèrent sur les bords de l'Aude, et la plus grande partie de la province conserva son indépendance sous la protection des rois d'Aquitaine. (Lefranc.)

Mais cette opinion n'est pas admissible ; car la Galice, les Asturies et la Biscaye n'étaient point encore subjuguées.

Il est probable, au contraire, que d'Ampurias Mouza passa dans la Galice, d'où il se transporta en Lusitanie.

C'est là qu'il reçut de son calife l'ordre de quitter l'Espagne, en même temps qu'une pareille injonction était faite à Tareck.

Par ce double rappel, Walid avait voulu prévenir la collision, qui paraissait imminente, entre ses deux lieutenants. Tareck obéit tout de suite, et mérita ainsi les bonnes grâces du calife.

Mouza fit résistance. Il rêvait alors la conquête du monde, et déjà il avait tracé dans sa tête le chemin qui, allant de Damas par l'Afrique, l'Espagne, la Gaule, l'Allemagne, les bords du Danube, devait, par l'empire byzantin, retourner à son point de départ.

Le premier envoyé du calife fut acheté par lui ; mais un second lui fut député, et il fallut se soumettre.

ABDELAZIZ (713-715). — Après avoir laissé à ses trois fils, Abdelaziz, Abdallalah et Merwan, le gouvernement de l'Espagne, l'émir regagna Damas avec un cortége magnifique. Le calife était mourant, et Mouza ne trouva qu'un juge irrité dans son successeur Souleyman. Il fut jeté en prison et condamné à une amende tellement considérable, qu'elle le réduisit à la plus grande pauvreté. Ce n'était point assez encore pour satisfaire la vengeance du nouveau calife. Il voulut poursuivre le père jusque dans ses enfants.

Abdelaziz achevait alors la soumission de la Péninsule. Il subjuguait en personne la Lusitanie, et, par ses généraux, la Navarre et les provinces les plus voisines des Pyrénées.

Sa modération et son indulgence lui avaient mérité l'affection des Goths non moins que celle des Musulmans, et avaient puissamment contribué à pacifier l'Espagne. Le seul reproche que les Arabes eussent à lui faire, c'était son mariage avec Égilona, veuve de Roderic. Cette princesse, aussi fière que belle, exerçait, disait-on, un empire immense sur son mari, et le poussait secrètement à relever pour son compte le trône de l'Espagne. Souleyman exploita au profit de sa vengeance les accusations vraies ou fausses répandues sur les prétendus projets du fils de Mouza.

Des émissaires, envoyés avec ordre de le faire mourir, répandent le bruit qu'Abdelaziz est un traître, qu'il est secrètement l'allié des chrétiens, et qu'il rêve de rétablir leur monarchie détruite. Ces accusations trouvent créance auprès des soldats. Les bourreaux du calife purent alors exécuter l'ordre barbare de leur maître.

Abdelaziz fut assassiné, pendant qu'il assistait aux prières du matin dans l'église de Séville (715). On envoya sa tête à Souleyman, qui poussa la barbarie jusqu'à la montrer au vieux Mouza, en lui demandant s'il pourrait la reconnaître. C'est la tête de mon fils, s'écria le malheureux père. Puisse la malédiction d'Allah poursuivre celui qui a fait périr qui valait mieux que lui !

Et, sans ajouter une parole, l'infortuné vieillard sortit du palais, se retira dans son pays natal, où il mourut misérablement.

A la mort du jeune gouverneur, Theudemir députa des ambassadeurs à Souleyman pour déposer à ses pieds l'hommage de sa royauté tributaire. Le calife les reçut avec bonté, et diminua même le tribut annuel que payaient les chrétiens.

C'est la dernière fois que l'histoire fait mention de Theudemir. On ne sait ni quand ni comment il mourut; son fils Athanagilde régna, comme lui, sous la protection des califes. Mais il n'eut pas de successeur, et le royaume de Murcie finit l'an 755.

A la mort d'Abdelaziz, la presque totalité de l'Espagne avait accepté le joug des Arabes, et la conquête était consommée.

ÉPOQUE DES ÉMIRS.

716-756.

Ayoub. — Alahor. — Alsamah. — Abdelrahman ben Abdallah. — Ambesah. — Yabre ben Salemah. — Othman. — Athaïthan. — Abdelrahman. — Abdelmeleck. — Baledji. — Aboulkhatar-el-Kelbi. — Thoueba. — Youssouf.

Le calife resta un an sans donner un successeur à Abdelaziz. Il craignait, sans doute, que le gouverneur de cette vaste et riche province n'abusât du pouvoir dont il serait revêtu pour se rendre indépendant.

Les généraux de l'armée musulmane proclamèrent alors pour chef provisoire, Ayoub (1), parent de l'infortuné Abdelaziz.

Ayoub (716). — Ce prince fit aimer son commandement. Affable pour ses coreligionnaires, humain pour les chrétiens, juste envers tous, il guérissait l'Espagne des maux de la guerre, et faisait oublier aux vaincus la perte de leur nationalité.

(1) Ayoub fut élu en 717, d'après Macquer et Lacombe.

Malheureusement pour la Péninsule, Souleyman refusa de sanctionner l'élection du sage Ayoub, et chargea l'assassin des fils de Mouza, Mohammed-ben-Yezid, émir d'Afrique, de nommer lui-même un gouverneur. Alahor fut élu.

ALAHOR (716-719). — Aussi cruel qu'Ayoub avait été humain, il fit peser sur le pays un joug odieux. Aussi ambitieux de faire de nouvelles conquêtes, que son prédécesseur l'avait été de fermer les plaies de la guerre, il entreprit une nouvelle expédition dans le sud de la Gaule : il attaqua la Septimanie.

Cette riche et ancienne annexe de l'empire des Goths s'était déclarée indépendante lors de la conquête de l'Espagne par les Musulmans, et avait choisi, parmi les nobles de la nation, des ducs et des comtes pour la gouverner.

Bon nombre de fugitifs, chassés par la terreur qu'inspiraient les Musulmans, étaient venus chercher asile dans cette province où se conservaient encore les lois et les traditions de l'empire gothique. A côté d'eux, la Gaule comptait plusieurs seigneuries indépendantes, formées pendant l'anarchie des dernières années de la race mérovingienne.

Nous citerons surtout celle d'Aquitaine qui obéissait au vaillant duc Eudon.

Telle était la situation du sud de la Gaule, lorsqu'elle fut envahie par Alahor. Le terrible émir, aussi redouté des musulmans que des chrétiens, pénétra en Septimanie par le col de la Junquera, dévasta tout le pays jusqu'à la Garonne, s'empara de Narbonne, et la Septimanie fit partie de l'empire des Arabes, comme elle avait fait partie de celui des Goths.

Au dire de certains chroniqueurs (1), Alahor fut un monstre de cruautés; les vainqueurs dépeuplèrent les campagnes, massacrèrent les hommes capables de porter les armes, et emmenèrent captifs les femmes et les enfants. Une telle barbarie a droit de nous surprendre, car elle n'était pas dans les habitudes des conquérants de l'Espagne. Pendant trois ans, Alahor répandit la terreur dans sa nouvelle possession, et poussa ses excursions jusqu'au Rhône : il méditait la conquête de l'Aquitaine, lorsqu'il fut rappelé en Espagne par une révolte des chrétiens de la Biscaye. C'est là qu'il reçut l'ordre du calife Yazid, qui avait succédé au vertueux Omar, d'avoir à remettre le commandement entre les mains du wali Alsamah ben Malek, l'un des compagnons de gloire de Tharek et de Mouza.

ALSAMAH BEN MALECK (719-724). — Le nou-

---

(1) Aniane et Moissac.

vel émir consacra ses soins à réparer les maux causés par l'avidité de son prédécesseur. Il rétablit l'ordre dans l'administration intérieure, fit une nouvelle répartition de l'impôt. Tous les chrétiens sans distinction devaient payer le cinquième du revenu, tandis que les musulmans ne payaient que le dixième. Enfin, il partagea par la voie du sort, entre les sectateurs de Mahomet, les terres qui restaient sans maîtres.

Après avoir ainsi réglé toutes choses à l'intérieur, Alsamah voulut tenter au dehors la fortune des armes, et poursuivre les conquêtes de ses prédécesseurs dans la Gaule. Il franchit les Pyrénées, et, tournant à l'ouest dans la vallée de l'Aude, il se dirigea vers la Garonne, et vint mettre le siége devant Toulouse.

La ville, malgré l'opiniâtre et héroïque défense de ses habitants, était sur le point de se rendre, lorsque le duc Eudon accourut à son secours avec une armée nombreuse.

C'était la première fois que les populations du sud de la Gaule allaient enfin combattre en bataille rangée ces redoutables fils du Prophète. Eudon n'avait sous ses ordres que les Aquitains et les Vascons : les Francs proprement dits, occupés des querelles entre l'Austrasie et la Neustrie, n'eurent pas même la pensée d'envoyer des secours, et laissèrent leurs frères en religion lutter seuls contre l'ennemi commun. On se battit, de part et d'autre, avec un acharnement effroyable; mais Alsamah, dont la valeur avait fait des prodiges, ayant trouvé la mort ou plutôt le martyre, suivant l'expression des historiens arabes, au milieu des rangs ennemis, la victoire se déclara pour Eudon (721).

Cette bataille, que quelques auteurs ont confondue avec celle de Poitiers, coûta cher aux vainqueurs, non moins qu'aux vaincus. La plaine était couverte de cadavres et trempée de sang.

Ce qui nous porte à croire que les Aquitains ne gagnèrent la victoire qu'au prix de pertes immenses, c'est que le brave Eudon ne se crut point assez fort pour poursuivre les vaincus, et qu'il dut se résigner à ne retirer aucun fruit de son triomphe.

ABDELRAHMAN BEN ABDALLAH EL GAFEKI (721). — Après la mort d'Alsamah, l'armée arabe avait acclamé pour son chef le vaillant Abdelrahman ben Abdallah, qui s'était distingué entre tous sur le champ de bataille. C'est à lui que l'Espagne musulmane dut la conservation de la Septimanie. Redouté des ennemis, aimé des soldats, il sut rendre l'espérance à ses troupes, et leur inspirer le désir de la vengeance. Après la défaite de Toulouse, il avait conduit en bon ordre l'armée vaincue jusque dans les murs de Narbonne (1). Là, il attendit les secours qui lui venaient de l'Espagne, et se prépara à de nouvelles opérations.

Son élection avait été validée par l'émir d'Afrique, mais bientôt les intrigues de quelques chefs, jaloux de sa popularité, firent nommer à sa place Ambesah, commandant des troupes musulmanes restées dans la Péninsule.

Ambesah (721-725).—Celui-ci se montra digne de sa haute fortune. Il s'occupa avec zèle de l'administration intérieure, donna ses soins à la répartition des impôts (2), et établit plusieurs nouvelles colonies, venues d'Afrique, en leur partageant les immenses domaines que les fugitifs avaient abandonnés, à l'époque de la conquête. C'est alors que, fidèle à l'exemple que lui avaient laissé ses devanciers, Ambesah pénétra dans la Gaule, avec une armée plus nombreuse qu'aucune de celles qui l'avaient précédée. Le souvenir de la victoire de Toulouse vivait encore dans le cœur des Aquitains. Les Musulmans furent battus, et l'émir reçut une blessure mortelle (725).

(1) Outre Narbonne, la Septimanie comprenait plusieurs places fortes, telles que Carcassone, Béziers, Agde, Maguelone, Lodève et Nîmes.

(2) Les chrétiens qui avaient facilement accepté le joug payaient un dixième, les autres un cinquième.

L'histoire se tait sur le lieu précis du combat (1).

Avant d'expirer, Ambesah avait désigné pour son successeur son lieutenant Odhra ben Abdallah. Ce choix ne fut pas ratifié par l'émir d'Afrique, qui nomma à cette dignité Yabre ben Salemah, général d'une réputation méritée.

Yabre ben Salemah (726). — Yabre ne fit que passer, et fut remplacé par Odeyrah, qui dut bientôt céder la place à Othman ben Abou-Nesah.

Othman ben Abou-Nesah (727). — Cet émir éprouva à son tour l'inconstance des chefs turbulents qu'il était appelé à commander. Après six mois d'émirat, il reçut pour successeur Alhaïtham.

Alhaïtham (728-729). — Homme avare et cupide, il fait peser sur l'Espagne la tyrannie la plus cruelle. Les plaintes des musulmans et des chrétiens forcent le calife à intervenir. Mohammed, envoyé par lui, avec mission d'examiner si ces plaintes sont fondées, destitue le barbare gouverneur, l'envoie chargé de fers à l'émir d'Afrique, et choisit, pour le remplacer, cet Abdelrahman, dont l'énergie et la sagesse avaient sauvé les débris de l'armée échappés à la défaite de Toulouse.

Abdelrahman (730-732). — Parvenu au pouvoir, Abdelrahman n'eut qu'une pensée, qu'une

(1) On croit cependant que la bataille eut lieu dans les plaines de la Bourgogne.

ambition, la conquête de la Gaule. A son appel, des hordes innombrables de volontaires, attirées autant par l'espoir du butin que par le fanatisme religieux, accoururent de tous les points de l'immense empire musulman. Réunies sous le drapeau blanc des Ommiades (1), au nombre de plus de quatre cent mille hommes, elles s'ébranlent et s'avancent vers les Pyrénées, menaçant de tout engloutir sur leur passage. Mais elles sont subitement arrêtées par un ennemi, serviteur comme elles du prophète, et qui leur barre le chemin des Gaules.

Abdelrahman était Arabe de naissance, et sa préférence marquée pour ceux de sa race avait irrité l'indépendance inquiète des Berbers. Or, un des prédécesseurs de l'émir actuel avait confié à un chef de cette nation, à Othman, la garde des frontières du nord, et Abdelrahman, à son arrivée au pouvoir, avait craint ou négligé de lui donner un successeur. Othman était ambitieux, et dans son ambition il avait formé le projet de se créer sur la lisière des Pyrénées un Etat indépendant : à cet effet, ayant recherché l'amitié du duc d'Aquitaine Eudon, il avait épousé sa fille, la belle Lampégie. Fort de cette alliance, il entraîne ses troupes dans sa révolte

---

(1) Les Abassides adoptèrent plus tard le drapeau noir.

contre l'émir, et avoue hautement ses projets. Sans laisser à la trahison le temps de gagner du terrain, Abdelrahman envoie contre le lieutenant rebelle un corps de ses meilleurs soldats. Othman veut résister, mais abandonné par son beau-père, qu'une invasion des Austrasiens retenait sur les bords de la Loire, il est surpris à Castrum Liviæ (1); et, craignant de se laisser enfermer par les troupes de l'émir, il fuit dans les montagnes accompagné seulement de sa femme et d'un petit nombre de serviteurs. Pendant quelques jours, il se cache dans la profondeur des ravins, mais il est atteint par une troupe de cavaliers envoyés à sa poursuite, et il meurt, percé de coups, sous les yeux de Lampégie, qu'Abdelrahman envoya au calife, comme un présent digne de lui (731).

La mort d'Othman ouvrait à l'émir les portes de la Gaule, et lui permettait de relier l'Espagne à la Septimanie. Abdelrahman cependant, trouvant la saison trop avancée, consacra le reste de l'hiver à exercer les Arabes aux fatigues de la guerre et à les habituer aux rigueurs des frimas.

Au retour de la belle saison, il s'avance vers Pampelune, traverse les Pyrénées par la vallée de Roncevaux (2) et envahit la Vasconie française.

(1) Aujourd'hui Puycerda.
(2) C'était la quatrième expédition des Arabes contre les Gaules.

En vain Eudon veut s'opposer au torrent qui descend des montagnes. Il est repoussé, et l'étendard du Prophète flotte sur les rives de la Garonne. Le passage est disputé par une armée de chrétiens, mais les Aquitains sont vaincus, et Dieu seul sait le nombre de ceux qui périrent, dit le pieux Isidore. Profitant de sa victoire, Abdelrahman vient assiéger Bordeaux, s'en empare, après un assaut sanglant, livre la ville au pillage, et poursuit sa marche victorieuse à travers l'Aquitaine soumise. La chrétienté épouvantée se crut à la veille des plus grands malheurs. La terreur marchait devant ces essaims d'Arabes ivres de leur succès. Le pillage, l'incendie et le meurtre accompagnaient leurs pas. Rien n'était épargné : c'était la désolation de la désolation.

C'est alors que parut Charles-Martel.

La prudence qui sait attendre s'alliait, chez le duc d'Austrasie, au courage qui sait attaquer. Laissons-les, avait-il dit, en parlant des Arabes, laissons-les se refroidir, s'encombrer de butin et de prisonniers, prendre goût aux aises de la vie ; et, au premier revers, ils sont à nous.

Il avait dit vrai : car, lorsqu'il les crut suffisamment façonnés aux habitudes d'une vie sans discipline et sans frein, il s'avança au-devant de ces terribles ennemis du nom chrétien, avec une armée composée d'Allemands, d'Aquitains, de Bourguignons, de Gallo-Romains ; en un mot, de toutes les races européennes.

Abdelrahman était campé dans l'étroite vallée de la Loire, près de Tours. La position lui paraissant défavorable pour livrer bataille, il fit reculer ses troupes, et déjà il put se convaincre qu'il ne commandait plus à cette armée agile, pauvre et courageuse, qu'il avait amenée d'Espagne, mais à une troupe innombrable, gorgée de butin, traînant à sa suite des femmes, des captifs, des troupeaux. Un instant, il voulut ordonner à ses soldats de tout abandonner, pour ne conserver que leurs armes et leurs chevaux; il n'osa leur commander ce sacrifice.

Les deux armées se rencontrèrent enfin, dans les environs de Poitiers (732). Huit jours durant, elles s'observèrent, désirant et craignant d'en venir aux mains. Le huitième, Abdelrahman engagea le combat. Les chroniqueurs sont avares de détails sur cette sanglante affaire ; mais on peut aisément se figurer quel dut être, de part et d'autre, l'acharnement et le carnage. On se battit, deux jours de suite. Les plus grands intérêts étaient en jeu, et les deux armées avaient une égale réputation de bravoure.

Le Dieu des chrétiens donna enfin la victoire aux siens, et Abdelrahman fut tué dans la mêlée.

Les vaincus laissant 375,000 (1) des leurs sur le champ de bataille, regagnèrent en désordre les Pyrénées, par Narbonne et la Septimanie. Les troupes musulmanes, qui gardaient la frontière, se portèrent en avant, pour protéger leur retraite; c'est ainsi qu'elles purent revoir le sol espagnol

Cependant le bruit de la défaite de Poitiers avait rapidement traversé le détroit, et l'émir d'Afrique s'était hâté de donner un successeur à Abdelrahman.

Abdelmeleck (732-734). — Abdelmeleck fut choisi. Malgré son âge, il sentit encore revivre en lui la fièvre des batailles, et voulut essayer de réparer les désastres de la campagne précédente : mais il ne fut pas heureux, et se vit obligé de revenir en Espagne, avec la honte de n'avoir rien fait. Le calife lui donna pour successeur Okbah ben al-Hegag.

Okbah (734-741). — Okbah était fils d'El-Hedjadj de la famille de Lareth, l'un des plus nobles conquérants de la foi musulmane.

Il réalisa l'espoir que les gens de bien avaient conçu de sa réputation de sévérité et de justice. Il déposa les walis infidèles, rétablit l'ordre dans les finances, bâtit des mosquées, créa, jusque dans les

---

(1) Ce nombre est évidemment exagéré.

villages, des magistrats appelés cadis, espèces de juges de paix, chargés de concilier les différends et de conserver l'union dans les familles. Il réprima le brigandage, par l'organisation d'une force armée, qui devait purger le pays de tous ses bandits, et veiller à la sûreté des campagnes. Enfin, il établit dans chaque bourgade une école entretenue aux frais de l'État. Malheureusement pour la prospérité de l'Espagne, une révolte du Magreb obligea l'émir d'Afrique à réclamer, contre les séditieux Berbers, le secours des talents militaires d'Okbah ; et quatre années d'absence suffirent pour rejeter le pays dans les maux d'où sa sagesse l'avait tiré.

Usé par les travaux d'une vie tout entière consacrée au service de l'Islam, Okbah, à son retour, donna sa démission, et désigna pour son successeur ce même Abdelmeleck que le calife avait déposé, et qui seul, parmi tous les autres walis, était resté fidèle aux intérêts publics, pendant les quatre années que l'émir avait passées à guerroyer en Afrique.

Abdelmeleck (741-742). — Pendant l'émirat d'Okbah, des faits importants avaient eu lieu, dans les possessions arabes, par delà les Pyrénées. Le vainqueur de Poitiers avait dévasté la Septimanie, pris et pillé Béziers, Agde, Maguelone, Avignon, la principale place d'armes de l'ennemi, et ne s'était arrêté que devant l'héroïque résistance de Narbonne, dont la garnison avait reçu de puissants renforts d'Okbah, avant son départ pour l'Afrique.

Du printemps de 737 à celui de 739, la guerre s'était continuée avec des chances diverses, entre les Arabes unis aux populations gauloises, d'un côté, et les Francs commandés par Charles-Martel, de l'autre.

En résumé, les Arabes avaient conservé la Septimanie, mais ils avaient perdu la Provence. En Espagne, les haines instinctives des Arabes et des Berbers (1) s'étaient réveillées, à la mort d'Okbah.

Ceux-ci apprenant que leurs frères d'Afrique venaient de remporter sur les Syriens, leurs éternels ennemis, une victoire décisive, se révoltent à la fois sur plusieurs points, et surtout en Galice; leurs troupes se divisent en trois corps d'armée : l'un marche sur Tolède, l'autre sur Cordoue, le troisième, enfin, vers la côte, pour s'opposer à la descente des Syriens, qui accouraient au secours de leurs compatriotes. Abdelmeleck fait face au danger. Courageusement secondé par son fils Ommiah, wali de Tolède, et par le fils d'Okbah, Abdelrahman, qui commandait à Cordoue, il repousse les insurgés, et remporte partout des

---

(1) Nous avons déjà dit que les Berbers, comme étant les derniers venus, habitaient le nord de l'Espagne.

avantages signalés. Mais les Berbers, victorieux en Afrique, ayant envoyé de puissants secours à leurs alliés de l'Espagne, les révoltés purent reprendre l'offensive, et le vieil émir fut contraint de chercher un abri derrière les remparts de Cordoue (742).

Dans cette extrémité, il accorda enfin à la politique ce qu'il avait refusé à l'humanité (1). Il fit transporter en Espagne les malheureux Syriens renfermés dans Ceuta, par les troupes victorieuses des Berbers, et grâce à leur appui, il terrassa ses ennemis. Mais, après la victoire, les Syriens ne voulurent plus retourner en Afrique, et leur chef Baledji, se ressouvenant qu'Abdelmeleck avait impitoyablement refusé le passage aux siens, avant d'avoir besoin du secours de leurs bras, le déposa et le fit mettre à mort.

Les soldats proclamèrent Baledji émir.

BALEDJI (742-743). — L'Espagne alors eût pu appartenir tout entière aux Syriens; mais la désunion se mit bientôt parmi les chefs, et compromit la conquête; tandis qu'au contraire les Arabes andalous et

---

(1) Après avoir été battue par les Berbers, une partie de l'armée des Syriens s'était retirée sur Ceuta, sous la conduite de Baledji ben Bashr, avec l'intention de passer en Espagne. Mais Abdelmeleck, craignant que ces troupes n'apportassent le trouble dans son gouvernement, avait fait rentrer les vaisseaux prêts à mettre à la voile, et avait refusé le passage aux vaincus.

espagnols se réunissaient autour d'Ommiah, fils d'Abdelmeleck.

Les Berbers eux-mêmes, jaloux de la prépondérance des nouveaux venus, se déclarèrent contre eux, et joignirent leurs armes à celles de leurs anciens ennemis. Enfin, le wali de Narbonne, Abdelrahman, fournit son contingent, et les alliés l'ayant reconnu généralissime de toutes les forces réunies, marchèrent sur Cordoue.

Baledji sortit de la ville et livra bataille. Au fort de la mêlée, les deux chefs ennemis s'étant rencontrés, coururent l'un sur l'autre, avec une égale fureur. Baledji fut tué. Son vainqueur reçut le surnom d'Al-Mansour (743); suivant quelques historiens, les vainqueurs poursuivirent jusqu'à Mérida les débris de l'armée syrienne, qu'ils détruisirent complétement; suivant d'autres, Thaalaba, un des lieutenants de Baledji, et un instant son rival, parvint à les réunir, et à s'en composer une force imposante, capable de tenir encore la campagne.

Instruit de l'anarchie qui désolait l'Espagne, le gouverneur d'Afrique, Hantalah, choisit pour émir un chef syrien, Aboul-Khatar-Housan el Kelbi.

Aboul-Khatar-Housan el Kelbi (743-745). — Le nouvel émir, que sa réputation de courage et d'équité rendait digne de cet honneur, fut mis à la tête de 15,000 Berbers, débris d'une armée qu'il avait lui-même taillée en pièces, et passa en Espagne. Aboul-Khatar reçut bientôt la soumission de Thaalaba, ainsi que celle de tous les rebelles. Jamais émir ne sut mieux s'attacher les populations par sa bienveillance et sa modération. Sa justice, unie à une grande habileté, atténua le danger dont menaçaient la Péninsule les émigrations continuelles des peuples voisins. Les prétentions rivales parurent un instant satisfaites, et son administration fut bénie des anciens possesseurs non moins que des nouveaux colons. Rien ne pouvait cependant calmer l'irritation des différentes races les unes contre les autres.

Un jeune chef, nommé Samaïl, rallia les mécontents. Son parti s'accrut bientôt par l'accession de Thouéba, frère de Thaalaba; tous deux marchèrent sur Cordoue et firent prisonnier Aboul-Khatar. Thouéba se fit nommer à sa place.

Thouéba (745-746). — De nombreux partisans restaient encore à l'émir déchu, surtout dans le nord-est de la Péninsule et en Septimanie.

Aboul-Khatar entretint avec eux des intelligences, parvint à s'échapper de prison, ressaisit son autorité, et fut de nouveau acclamé, à Cordoue.

A la nouvelle de ce brusque changement, Samaïl accourt avec ses troupes; mais, ayant trouvé la ville fermée, il assoit son camp dans la plaine, bien résolu à ne se retirer qu'après la reddition de la place. Dans plusieurs sorties, les assiégés remportèrent quelques avantages. Encouragés par ce succès, ils voulurent, malgré les conseils d'Aboul-Khatar, tenter les chances d'un combat; ils furent défaits, l'émir resta sur le champ de bataille, et Cordoue ouvrit ses portes aux vainqueurs (octobre 745) (1).

Cette victoire fut plus funeste à l'Espagne musulmane que ne l'aurait été une défaite. Jusque-là l'émir de cette province avait reçu l'investiture de sa dignité, soit du calife, soit, en son nom, du gouverneur d'Afrique, et cette délégation avait revêtu l'émirat d'un prestige de sainteté et d'autorité sacrée, source de sa force. Mais, lorsque, fier de sa victoire, Thouéba se fut affranchi de toute dépendance vis-à-vis du calife, lorsque, pour récompenser les services de son allié Samaïl, il lui eut donné Saragosse et l'Espagne orientale à titre de gouverneur indépendant, alors chaque wali voulut jouir du même privilége, et tout lien fut rompu.

Le moment était favorable pour l'ennemi qui voudrait essayer de chasser les Arabes du sol hispanique.

---

(1) Telle est la version de Condé; Fauriel donne plus de détails. Ce fait se passa en 747, d'après Macquer et Lacombe.

Cet ennemi, du reste, existait dans un coin des Pyrénées, où l'insouciance et le mépris des walis l'avaient laissé grandir insensiblement.

Caché dans les profondeurs des montagnes, le petit royaume fondé par Pelayo ou Pélage, après la funeste bataille de Xérès, avait échappé à la ruine des chrétiens en Espagne et survécu aux différentes catastrophes dont le pays avait eu à souffrir.

On avait d'abord traité de bandit l'héritier des derniers rois visigoths, et ce bandit, avec la persévérance et l'énergie de ceux de sa race, avait planté au milieu des forêts l'étendard chrétien, autour duquel étaient venus se rallier tous ceux qui refusaient de courber la tête sous le joug des vainqueurs. Les événements qui marquèrent les premières années de la conquête arabe, au delà des Pyrénées, favorisèrent l'accroissement de ce petit État; et, à l'époque où nous sommes arrivés, un de ses rois, Alphonse Ier, ne craint pas d'attaquer ouvertement les ennemis du nom chrétien.

Cependant l'excès du mal fit sentir aux divers chefs arabes la nécessité du remède. Une réunion eut lieu à Cordoue; il fut résolu d'un commun accord que l'on reconstituerait l'unité, en concentrant entre les mains d'un seul le pouvoir, dont chaque wali s'était attribué une parcelle. Tous les suffrages se portèrent sur un illustre général, étranger aux querelles des partis et respecté de tous, aussi bien des musulmans que des chrétiens; on élut Youssouf ben Abdelrahman, défenseur de Narbonne contre Charles-Martel.

Youssouf (746-756). — Ici commence une ère nouvelle. A partir de cette époque, l'Espagne musulmane s'affranchit de toute dépendance envers l'émirat d'Afrique, rompt toute espèce de lien avec le califat de Damas, et consomme le schisme commencé par Thouéba.

Youssouf fit régner avec lui la justice et les lois.

Son élection avait reçu l'approbation générale; mais une administration aussi sévèrement équitable que la sienne devait faire des mécontents. A leur tête se plaça l'ancien émir de la mer, que Youssouf venait de nommer wali de Tolède pour le dédommager de la perte de sa charge (1). Ce chef des rebelles s'appelait Ahmer.

Ainsi que nous l'avons déjà dit, l'autorité du calife de Damas avait cessé d'être reconnue en deçà du détroit. Toutefois, les zélés musulmans tournaient

(1) Le wali de la mer avait dans ses attributions tout ce qui concernait les rapports entre l'Espagne et l'émir d'Afrique. Après la rupture avec le califat, cette charge avait été supprimée comme inutile.

encore leurs yeux vers l'Orient et de leurs vœux appelaient le calife, qu'ils regardaient comme leur vrai souverain. Comprenant le parti qu'il pouvait tirer de cette disposition, le wali conspirateur s'adressa secrètement à Damas, et promit sa coopération, ainsi que celle de ses nombreux amis, pour replacer l'Espagne sous la dépendance des califes, à condition que le pouvoir serait enlevé à Youssouf et à Samaïl, devenu wali de Tolède.

Youssouf, instruit des menées du rebelle, se concerta avec Samaïl. Il fut résolu qu'on dissimulerait et qu'on tenterait de s'emparer par la ruse du wali de Séville. Celui-ci, en effet, traversant la province de Tolède avec une faible escorte, fut invité par Samaïl à un festin, pendant lequel les siens furent massacrés; mais, grâce à sa présence d'esprit et à son courage, Ahmer se fraya un passage l'épée à la main, parvint à s'enfuir avec quelques cavaliers et gagna Séville.

Bientôt, toute l'Espagne fut en feu. On se battit sur plusieurs points à la fois; au fléau de la guerre se joignit le fléau de la famine, et de sinistres présages ajoutèrent encore à l'effroi des populations (1).

Enfin, les deux partis en vinrent aux mains, non

---

(1) Isid. Paceus raconte que les habitants de Cordoue aperçurent trois soleils pâles, précédés d'une faux couleur de feu.

loin des sources du Tage. Les partisans d'Ahmer furent complétement battus (755).

Tant de dissensions intestines, cause de calamités continuelles, firent comprendre aux scheiks, réunis en conseil, la nécessité d'apporter enfin un remède efficace à des maux qui mettaient constamment en péril l'empire arabe en Espagne.

Il fallait pour cela une autorité sainte, légitime, consacrée, pour ainsi dire, par le choix de Dieu même; il fallait, en un mot, un calife vénéré à l'égal de celui de Damas. Mais où le trouver? Comment concilier en faveur d'un seul des ambitions si diverses?

Tout à coup, un noble vieillard se lève; et, s'adressant à cette vénérable assemblée :

« Votre calife, dit-il, celui que Dieu a choisi, erre en ce moment dans les déserts de l'Afrique. Sauvé par la protection divine du massacre de tous les siens (1), sacré par la main du malheur, Abdelrahman, le noble descendant des Ommiades, n'a pas même un abri, dans la patrie que ses pères ont faite si grande et si redoutée. Mais en lui réside le vrai, le légitime pouvoir. Ce n'est pas pour le laisser proscrit et fugitif que Dieu l'a préservé de la ruine

---

(1) Aboul-Abbas, chef de la dynastie des Abassides, avait fait massacrer dans un festin tous les autres membres de l'illustre famille des Ommiades.

de tous ceux de sa race; de grandes destinées lui sont réservées. Qu'il soit notre calife! »

La proposition du vieux chef fut accueillie avec faveur par toute l'assemblée.

Dix des plus nobles parmi les anciens furent députés vers le dernier rejeton des Ommiades, afin de l'inviter à venir régner en Espagne. Avant d'accepter, Abdelrahman voulut s'assurer par des émissaires de la disposition des esprits, et ce ne fut que lorsqu'il eut reçu une réponse favorable qu'il traversa le détroit, avec une centaine de cavaliers berbers qui s'étaient joints à lui. Il débarqua au rivage d'Elvire (755), et bientôt le proscrit de la veille vit se ranger sous l'étendard de sa race une armée nombreuse, animée du plus vif enthousiasme.

Sa marche dans l'intérieur de la Péninsule ne fut qu'un triomphe : les guerriers l'acclamèrent, les villes ouvrirent leurs portes, les populations des campagnes le saluèrent roi, avec un empressement qui prouvait l'espoir que l'on plaçait en lui.

Youssouf, cependant, maître de Saragosse et de plusieurs places fortes, ne voulut point reconnaître l'élection du nouveau calife. Abdelrahman fut forcé de combattre.

La fortune se déclara constamment pour lui, et

la victoire d'Almunecar amena entre les deux rivaux, un rapprochement universellement désiré.

Le vainqueur se montra généreux et accorda à Youssouf des conditions favorables.

En apprenant la soumission de leur chef, les provinces, qui avaient pris parti pour lui, se hâtèrent de traiter avec Abdelrahman. Ainsi fut fondé le pouvoir au profit de la maison des Ommiades, sous le nom de califat de Cordoue (756).

DEUXIÈME PÉRIODE.

CALIFAT DE CORDOUE.

Luttes et victoires d'Abdelrahman Ier. — Expédition de Charlemagne dans la Péninsule. — Guerre contre les chrétiens. — Conquêtes de la Septimanie. — Siége et prise de Barcelone par Louis, fils de Charlemagne. — Marche de Gothie. — Progrès du royaume des Asturies. — Normands en Espagne. — Bernhard comte de Barcelone. — Trahison de Mouza, wali de Saragosse. — Le rebelle Omar ben Hafsoun. — Ses succès continués par ses fils. Alliance des Musulmans avec Alphonse III, roi des Asturies. — Règne glorieux d'Abdelrahman III. — Ordono II, roi des Asturies, vainqueur à San-Esteban. — Chrétiens défaits à Mindonia et à la Junquera. Guerre heureuse contre les Fatimites d'Afrique. Apogée de la puissance des Ommiades.

PREMIÈRE PARTIE.

756-976.

Abdelrahman. — Hischem. — Alhakem Ier. — Abdelrahman II. Mohammed. — Almonhir. — Abdallah. — Abdelrahman III. Alhakem II.

ABDELRAHMAN (756-787). — Un changement de règne fait toujours des mécontents, et les mécontents trouvent toujours un chef.

Irrité de n'être que le second dans la ville où il avait régné en maître, Youssouf prit encore les armes. Abdelrahman le battit entre Mérida et Tolède, et, l'ayant fait prisonnier, ordonna son supplice (759).

Les fils continuèrent la guerre commencée par le père.

A peine une révolte était-elle apaisée ou étouffée, que sur un autre point s'élevait un nouveau cri de sédition, et le règne d'Abdelrahman fut consacré tout entier à combattre les ressentiments et à faire cesser les désordres. Mais ce n'était pas assez encore pour la malheureuse Espagne de tant de sang répandu dans ces guerres civiles : un ennemi plus redoutable que tous ceux qu'il avait eus à combattre jusque-là vint disputer au nouveau roi la légitimité de sa couronne et la possession de son royaume. Le calife de Bagdad, Almansour, successeur d'Aboul-Abbas, jaloux de reconquérir à son empire la riche province que les événements en avaient violemment détachée, et irrité tout à la fois d'y voir régner l'ennemi de sa race, le vengeur des Ommiades, ordonna au wali de Kaïrwan de faire rentrer l'Espagne sous le joug.

Ali (c'était le nom du wali) (1) débarque sur la côte andalouse, déclare Abdelrahman usurpateur, et appelle à lui les vrais serviteurs du Prophète.

---

(1) Paquis le nomme el Ala Ben Mogaïth el Jobhsebi.

A sa voix, l'insurrection, mal éteinte sur plusieurs points de la Péninsule, se ralluma avec fureur et prêta main-forte au wali. Tolède fut au nombre des villes révoltées. Heureusement pour le pays, Abdelrahman était doué de l'esprit de résolution qui sauve les empires.

Laissant à son fidèle Bedr (1) le soin d'aller soumettre Tolède, il marche lui-même contre les Africains, dont les rangs grossissaient chaque jour, les rencontre près de Séville, et remporte sur eux une victoire longtemps disputée. Ali périt dans le combat (2).

Cette victoire ne détruisit pas entièrement le parti des Abassides dans la Péninsule. Hischem, lieutenant d'Ali, réunit les débris de l'armée vaincue et tint encore la campagne.

Il fut enfin battu par les généraux d'Abdelrahman, qui envoyèrent sa tête à leur maître, avec la nouvelle de leur victoire.

Mais l'illustre Ommiade était condamné à ne jamais

---

(1) Bedr, ancien affranchi de Merwan, père d'Abdelrahman, s'était attaché à la fortune de ce dernier, et lui était resté constamment fidèle.

(2) Les chroniqueurs arabes racontent qu'Abdelrahman fit couper les pieds et les mains à son cadavre, et qu'il envoya secrètement sa tête avec plusieurs autres au calife, comme un signe de la sanglante défaite de ses partisans.

remettre l'épée au fourreau. Une nouvelle armée d'Africains débarqua sur la côte de Tortose (768), et, au nom du souverain légitime, le calife Abasside Abu-Djafer el Mansour, déclara la guerre à celui qu'elle appelait usurpateur. Abdelrahman accourut aussitôt avec sa cavalerie, mais il n'eut point à livrer bataille; car le wali de Tolède avait déjà vaincu les ennemis, avant son arrivée, et brûlé leurs vaisseaux.

Ces différentes invasions africaines apprirent au calife le danger de laisser les côtes de son royaume exposées à toutes les entreprises de ce genre. Il résolut dès lors de donner une marine à l'Espagne.

Par son ordre, une flotte d'observation fut construite à Tortose et à Tarragone : des arsenaux maritimes furent établis à Carthagène et à Séville.

Tandis qu'il se mettait ainsi à l'abri du côté du sud et de l'est, l'habile fondateur du califat de Cordoue cherchait à se garantir du côté du nord, en faisant alliance avec le roi des Asturies. La Septimanie, ce rempart avancé de la domination musulmane au delà des Pyrénées, avait cessé d'appartenir aux Arabes. Profitant des troubles dont la Péninsule était le théâtre, le roi des Francs, Pépin, s'en était emparé malgré la patriotique résistance de Narbonne. Abdel-rahman n'avait pas vu sans une grande douleur la perte d'une province dont la conquête avait coûté tant d'efforts et de sang, et, s'il ne porta point secours aux généreux défenseurs de cette ville, c'est qu'alors toutes ses forces étaient occupées à combattre les séditieux du dedans ou à repousser les attaques des ennemis du dehors. Il y avait quarante ans que les Arabes occupaient la Septimanie.

Ainsi découverte du côté de la Gaule, l'Espagne offrait un accès facile aux incursions des Francs; il était donc de bonne politique de se faire des amis et des alliés pour garder la frontière, et Abdelrahman n'y manqua pas, comme le prouve le traité d'alliance par lequel le roi des Asturies Fruela le reconnaissait pour suzerain (769).

La fin de ce règne est marquée par un de ces événements qui sont aussi fameux dans le roman que dans l'histoire : c'est l'expédition de Charlemagne par delà les Pyrénées (778).

Les Berbers habitaient vers la frontière orientale. Ces peuples n'avaient jamais entièrement renoncé à leurs inimitiés de race, et n'avaient accepté qu'en apparence la royauté d'Abdelrahman.

Plus ennemis encore des Arabes que des chrétiens, ils s'étaient alliés avec ces derniers, et un de leurs chefs, wali déposé (1) de Saragosse, Soliman Ebn el Arabi, avait poussé le ressentiment jusqu'à

(1) Houssein el Abdari, d'après Rosseeuw Saint-Hilaire, t. I, p. 200.

inviter Charlemagne à franchir les Pyrénées. Il espérait sans doute obtenir en échange de son appui une souveraineté indépendante.

Charlemagne partit donc, précédé du prestige qui s'attachait à son nom déjà tant de fois vainqueur, et suivi d'une armée d'élite. Plusieurs walis, entraînés à la révolte par l'exemple de Soliman, lui ouvrirent les portes de leurs villes : de ce nombre, fut le gouverneur de Pampelune. Charlemagne avait divisé son armée en deux corps; le rendez-vous était à Saragosse, dont Soliman devait lui livrer les clefs.

Par un de ces retours assez fréquents dans l'histoire des peuples, à peine l'armée étrangère eut-elle foulé le sol hispanique, qu'un mouvement général eut lieu des Pyrénées à l'embouchure de l'Èbre : Espagnols, Arabes, Basques même, tous se soulevèrent pour défendre leur pays contre l'invasion des Francs.

Saragosse ferma ses portes; Charles alors, comprenant, au bruit des armes qui retentissait autour de lui, que l'on se disposait à lui disputer son retour, recula, et se hâta de regagner les Pyrénées.

Ici se place la bataille de Roncevaux, qui, au dire d'Éginhard lui-même, jeta une ombre sur la gloire du monarque.

Les Basques, raconte l'historien courtisan, avaient pour eux dans cet engagement l'avantage de leur position et la légèreté de leurs armes. La pesanteur de celles des Francs, et la difficulté du terrain, les rendaient au contraire inférieurs en tout à leurs ennemis. Eggihard, maître d'hôtel du roi, Anselme, comte du palais, Roland, commandant la frontière de Bretagne, et plusieurs autres, périrent dans cette rencontre. Le souvenir de ce cruel échec obscurcit grandement, dans le cœur du roi, la joie de ses nombreux exploits. Les historiens arabes sont remplis de détails sur cette fameuse journée ; tous parlent avec complaisance du riche butin que l'armée franque, mise en déroute, laissa aux mains des walis de Huesca et de Lérida. Après le départ ou la fuite de Charlemagne, le nord-est de la Péninsule resta livré à la plus complète anarchie.

Outre la Vasconie et les Asturies, qui formaient des États indépendants, plusieurs petites principautés s'étaient formées sous le commandement de chefs arabes, dont l'autorité isolée était sans force pour garder les frontières, ce qui pouvait devenir une menace pour le reste de la Péninsule, en livrant de nouveau à l'étranger la porte des Pyrénées.

Abdelrahman marcha contre eux, Saragosse se soumit ; Pampelune suivit cet exemple, et les Basques furent contenus, sinon subjugués.

Après cette expédition, Abdelrahman semblait enfin maître absolu de l'Espagne du nord au sud et de l'est à l'ouest; mais son règne devait s'appeler le *règne des batailles*.

Un des fils de Youssouf, retenu prisonnier à Cordoue, parvint à s'échapper (1), et alla chercher asile dans la sierra de Jaën, au milieu des bandits qui l'occupaient. Une vaste rébellion fut organisée, et le calife eut de nouveau à combattre les révoltés, qui avaient à leur tête deux autres fils de Youssouf. Les rebelles furent vaincus. Aboul Aswad, errant sous un déguisement, endura toutes les tortures de la misère et de la faim. Il mourut, en regrettant le temps de sa prison (786). Ses frères tombèrent au pouvoir du vainqueur, qui leur fit grâce.

Les dernières années d'Abdelrahman le Victorieux furent consacrées au bonheur de ses sujets. On lui doit des écoles, des hôpitaux, des mosquées. C'est lui qui commença à Cordoue cette célèbre Aldjama, sans égale dans le monde.

Avant de mourir, il réunit les walis des six grandes divisions militaires (2), les douze gouverneurs des villes principales, et, en leur présence, il proclama pour son successeur son troisième fils Hischem.

(1) Il se laissa glisser par une fenêtre, et traversa le Guadalquivir à la nage. Il avait feint d'être aveugle.
(2) Cordoue, Tolède, Mérida, Saragosse, Murcie, Valence.

Sa mort arriva en 787. Il était âgé de cinquante-neuf ans.

Hischem (787-796). — Les vertus d'Hischem avaient déterminé le choix d'Abdelrahman, à l'exclusion de ses deux fils aînés, Souleyman et Abdallah. Ceux-ci avaient accepté en apparence la royauté de leur jeune frère; mais ils ne tardèrent pas à se révolter contre son autorité, et ils voulurent commander en maîtres absolus dans leurs gouvernements respectifs de Tolède et de Mérida. Hischem essaya la douceur, pour les ramener au devoir; mais Souleyman ayant poussé la barbarie et l'insulte jusqu'à faire clouer à un poteau Ghalib, wali de Tolède, parce qu'il avait refusé de prendre part à l'insurrection, le calife se vit dans la nécessité de marcher contre ses frères.

La victoire se déclara pour lui, et Abdallah étant venu faire sa soumission, reçut son pardon. Souleyman, ayant pris la fuite, se retira dans les montagnes de la sierra Moréna. Poursuivi et défait par Alhakem, fils d'Hischem, il ne put échapper au juste châtiment de son crime que par la promesse de quitter la Péninsule (790).

L'esprit de révolte vivait toujours au sein des populations du nord et de l'est. Ni le temps, ni la sagesse d'un gouvernement paternel, ne pouvaient faire oublier aux habitants de ces contrées la haine dont ils avaient hérité de leurs pères contre les Arabes du sud. Ceux-ci, du reste, avaient eu en partage la contrée la plus riche de l'Espagne, et de là un sentiment de jalousie, augmentant encore l'animosité réciproque des deux races.

Hischem, comme ses prédécesseurs, eut à combattre plusieurs séditions de ses walis ambitieux, qui voulaient trancher du monarque. Partout il fut vainqueur; mais, comprenant qu'il fallait, pour sauver l'empire, donner une occupation constante au caractère inquiet et remuant de ses peuples, il résolut d'aller planter de nouveau dans les Gaules l'étendard du Prophète.

Tout à coup retentit d'une extrémité à l'autre de la Péninsule l'appel à la guerre sainte. La nation musulmane y répond par un long cri de joie; tout fidèle croyant vient offrir à l'émir son bras ou sa fortune. On accourt de toutes les parties de l'Espagne arabe, et bientôt une armée formidable se trouve réunie sous le commandement du premier ministre Abdelwahid (793).

Afin de ne laisser en arrière que des amis fidèles, on commença la campagne par soumettre les chrétiens de la Galice et des Asturies, et par leur enlever tout moyen de nuire aux opérations de l'armée.

L'année suivante, on franchit les Pyrénées; et, après quelques succès dans le pays des Vascons, on pénétra dans la Septimanie. Ce fut avec une joie fanatique que les soldats d'Hischem, sous la conduite du vizir Abdelmelek, s'aventurèrent dans cette contrée, si souvent arrosée du sang de leurs frères. L'ambition, la vengeance et la religion, leur faisaient une loi de reprendre cette glorieuse conquête de leurs aïeux, et de se montrer ainsi les dignes fils du Prophète.

Narbonne fut assiégée, prise et pillée. Les chroniques arabes détaillent avec complaisance les richesses que renfermait la noble cité, et ne tarissent pas d'éloges sur la piété du calife, qui consacra à embellir les temples la plus belle partie des trésors enlevés aux ennemis (1).

Hischem n'avait point commandé en personne l'expédition de la Septimanie, mais tout l'honneur lui en fut justement rapporté : on lui attribua la gloire d'avoir doté l'Espagne d'une province dont la perte avait longtemps fait saigner le cœur de tout bon musulman.

Quelque temps après cette expédition, le calife, averti, dit-on, par un astrologue, qu'il ne lui restait que peu de temps à vivre, et sentant, du reste, diminuer ses forces, réunit, à l'instar de son père,

(1) Il eut le bonheur de voir achever sous son règne la grande mosquée de Cordoue, l'Aldjama, cette œuvre gigantesque, le plus précieux monument de la puissance musulmane en Espagne.

tous les dignitaires du royaume, et fit reconnaître son fils comme son successeur (795). Il mourut l'année suivante, universellement regretté. Son peuple l'avait surnommé *Hischem le Juste et le Bon*.

ALHAKEM (796-822). — A peine monté sur le trône, le jeune souverain fut forcé d'avoir recours à la force pour défendre sa couronne. Espérant avoir facilement raison d'un roi de vingt ans, ses oncles, Souleyman et Abdallah, résolurent de faire valoir de nouveau leurs droits au trône dont ils se prétendaient injustement dépouillés. Mais, avant d'agir, ils avaient voulu se faire des amis puissants, et n'avaient pas craint, pour satisfaire une ambition personnelle, de demander le secours des étrangers.

Tandis que Souleyman sollicitait l'alliance des Africains, Abdallah lui-même alla implorer l'appui de Charlemagne, et l'obtint : on ignore à quelles conditions. Les princes rebelles, après avoir attaqué l'Espagne par deux points à la fois, le nord et le midi, se rejoignirent sous les murs de Tolède, d'où leurs bandes nombreuses, composées en grande partie d'aventuriers, enrôlés à prix d'or dans le Magreb, se répandirent dans les plaines de Tadmir.

En même temps, leur illustre allié, Louis, fils de Charlemagne, envahissait la Septimanie, reprenait Narbonne sur les Arabes, et franchissait les Pyrénées en vainqueur.

Le jeune roi fit résolument face à ces deux dangers à la fois. Par son ordre, son wali Foteïs porte secours à la Catalogne, et lui-même s'avance à marche forcée sur Tolède, dont il fait le siége. Cependant, à la nouvelle des avantages importants remportés par l'armée franco-aquitaine dans le nord de l'Espagne, il laisse Amrou, son lieutenant, poursuivre le blocus de la place, et vole dans les provinces menacées. Par l'impétuosité de son attaque, il fit reculer les ennemis jusqu'à Narbonne, dont il s'empara, ainsi que des villes infidèles qui s'étaient livrées aux Aquitains.

Repassant alors les Pyrénées, il va rejoindre son lieutenant, que les rebelles avaient vaincu en plusieurs rencontres. Sa présence ramène la victoire sous ses drapeaux. Une grande bataille est livrée dans le territoire de Tadmir, et les troupes réunies de Souleyman et d'Abdallah sont taillées en pièces. Souleyman resta parmi les morts. Sa tête fut apportée au jeune monarque, qui ne put à ce spectacle retenir ses larmes (799).

Quelque temps après Abdallah fit sa soumission, et pour la troisième fois, obtint l'oubli de sa trahison. Alhakem lui laissa la liberté de se retirer où bon lui semblerait, se contentant, pour toute garantie, de garder ses fils en ôtage. Les princes vécurent à la cour avec tous les égards dus à leur rang, et l'un d'eux épousa même Alkinza, sœur d'Alhakem. Quant à Abdallah, il se retira à Tanger, où il vécut d'une pension que lui fit le monarque.

Vainqueur des ennemis du dehors et de ceux du dedans, le calife rentra triomphant à Cordoue.

Mais il ne jouit pas longtemps du repos. Charlemagne, instruit par sa première et malheureuse expédition au delà des Pyrénées, s'était convaincu à ses dépens que la domination musulmane avait jeté dans la Péninsule de profondes racines. Il avait compris dès lors la nécessité d'opposer une barrière à cette domination, et d'assurer ses frontières, en leur créant un rempart au delà des Pyrénées. Dans ce but, il avait choisi Barcelone pour en faire sa place forte et son centre d'opération dans le nord de l'Espagne.

Barcelone, riche de son commerce, forte de ses remparts et de ses montagnes, fière du courage de ses habitants, a toujours été l'objet de l'envie de tous les conquérants, depuis les généraux carthaginois et romains jusqu'aux lieutenants de Charlemagne.

Louis vint l'assiéger, tandis que le comte Guillaume se portait entre Lérida et Tarragone pour fermer le chemin à tout secours.

La ville fit une défense opiniâtre; mais pressés par la famine, et se voyant abandonnés, les habitants se rendirent aux Aquitains à condition d'avoir la vie sauve. Louis s'assura de sa conquête en donnant un gouverneur de son choix, pris parmi les nobles goths du pays (801).

Alhakem comprit trop tard la faute qu'il avait commise; et, pour la réparer, il se dirigea vers l'Espagne orientale, dont il occupa plusieurs places fortes. Mais les Aquitains n'en conservèrent pas moins la ville conquise, possession importante qui les rendait maîtres de la mer et de la côte.

Quelques cruelles exécutions signalèrent la fin de ce règne.

Youssouf, fils d'Amrou, était wali de Tolède. Une sévérité hors de saison aigrit l'esprit des habitants qui s'insurgèrent contre lui, s'emparèrent de sa personne et en référèrent au prince. Alhakem ordonna aussitôt à Amrou de quitter le commandement des troupes pour reprendre le gouvernement de Tolède. Le vieux capitaine obéit; mais, excité par le désir de venger son fils, il se souilla d'un acte barbare, tel qu'on ne peut en trouver d'exemple que chez les peuples les plus sauvages.

A l'occasion de la visite du jeune prince Abdelrahman, il convia à un festin les principaux habitants de la ville. Ceux-ci se rendirent sans méfiance, au nombre de plus de cent, à l'invitation qui leur était faite; mais pas un ne sortit du palais: tous furent égorgés, et leurs têtes couronnèrent les créneaux de l'antique demeure des rois visigoths (805).

Les historiens semblent insinuer qu'Alhakem trempa dans cette barbare iniquité, et l'on est porté à le croire, lorsqu'on voit Amrou conserver sa dignité, malgré cette sanglante exécution. D'ailleurs, quelque temps après, le prince se rendit coupable de la même cruauté que son wali. Une vaste conspiration ayant été tramée à Cordoue, le calife, instruit à temps des projets des conjurés, en fit arrêter les principaux chefs, et le lendemain huit cents têtes plantées sur les hautes tours de la ville apprirent au peuple, frappé de terreur, et la faute et le châtiment des coupables.

Tant d'exécutions sanglantes troublèrent la conscience du despote. Il vécut dans la crainte et le remords, renonçant presque entièrement à l'administration du royaume, dont il remit le soin à son jeune fils Abdelrahman.

Toutefois, avant de mourir, il retrouva, pour repousser une nouvelle attaque des Francs, l'activité qu'il avait déployée dans les premières années de son règne.

Par la perte de Barcelone, les frontières de la royauté arabe dans le nord-est avaient été reculées vers le centre, et Tortose était devenue la sentinelle avancée de cette partie de l'Espagne.

Deux fois les Aquitains voulurent s'en emparer, et deux fois le vieux monarque fit lever le siége, grâce à la promptitude avec laquelle il envoya des secours.

Charlemagne revint-il à la charge? Parvint-il enfin à s'emparer de la ville dont la possession importait à ses desseins d'agrandissement? Les historiens nous laissent dans le doute à cet égard.

Ce qui paraît certain, d'après les chroniques arabes et franques, c'est qu'Alhakem avait établi à Saragosse le centre de ses forces sous les ordres de son fils Abdelrahman.

L'expérience des dernières années lui avait appris que si jamais le trône des Arabes devait être renversé en Espagne, c'était du Nord que viendrait le péril.

Le jeune chef signala sa valeur contre les walis remuants, et surtout contre les Aquitains. Tantôt vaincu, tantôt vainqueur, il fit la guerre avec diverses alternatives, mais il eut la gloire de n'avoir point laissé entamer sa nouvelle frontière.

Alhakem cependant, fatigué d'une lutte interminable, fit demander la paix à Charlemagne, qui ne voulut accorder qu'une trêve.

Le calife alors se livra sans réserve au luxe et à la mollesse. Il passa le reste de ses jours, enseveli dans les plaisirs des sens, n'interrompant ses orgies sans pudeur, que pour donner des ordres barbares.

Cette vie indigne d'un monarque, et si contraire à l'esprit du Coran, excita de nombreux murmures. Aux murmures succédèrent les menaces, et l'on en vint jusqu'à refuser de payer l'impôt.

Furieux de cette résistance, Alhakem, s'abandonnant tout entier à la barbarie de son caractère, fit clouer devant la porte de leurs maisons, dix des principaux rebelles. Cette cruauté exaspéra la multitude. Le feu, jusque-là contenu par la crainte ou par un reste de respect pour l'autorité royale, éclata avec violence, surtout dans le faubourg occidental de Cordoue, dont le peuple soulevé se porta en foule jusqu'au palais du tyran. Mais l'indigne fils d'Hischem le Bon se ressouvint alors de sa jeunesse : se plaçant à la tête des soldats de sa garde, il s'élance sur la foule ameutée, et en fait un massacre affreux. Le peuple effrayé se précipite dans le faubourg, et y cherche un refuge. Alhakem le poursuit, tue tout ce qu'il rencontre et ne cesse de frapper que lorsqu'il ne trouve plus de victimes. Sa fureur du moins aurait dû s'apaiser dans les flots du sang répandu; mais cette boucherie ne suffisait pas à la vengeance du calife. Trois cents des révoltés furent pris et empalés sur les bords du fleuve; et, pour combler la mesure, le faubourg lui-même fut livré aux flammes, et les habitants envoyés en exil (818).

Dieu ne laissa pas impunie une telle cruauté. Alhakem, poursuivi par les remords, traîna sa vie dans une mélancolie voisine de la démence, et mourut d'une mort lente et douloureuse, après un règne de vingt-six ans.

Abdelrahman II (822-852). — Abdelrahman II succéda à son père.

Avant de raconter le règne de ce prince, il est utile de dire quelle était, à son avénement, la situation de la Péninsule.

Ainsi que nous l'avons vu, Charlemagne avait constitué sur le territoire espagnol, la marche de Gothie, première barrière contre les attaques possibles des Musulmans. Cette province, dont Barcelone était la capitale, dépendait de l'Aquitaine, que la sage politique du monarque avait érigée en royaume, afin d'en faire un second boulevard à la monarchie franque. Pour resserrer davantage encore les rapports de cette annexe avec sa métropole, Charlemagne avait voulu que ses évêques relevassent du prélat de Narbonne. C'était rattacher les deux pays l'un à l'autre par le double lien de la politique et de la religion. Cependant la contrée conquise, où dominait l'élément espagnol, tendait toujours à se séparer de l'Aquitaine, et nous verrons les gouverneurs de Barcelone s'unir plus d'une fois aux califes de Cordoue, pour échapper à la suzeraineté des Francs.

A côté de la marche de Gothie, au milieu des montagnes et des ravins, obscur berceau de la monarchie espagnole, grandissait dans l'ombre, et grâce aux dissensions qui déchiraient la monarchie musulmane, le royaume chétien des Asturies.

Depuis Pélage, son fondateur, jusqu'à Alphonse III, qui le gouverne à l'époque où nous sommes arrivés dans notre histoire des Arabes, ce petit royaume avait gagné pied à pied le terrain qu'abandonnaient les walis négligents des provinces limitrophes, et en 822 il comprenait, outre les Asturies, toute la Galice jusqu'au Minho. L'empire des Ommiades ne s'étendait donc que sur les deux tiers de l'Espagne, à l'avénement d'Abdelrahman II. Son règne, l'un des plus glorieux des califes, fut inauguré par la discorde.

Cet Abdallah (1), que nous avons déjà vu figurer dans plusieurs révoltes sous les règnes précédents, et qu'Alhakem avait exilé en Afrique, voulut encore essayer de faire valoir ses droits, les armes à la main.

Il débarqua dans la Péninsule, avec une foule

---

(1) Fils d'Abdelrahman et frère d'Hischem.

d'aventuriers toujours disposés au pillage, et marcha contre Cordoue, en prenant le nom d'émir d'Espagne.

Mais, sans lui donner le temps de se faire de nouveaux partisans, Abdelrahman vint à sa rencontre, le battit à plusieurs reprises, et le força à prendre la fuite. Réduit à se renfermer dans Valence, qui de tout temps lui était restée fidèle, Abdallah comprit bientôt son impuissance à continuer la lutte. En conséquence, il implora son pardon par l'intermédiaire de ses fils, qui n'avaient point changé de drapeau.

Abdelrahman II accorda la grâce du coupable, et poussa la générosité jusqu'à le nommer gouverneur et prince de la province de Tadmir, dont il lui donna la propriété (821).

Ayant ainsi triomphé de cette première insurrection, le généreux monarque tourna son attention vers le point vraiment menaçant de son empire, vers les Asturies et la marche de Gothie.

Le Goth Béra avait été fait par Charlemagne comte de Barcelone. Ambitieux comme tous ceux de sa race, et encouragé dans son ambition par l'impossibilité où était un maître éloigné, de surveiller ses actes, il essaya de se rendre indépendant. Louis, qui venait de succéder à Charlemagne, apprit avec douleur la révolte de son vassal et l'obligea à combattre le jugement de Dieu contre Sulina, son accusateur.

Béra, vaincu, fut exilé; l'empereur nomma pour le remplacer Bernhard, duc de Septimanie.

Le nouveau gouverneur, d'accord avec les chrétiens des Asturies, attaqua les Musulmans, et ravagea les pays voisins de Saragosse. A la nouvelle de cette attaque, Abdelrahman fit partir son lieutenant Abdelkérim, qu'il suivit bientôt lui-même avec le gros de son armée.

Quelques chroniqueurs pensent que l'heureux calife s'empara de Barcelone; tout porte à croire cependant qu'il se contenta de ravager la marche de Gothie, et qu'il s'en revint à Cordoue, après s'être rendu maître d'Urgel.

Durant la brillante période de grands princes qui avaient occupé le trône, la gloire du califat de Cordoue était arrivée jusqu'en Orient, et l'on vit un empereur grec, Michel (l'Ivrogne), envoyer des ambassadeurs pour réclamer l'alliance d'Abdelrahman contre les Abassides, leurs communs ennemis. L'alliance fut conclue.

Abdelrahman était un prince d'un caractère humain et généreux; jamais le trône ne fut occupé par un souverain plus juste et plus modéré, et cependant plusieurs révoltes désolèrent l'Espagne pendant son califat.

Deux surtout affligèrent le cœur de l'excellent monarque, la révolte de Mérida et celle de Tolède. Mérida, qui n'avait point oublié son titre d'ancienne capitale, était toujours prête à la sédition.

La construction des édifices publics, des routes, des canaux, les frais énormes de la guerre, la solde des fonctionnaires, faisaient peser de lourds impôts sur les populations. De là le mécontentement et les murmures. Mettant à profit l'irritation des esprits, un certain Mohammed ben Abdelghebir, gouverneur de Mérida, exilé pour avoir pris part à la rébellion d'Abdallah, trouva moyen de rentrer dans la ville et de pousser les habitants à la révolte. Rien ne fut sacré pour la fureur populaire; le wali n'échappa que par la fuite à la rage des séditieux; tous ses lieutenants furent massacrés.

En apprenant ce qui se passait à Mérida, Abdelrahman fit investir la place par ses généraux Abdelrouf et Mohammed ben Abdelsalem. Ceux-ci se ménagèrent des intelligences avec les principaux habitants de la ville; les portes leur furent ouvertes pendant la nuit, et ils purent ainsi s'en rendre maîtres par surprise. Mohammed parvint à s'échapper. Une amnistie fut accordée à tous les autres chefs (828).

Un fait qui mérite d'être signalé, à l'occasion de la révolte de Mérida, c'est la lettre écrite par

Louis le Débonnaire, en 825, pour encourager les rebelles, et leur promettre son appui. Rien ne prouve mieux l'attention que les rois francs portaient aux affaires de l'Espagne, et leur désir de s'immiscer à ses affaires pour imposer peu à peu leur suzeraineté.

La révolte de Mérida fut suivie de celle de Tolède.

Un jeune homme, appelé Hischem, appartenant à l'une des plus riches familles de la ville, se fit un parti puissant parmi les juifs et les chrétiens, fort nombreux à Tolède, et les entraîna à l'insurrection. Le gouverneur était alors absent. Les Berbers de la garde, loin de défendre la place, firent cause commune avec les rebelles, et livrèrent à Hischem le palais et la citadelle confiés à leur fidélité. Le calife marcha contre les séditieux. Vainqueur dans un combat qui le rendit maître de la ville, il fit grâce aux habitants. Hischem seul, tombé blessé au pouvoir d'Abdelrouf (1), eut la tête tranchée (837).

Comme tous ses prédécesseurs, Abdelrahman voulut ajouter à la gloire de son règne la guerre contre les chrétiens. En conséquence, du haut des chaires retentit dans toute l'Espagne musulmane l'appel aux armes contre les ennemis du Prophète.

(1) Abdelrouf était gouverneur de Tolède.

Trois expéditions eurent lieu en même temps. Le wali de Saragosse attaqua la marche de Gothie ; les troupes de l'occident, sous la conduite du général Obéidallah, marchèrent contre le brave Alphonse, roi de Léon, et la flotte, cinglant vers les rives de la Provence, ravagea tout le pays jusqu'à Marseille, et pilla les faubourgs de la puissante ville des Phocéens (842) (1) ; les chrétiens, de leur côté, envahirent le territoire musulman, et la lutte semblait devoir être acharnée de part et d'autre, lorsqu'un ennemi nouveau apparut tout à coup à l'Espagne étonnée, et força les partis à une trêve. Les Normands, pour la première fois, avaient débarqué en Galice, et de là, étendant leurs excursions à l'est et à l'ouest, avaient menacé à la fois Arabes et chrétiens. Ces pirates, venus du Nord, avaient déjà à cette époque habitué les peuples de la Gaule à leurs brigandages et à leurs exactions : ils portèrent la terreur sur toute la côte, du golfe de Gascogne à l'Andalousie.

Le récit des historiens arabes se ressent de l'effroi inspiré aux populations par ces étrangers que la mer semblait avoir vomis de son sein.

Si l'on peut reprocher au calife de Cordoue son peu de soin à prévenir une pareille invasion, au moins

---

(1) 839 d'après Rosseeuw Saint-Hilaire.

faut-il lui rendre la justice de dire qu'il fit tous ses efforts pour la repousser. Il parcourut les villes les plus exposées, par leur position sur le bord de la mer, aux attaques des pirates, les mit en état de défense, ranima les courages abattus, fit réparer les murs de Séville, où les Normands avaient laissé des souvenirs sanglants de leur triomphe, et enfin, pour prévenir le retour de pareilles excursions, il augmenta le nombre de ses vaisseaux et les consacra à la défense des côtes.

Pendant ce temps, la marche de Gothie tendait de plus en plus à se séparer du royaume des Francs. Le comte de Barcelone, nommé Bernhard (1), était devenu chambellan de Louis le Débonnaire. A la mort de ce roi, il fut obligé de quitter la cour, et s'en vint chercher asile dans sa province. Là, occupé tout entier à préparer les voies au projet que son ambition avait rêvé, de créer à son profit un royaume indépendant, il sut rester neutre au milieu des troubles qui suivirent en France la mort du Débonnaire. Quelques auteurs prétendent même qu'il s'ouvrit sur ses desseins au calife de Cordoue, et que celui-ci s'engagea à le seconder.

(1) Le nom de Bernhard del Carpio se rencontre souvent dans les romans de chevalerie qui célébrèrent les hauts faits de cette époque. Les auteurs de ces romans le disent fils d'un comte de la cour de Sanche et de Ximène, sœur du roi Alphonse.

Quoi qu'il en soit, Charles le Chauve, se défiant de ce perfide vassal, le cita à comparaître devant ses pairs, et le fit condamner comme traître à la patrie. Il fut assassiné de la main même du roi, à qui l'on prête ces paroles : « Malheur à toi qui as souillé le lit de mon père et de mon maître. »

Son fils Guillaume le remplaça : Pour venger la mort de son père, il commença par chasser de ses États le comte de Toulouse, Egfreed, vassal de Charles, et s'efforça de soulever la Gothie contre le meurtrier de Bernhard. Sans scrupule sur le choix des moyens, il proposa une alliance à Abdelrahman. Des troupes lui furent envoyées de Cordoue, et, grâce à ce secours, il s'empara de Barcelone, défendue par les soldats de Charles le Chauve. C'est vers cette époque que la marche de Gothie semble s'être séparée à jamais de la monarchie franque, sous le nom de comté indépendant de Barcelone.

Les dernières années du règne d'Abdelrahman furent attristées par de terribles fléaux. La famine força des milliers d'habitants à fuir une terre devenue impuissante à les nourrir.

L'an 850, Abdelrahman, pressentant sa fin prochaine, fit proclamer son fils Mohammed pour son successeur. Toutefois, le vieux et fastueux monarque continua à gouverner jusqu'à sa mort, arrivée deux ans après.

Mohammed (852-886). — Mohammed occupe glorieusement sa place dans la série des princes dont le califat de Cordoue peut à juste titre s'enorgueillir. On trouve réunis chez lui la bravoure dans les combats, la sagesse dans les conseils, et l'amour éclairé des belles-lettres. Il inaugura son règne par la guerre sainte. Un renégat, du nom de Mouza, que le calife avait nommé gouverneur de Saragosse, fut chargé de cette campagne, de concert avec le wali de Mérida.

Une double invasion eut lieu simultanément dans la marche de Gothie et dans le royaume de Léon.

La première fut couronnée d'un plein succès; mais la seconde, commandée par Mouza en personne, fut tout à l'avantage des chrétiens.

Irrité de cette défaite, attribuée, au dire des historiens arabes, à la trahison de Mouza, Mohammed destitua son wali et fit peser sa disgrâce jusque sur son fils Lobia, wali de Tolède.

Mouza se révolte, fait appel à toutes les haines, à toutes les rancunes, et bientôt il voit accourir autour de son étendard et les juifs, et les Berbers, et les Mozarabes, toujours prêts à tirer l'épée contre leurs souverains. Le flot va grossissant, il envahit successivement la Nouvelle-Castille, l'Aragon et une partie de la Navarre. Les chrétiens des Asturies, gagnés ou intimidés, font alliance avec le traître et lui fournissent des troupes.

Il est roi d'un tiers de l'Espagne.

Cependant le calife de Cordoue, réunissant toutes les milices de l'Andalousie, marche contre son coupable vassal. Almondhir, brave comme son père, comme lui généreux, commande sous ses ordres. Un premier avantage, remporté sur les rebelles et sur leurs alliés, mène le vainqueur jusqu'aux pieds des murs de Tolède, dont Lobia, lieutenant de Mouza, ferme les portes.

La ville est investie, mais l'opiniâtre résistance de Lobia force Mohammed à laisser son fils continuer le siége, tandis qu'il se porte lui-même en avant. Mouza, profitant de ce mouvement, se dirige secrètement au secours de Tolède, attaque Almondhir par derrière, tandis que les assiégés le secondent par une sortie vigoureuse. L'armée du calife fut vaincue.

Ce succès porta haut les prétentions de l'infidèle wali, qui voulut traiter avec son maître d'égal à égal, et qui s'intitula fièrement le troisième roi de l'Espagne. Saragosse devint la capitale de ce nouvel État. Les Asturies, ainsi qu'on le voit, avaient l'honneur de compter déjà comme un royaume.

L'enivrement de ses triomphes perdit le renégat(1). Les chrétiens, comprenant le danger d'avoir pour

(1) Mouza était d'origine gothique, et lui-même avait d'abord

voisin un royaume indépendant, qui plantait son drapeau à côté même de leurs frontières, se déclarèrent contre lui, et triomphèrent sous les ordres d'Ordono, roi des Asturies (1). Profitant de sa victoire, le monarque chrétien s'avança, à marches forcées, sur Albayda, principale forteresse du rebelle, la prit, après quelques jours de siége, et en fit raser les murailles (857) (2). Tous les musulmans furent passés au fil de l'épée. Lobia obtint, par sa soumission, d'être continué dans son commandement de Tolède, toujours assiégée par Almondhir. Il ne paraît pas cependant que le vaillant roi des Asturies, malgré ses succès, se soit senti assez fort pour lutter contre la puissance du calife, car il ne fit aucun mouvement pour dégager son nouveau vassal.

Mohammed, au contraire, ayant reçu des renforts d'Afrique, s'était emparé de Saragosse, et avait réuni ses troupes à celles de son fils.

Tolède se rendit et obtint, en livrant les principaux coupables, amnistie pleine et entière pour le reste des habitants.

été chrétien. L'ambition l'avait poussé à embrasser l'islam avec toute sa famille. (Paquis, t. I, p. 364.)

(1) Mouza, blessé grièvement, n'échappa qu'à demi mort : mais il mourut probablement de ses blessures, car il n'est plus question de lui dans l'histoire.

(2) Paquis, *Histoire d'Espagne*, t. I, page 366.

Ainsi fut vaincue cette sédition, qui avait un instant élevé son chef à la hauteur de maître de l'Espagne.

Mohammed n'eut guère le loisir de laisser reposer son glaive.

Les Normands au sud, les chrétiens au nord, menacèrent également son royaume; les premiers, par des ravages et des dévastations; les seconds, par des incursions victorieuses sur le territoire arabe.

Mohammed fit reculer les uns et battit les autres, dans une rencontre fameuse (861), où son fils se signala par sa prudence et sa valeur.

Mais à peine un ennemi était-il terrassé, qu'il en surgissait un nouveau. Celui dont nous avons à raconter ici la romanesque histoire, était d'une naissance obscure. Il s'appelait Omar ben Hafsoun.

Gardeur de troupeaux, comme Viriathe, ou simple ouvrier dans son village, il se fit chef de brigands, résista aux kaschefs envoyés pour s'emparer de sa personne, vit sa bande grossir tous les jours, et finit par se rendre maître, sur les frontières d'Afrank (marche de Gothie), d'une forteresse, d'où il dicta des lois à tout le pays d'alentour. Enorgueilli de ses succès, il donna un autre cours à ses idées, et de chef de bandits, il se fit chef de parti.

Ce lui fut chose aisée de grouper autour de lui tous les éléments de révolte que nous avons déjà eu l'occasion de signaler plusieurs fois. Juifs, chrétiens, Berbers, toujours attentifs à guetter la moindre occasion de secouer le joug et de ressaisir leur indépendance, mirent au service de sa cause leurs fortunes et leurs bras, sans s'informer de ses titres au commandement ; il leur suffisait de savoir qu'il était l'ennemi du calife.

Tous les petits seigneurs chrétiens, qui s'étaient créé, au bruit des discordes civiles, une espèce de suzeraineté, dans leurs châteaux crénelés et fortifiés comme des citadelles, firent alliance avec lui et fournirent des secours. Omar n'était plus un bandit, c'était le libérateur des peuples.

Le wali de Saragosse, Mouza (qu'il ne faut pas confondre avec l'ancien rebelle de ce nom)(1), aurait pu seul s'opposer aux progrès de la sédition; mais il venait d'être remplacé, et dans l'irritation causée par sa destitution, il trahit son pays par une inaction criminelle.

Mohammed, instruit de la gravité des événements, se rendit à Tolède et de là s'avança contre les insurgés.

Omar, ayant recours à l'arme des traîtres, la fourberie, assure le calife qu'il n'a pris les armes que contre les chrétiens; son alliance avec eux, ajoute-t-il, n'est qu'un piége tendu à leur imprévoyance; et,

(1) Rosseeuw Saint-Hilaire.

pour preuve de la vérité de ses paroles, il offre de marcher sur Barcelone, pourvu qu'il puisse avoir sous ses ordres les troupes de Murcie et de Valence.

Mohammed commit l'imprudence de croire à ses promesses, et bientôt il apprit, par quelques fugitifs échappés au carnage, que les troupes envoyées par lui avaient été traîtreusement massacrées, pendant leur sommeil (866); son petit-fils Zeïd était du nombre des victimes.

Un pareil attentat demandait un châtiment terrible; il ne se fit pas attendre. L'indignation animait les troupes fidèles; Almondhir, saisi de douleur et de rage, brûlait de punir l'assassin, et une foule de volontaires se joignirent à lui. Rotah-el-Yehoud, la forteresse qui servait de capitale et de repaire aux partisans d'Omar, fut assiégée et emportée d'assaut, malgré sa position formidable. Malheureusement le vautour n'était pas dans son aire, et Almondhir ne put qu'imparfaitement venger son fils. Le barbare auteur de cette étrange sédition trouva une retraite impénétrable dans la profondeur des montagnes. Tous ses complices firent leur soumission.

On aurait peine à comprendre la permanence des révoltes et leurs faciles succès, sur cette malheureuse terre d'Espagne, si l'on ne se rendait compte des rivalités et des querelles de races, qui survécurent à tous les règnes, et résistèrent à tous les efforts des califes pour les anéantir.

Chaque année, Cordoue voit s'avancer, soit du nord, soit du midi, quelque nuage chargé de menaces. L'intégrité ou l'indépendance de l'empire sont constamment mises en jeu par la révolte des walis ambitieux et brouillons, sans parler du danger, toujours grossissant, que les Asturies portent avec elles, en faisant chaque jour un pas en avant sur le territoire des Arabes.

Dieu aveugle les peuples, quand vient le moment marqué pour leur perte. En considérant l'envahissement progressif de la puissance chrétienne, les musulmans auraient dû, ce semble, n'avoir qu'un cœur, qu'une volonté, et réunir en un seul faisceau toutes les forces de la nation. Loin de là, nous les voyons prêter constamment la main à toutes les tentatives de guerre civile.

Tolède, deux fois révoltée sous le règne de Mohammed et deux fois soumise, se soulève encore à la voix d'un wali infidèle, et appelle une troisième fois les troupes du calife sous ses murs. Fatigué de tant de révoltes, le monarque arabe fait la paix avec Alphonse, roi de Castille, et tourne toutes ses forces contre les partisans d'Omar, réunis de nouveau autour de l'étendard qu'on croyait enseveli sous les ruines de Rotah-el-Yehoud.

Mohammed et Almondhir écrasèrent les rebelles à la bataille d'Aybar (882). Omar mourut de ses blessures, mais il légua à son fils Caleb ben Hafsoun son orgueilleuse ambition, son esprit de révolte et sa haine contre les Ommiades. Il fallut encore le réduire les armes à la main. Ce soin fut confié par le calife à son vaillant compagnon d'armes, qu'il venait d'associer au trône.

Ainsi délivré du souci des affaires, Mohammed, retiré dans son palais, y vécut les dernières années de sa vie, au milieu des poëtes et des savants, qui formaient sa cour. Il mourut, le 6 août (886), à l'âge de soixante-cinq ans.

Protecteur des lettres et des sciences, il les cultiva lui-même avec succès. Cordoue lui doit de riches monuments et d'utiles constructions (1).

On regrette qu'il ait souillé son règne par une persécution odieuse et cruelle contre les chrétiens.

ALMONDHIR (886-888). — Son règne de deux ans fut trop long encore pour son honneur et pour sa gloire. Sa jeunesse passée au milieu des camps, sa vaillance contre les ennemis, sa cordiale simplicité, lui avaient gagné le cœur des soldats et des chefs. Le peuple s'était habitué à le considérer comme un protecteur et comme un père; mais voilà qu'au début de son règne, il fit décapiter, sous un vain prétexte,

(1) Bains splendides, vastes abreuvoirs.

le plus fidèle et le plus ancien ami de sa famille, le wazyr Hakem.

Non moins brave soldat que savant lettré, Hakem avait été chargé de soumettre Tolède, la ville aux insurrections permanentes.

Le fils d'Omar, Caleb ben Hafsoun, s'en était emparé et y avait établi son quartier général.

A l'approche des forces dirigées contre lui, le chef rebelle, laissant dans la place ses meilleures troupes, en sortit accompagné de quelques serviteurs fidèles, et se retira dans la vallée du Tage. Il en fortifia les points les plus importants, puis il passa sur les bords de l'Èbre supérieur, et alla s'enfermer à Saragosse, où il établit le centre de ses opérations.

Cependant le wazir, campé sous les murs de Tolède, en pressait vivement le siége. Il était sur le point de s'en rendre maître, lorsque Caleb, feignant le repentir, offrit de se soumettre, à condition que le calife lui fournirait des mulets pour transporter ses malades et ses blessés.

Il eût été sage de ne pas ajouter foi à ces promesses; mais Hakem, sans défiance, fournit les mulets, en échange de la reddition de la place. La guerre semblait terminée.

Almondhir, qui s'était mis en campagne, revint à Cordoue, où Hakem ne tarda pas à le rejoindre.

Mais, dès qu'il fut parti, Caleb fit égorger les conducteurs des mulets et reprit la ville, où la plupart de ses partisans étaient restés cachés.

Si Hakem fut coupable de trop de confiance, Almondhir lui-même ne fut point exempt d'imprudence, en ne prenant aucune mesure contre la perfidie possible d'un fils d'Omar. Aussi, dans sa douleur et dans sa honte, oublia-t-il la justice et l'humanité, en faisant décapiter, dans le vestibule de l'Alcazar, l'infortuné wazyr. Il poussa même la barbarie jusqu'à faire jeter en prison les fils de sa victime, innocents de la faute imputée à leur père (886).

Le ciel sembla prendre soin de punir cette cruauté. Almondhir était parti à la tête de sa garde, afin d'aller contraindre le perfide à accepter la bataille.

Un jour que, emporté par son ardeur, il s'était jeté imprudemment au milieu des rangs les plus épais des troupes ennemies, il fut tout à coup enveloppé, et, malgré une vigoureuse résistance, il périt dans cette embuscade avec tous ceux qui l'accompagnaient (888). Sa mort fut comme le signal d'une révolte générale. Chaque ville possédant une tour, des remparts, devient le foyer de quelque sédition, et l'on pressent déjà la destruction d'un empire attaqué par ses propres sujets, miné par de continuelles rébellions.

Abdallah (888-912). — Ce n'est plus contre les

chrétiens que le calife conduit ses soldats. C'est contre ses propres sujets, contre ses walis, contre les membres de sa famille, qu'il est forcé de tirer le glaive. Nous voyons, en effet, dès le début du règne d'Abdallah, successeur d'Almondhir, deux villes puissantes, Séville et Tolède, arborer l'étendard de la révolte, à l'instigation des fils mêmes du calife.

Soit humanité, soit politique, Abdallah, le jour de son avénement, avait fait rendre à la liberté les fils du malheureux Hakem, et les avait réintégrés dans leurs charges et dans leurs biens. Cet acte de justice déplut aux jeunes princes, Mohammed et Asbag; ils en prirent prétexte pour fouler aux pieds le respect de l'autorité paternelle et s'insurger contre elle. De son côté, l'héritier des Hafsoun, l'indomptable Caleb, menaçait le calife jusque sur son trône, et se constituait, entre les Asturies chrétiennes et le califat musulman, une royauté indépendante.

Abdallah trouve, dans son énergique courage, les ressources nécessaires pour lutter contre ses ennemis. Abdelrahman, un de ses fils, lui était resté fidèle : il le nomme son lieutenant dans l'armée qu'il commande lui-même.

Mérida assiégée, se rend sans résistance, et Mohammed, se jetant aux genoux de son père, obtient grâce une première fois; mais, joignant l'ingratitude au crime de rébellion, il soulève de nouveau tout le pays de Jaën.

Abdallah se voit forcé d'aller combattre une seconde fois ce fils doublement coupable. La victoire continue à se déclarer pour la bonne cause. Le rebelle, vaincu, se renferme avec les débris de ses troupes dans les défilés des montagnes, et ne rougit pas de voir ses soldats grossir les bandes redoutables de Caleb.

Chef sauvage non moins que brave, le fils d'Omar tient en échec les armées du calife, et le silence des historiens arabes donne à penser qu'il leur fit subir plus d'une défaite. Mais si les troupes d'Abdallah ne purent triompher sur ce point, elles remportèrent sur un autre une victoire signalée. Abdelrahman, chargé de poursuivre son frère, l'atteignit enfin dans les environs de Xérès. La bataille eut lieu avec un acharnement qui, de part et d'autre, tenait de la fureur.

Mohammed se battit en désespéré, et ne tomba que blessé et presque expirant, entre les mains de son frère, qui lui donna des soins; mais il fut jeté en prison par les ordres de son père, et il y mourut, empoisonné, dit-on, par des émissaires d'Abdallah (895).

Restait Caleb, qui, toujours debout, toujours triomphant, semblait être en ce moment le véritable roi de l'Espagne. Sa vaillance remportait des victoires;

et, lorsque le sort lui était contraire, son habileté faisait tourner ses revers même à son profit; aussi sa puissance allait croissant, à ce point qu'Alphonse III, redoutant bien plus le voisinage de cet aventurier-roi, que les armées des souverains de Cordoue, toujours occupées à maintenir un trône ébranlé par les discordes intestines, accepta l'alliance que lui faisait offrir le monarque musulman. Il fallait que le calife fût réduit à de grandes extrémités, pour avoir recours à l'épée des chrétiens, au risque de soulever contre lui l'indignation universelle de ses sujets. Les troupes d'Alphonse se mirent en campagne en même temps que celles de Caleb, commandées par son général en second, Abdulcasim Achmed ben Moaviah. On se rencontra non loin de Zamora. Les chrétiens, sous les yeux de leur prince, combattirent avec une bravoure remarquable; la bataille dura quatre jours. Abdulcasim fut entièrement défait (901).

Loin de se réjouir d'une victoire qui affaiblissait leur plus redoutable ennemi, les musulmans murmurèrent contre le calife. Ils ne virent dans la défaite de Zamora, que la honte de l'islam vaincu par la croix; le sang versé n'était point, à leurs yeux, le sang des rebelles, mais le sang arabe coulant sous le fer des chrétiens. Ils accusèrent hautement Abdallah d'être traître à sa foi, et la révolte fut prêchée jusque dans les temples. On sévit contre les principaux coupables. L'ordre fut rétabli.

Mais Caleb n'était pas homme à ne savoir tirer aucun parti de cette disposition des esprits à la révolte. Par une hardiesse qui tenait de l'imprudence, il osa s'aventurer seul, sous le déguisement d'un mendiant, jusque dans les murs de Cordoue, afin d'y voir ses partisans, et d'y rallumer la guerre contre un prince qu'on disait déserteur de sa foi (905). Reconnu et dénoncé, il parvint cependant à s'échapper et à regagner ses montagnes.

Malgré quelques succès, Abdallah eut la douleur de mourir sans avoir pu délivrer son royaume de ce redoutable ennemi. Sentant sa fin approcher, il proclama pour son successeur, son petit-fils Abdelrahman, fils de Mohammed el Maltoue, comme s'il eût voulu, par cette réparation envers le fils, apaiser le remords d'avoir fait assassiner le père.

Abdelrahman III (912-961). — Voici sans contredit le règne le plus glorieux des Musulmans en Espagne. Dès le début, l'œil se repose avec bonheur sur le trône occupé par un prince de vingt-deux ans, qui joint aux grâces de la jeunesse une gravité précoce et des vertus solides. A côté du trône, et, le protégeant de sa vaillante épée, se tient debout, comme le génie tutélaire de la monarchie, un noble guerrier qui eût pu disputer la couronne, et qui préfère en être le défenseur. Almodaffer jure obéissance à son neveu, et tient religieusement sa promesse. Cette concorde dans la famille du calife n'était que le prélude de l'accord qui bientôt allait régner entre tous les sujets de ce royaume si longtemps divisé. La sagesse du nouveau monarque, sa modération, son affabilité, lui ont gagné tous les cœurs, et, à son appel, chacun quittant sa terre, sa maison, sa famille, vient se ranger autour de son étendard.

Le premier acte du prince fut de marcher contre le rebelle Caleb. Le terrible fils d'Omar tenait toujours la campagne. Maître des villes les plus fortes et les plus riches de l'Espagne orientale, il s'était donné le titre d'émir de l'est. Il l'était de fait. Une puissante armée obéissait à ses ordres, et il avait pour alliés ses voisins les rois chrétiens de Léon et de Navarre (Ramire II et Sanche).

Abdelrahman part avec son oncle. La plupart des places occupées par les ennemis tombent entre ses mains; Tolède seule résiste, défendue par Dgiafar, fils de Caleb. Quelques généraux voulaient en faire le siége; mais le jeune prince, qui montrait déjà l'expérience d'un grand capitaine, comprenant que ce serait perdre, sans profit, un temps précieux, et voulant frapper un coup décisif, poursuivit le chef des rebelles et le força d'accepter la bataille. La victoire resta aux troupes du calife.

Malgré cette défaite, Caleb était encore un redoutable adversaire. La révolte n'était morte ni sur les bords du Tage, ni dans les monts d'Elvira, ni dans la sierra de Tadmir; Huesca restait dévouée à la cause du traître; Jaën et Alhama reconnaissaient son autorité.

Abdelrahman d'un côté, Almodaffer de l'autre, parcoururent les contrées insoumises, et firent plus, pour leur pacification, par la modération et la clémence que par la force des armes. Saragosse se rendit, plusieurs autres places suivirent son exemple; Tolède opposa une vigoureuse résistance. Caleb était mort dans l'intervalle; mais la révolte s'était incarnée dans son fils Dgiafar, qui, renfermé dans la citadelle, avait juré de s'ensevelir sous ses décombres plutôt que de se rendre.

Pendant deux ans, le calife ravagea le pays d'alentour, afin d'enlever aux habitants tout moyen de s'approvisionner; puis, quand il eut appris que la famine commençait à exercer ses ravages, il donna ordre d'investir la place. Le prudent Dgiafar en était sorti quelques jours auparavant, emmenant avec lui ses meilleures troupes, et emportant ses richesses. Son intention était d'attirer les ennemis à sa poursuite, et de les éloigner ainsi de la ville. Son espoir fut trompé, et Tolède, assiégée, se vit bientôt réduite aux horreurs de la famine. La garnison était toute dévouée au fils de Caleb. Elle fit des miracles de constance pour lui conserver la place; plusieurs sorties vigoureuses causèrent beaucoup de mal aux assiégeants, et le découragement commençait à ralentir leur ardeur, lorsque Abdelrahman s'y transporta lui-même. Sa présence ranima le courage de ses troupes. Cependant la disette était arrivée à son comble parmi les assiégés, qui parlèrent de capitulation; ce que voyant, les soldats de la garnison, au nombre de deux mille cavaliers et de deux mille fantassins, essayèrent au point du jour de traverser le camp, et parvinrent à s'échapper à la faveur du trouble causé par une pareille audace. La ville se rendit, et reçut de la générosité du calife amnistie pleine et entière (917) (1).

Quant à Dgiafar, il alla demander asile au roi de Léon, Ramire II, qui le reçut dans ses États. Ainsi finit cette rébellion des Hafsoun, qui pendant plus d'un demi-siècle avait ensanglanté l'Espagne et ébranlé le trône des califes. C'est alors qu'Abdelrahman, heureux de n'avoir plus à verser le sang de ses coreligionnaires, tourna ses armes contre les rois chrétiens. Plus que jamais l'unité eût été nécessaire à ces princes pour résister à l'ennemi commun; mais un partage impolitique avait morcelé la monarchie nominale de Léon, et Alphonse en mou-

(1) Asbach. Condé place à tort la prise de Tolède en 927.

rant, avait commis la faute de diviser son royaume entre ses trois fils ; car, bien que Garcia, l'aîné, eût hérité du titre de roi de Léon, de Castille, de Biscaye, des Asturies et de Galice, ses frères gouvernaient les deux derniers États et en étaient de fait les véritables souverains.

Garcia étant mort, peu de temps après être monté sur le trône, sans laisser d'enfants, ce fut son frère Ordono II qui lui succéda. Avec la couronne, ce prince reçut l'honorable mais difficile mission de défendre son royaume et la religion contre les Arabes.

Une armée immense, sous les ordres d'Almodaffer, envahit la monarchie chrétienne et parvint jusqu'au cœur des États d'Ordono, marquant son passage par le meurtre et l'incendie.

Il était brave, le roi des chretiens. Marchant résolument contre ses innombrables ennemis, il les vainquit dans un combat mémorable, non loin de San-Esteban (919) (1). Le massacre fut si grand, que les cadavres, disent les historiens (2), jonchèrent la terre depuis le champ de bataille jusqu'à Atienza, c'est-à-dire dans un espace de plus de vingt milles.

Abdelrahman laissa quelque temps les chrétiens jouir de leur triomphe et se reposer dans leur gloire ;

---

(1) 918 selon Paquis.

(2) *Chronic. Sampiri*, page 448 ; *Le Moine de Silos*, page 297.

mais, trois ans après, reprenant l'offensive, il vengea par une victoire éclatante, à Mindonia, la défaite de San-Esteban.

Sanche était alors roi de Navarre (1). Le calife victorieux envoya de nombreuses troupes pousser une reconnaissance jusque dans le royaume de son ennemi. Accablé par les fatigues, plus encore que par l'âge, Sanche, retiré dans un couvent, avait laissé le gouvernement à son fils Garcia; mais, en apprenant l'invasion des infidèles, il sortit de sa retraite et ceignit de nouveau l'épée contre les ennemis de la foi.

Trop faibles pour résister seuls contre un adversaire si puissant, les deux rois (le père et le fils) réclamèrent le secours d'Ordono II, et tous les trois rencontrèrent les Arabes au val de la Junquera (922) (2). Ils furent mis en déroute; Abdelrahman revint à Cordoue, couvert de gloire et chargé de butin. Il n'y resta pas longtemps en repos. Deux guerres également terribles l'occupèrent à la fois : l'une au nord de la Péninsule, l'autre sur le sol d'Afrique.

Ramire II (3), troisième successeur d'Ordono,

(1) Alphonse avait fait ce prince gouverneur de la Navarre, et celui-ci s'était déclaré indépendant. Il est le fondateur de la monarchie de Navarre (905).

(2) Ferreras et Moralès placent cette bataille en 921.

(3) Ordono avait laissé deux fils de son premier mariage, Alphonse et Ramire; mais Fruela II, leur oncle, duc ou roi des Asturies, les écarta du trône, heureusement pour l'unité espa-

voulut tirer vengeance des défaites de Mindonia et de la Junquera. Excité par le transfuge Dgiafar, fils de Caleb, il fit une expédition contre les Maures, ravagea tout le pays jusqu'au Tage, et revint dans sa capitale, salué par les acclamations des chrétiens, comme le vengeur de leur foi.

Le comte de Castille, Fernand Gonzalès, révolté contre son roi, avait essayé de se rendre indépendant. Ramené au devoir par l'imminence du danger, il implora l'appui de son suzerain, et Ramiro battit encore l'armée arabe dans les environs d'Osma.

Le soin de réparer ces échecs fut confié à Almodaffer, qui commit d'affreux dégâts dans le royaume de Léon; mais toutes ces algarades n'étaient que le prélude d'une expédition gigantesque qu'Abd-elrahman dirigeait en personne. Son armée se composait de cent mille hommes. Toutes les places fortes de la vallée du Duero (Gama, Aranda et Estevan de Gormaz) tombèrent en son pouvoir.

gnole, puisque les Asturies furent ainsi réunies à la couronne. Fruela fut un indigne successeur d'Alphonse. A sa mort, Alphonse IV, fils aîné d'Ordono, monta sur le trône, et abdiqua bientôt en faveur de son frère, Ramire II.

Les fils de Fruela agitèrent les Asturies; d'un autre côté, Alphonse voulut reprendre la couronne; Ramire vainquit les uns et les autres, les fit jeter dans un cachot, et ordonna qu'on leur crevât les yeux.

Pour faire face à ce danger, le plus grand qu'eût jamais couru le catholicisme en Espagne, tous les États chrétiens envoyèrent leur contingent.

Une bataille eut lieu, non loin de Simanca (6 août 939), auprès du confluent du Duero et de la Pisuerga. Ramire avait le commandement général; à ses côtés combattaient Garcia, roi de Navarre, et Fernand Gonzalès; le calife avait avec lui Almodaffer, le wali de Badajoz et celui de Tolède.

Ce combat rappelle, par l'acharnement et la bravoure des deux armées, les batailles les plus mémorables dont il soit parlé dans l'histoire. La lutte fut longue, et la nuit seule sépara les combattants. La victoire était restée aux chrétiens.

Abdelrahman opéra sa retraite sans être poursuivi, grâce à la défection d'un lieutenant de Ramire, Aben Ommeiza, que l'ambition avait conduit dans l'armée des chrétiens et que le repentir ramena dans le camp des musulmans.

Ayant réuni ses troupes aux 20,000 Arabes qui assiégeaient Zamora, le calife, honteux de sa défaite et comprenant la nécessité de relever l'honneur de l'islam, jura de se rendre maître de la place, défendue par des fortifications formidables (1) et par une vaillante garnison.

(1) Le système de fortifications de Zamora se composait de six enceintes.

Plusieurs assauts furent livrés sans succès. Enfin, dans un dernier effort, les Arabes emportèrent la ville, noyée dans le sang de ses défenseurs. Ils avaient eux-mêmes perdu 20,000 hommes, et, suivant quelques historiens, 50,000.

Au printemps de l'année suivante, Ramire reprit cette forteresse, le boulevard de la chrétienté. La guerre continua encore jusqu'en 944. A cette époque, les deux partis, las enfin de cette lutte violente et acharnée, où les succès étaient partagés, conclurent une trêve de cinq ans, qui fut fidèlement observée.

Tandis que ces événements avaient lieu dans le nord de la Péninsule, Abdelrahman soutenait en Afrique une guerre heureuse contre les Fatimites, dont la puissance nouvelle menaçait de devenir la rivale de la sienne. Le fondateur de ce nouveau royaume s'appelait Obéidallah Abou Mohammed.

Servi par d'anciennes prophéties, il s'était dit descendant de Fatimah, fille du Prophète, et avait fait reconnaître son fils, auquel il avait donné le nom fatal (1) de Mohammed. En quelques années, toute l'Afrique, de Fez à Suez, avait reconnu ses lois.

Une telle puissance, séparée de l'Espagne seulement par un étroit bras de mer, inspira de l'ombrage au souverain de Cordoue, et Mouza, émir de Mé-

(1) Désigné par les prophéties.

quinez, ayant réclamé son appui contre Mohammed, il s'empressa de saisir ce prétexte pour arrêter les progrès des Fatimites.

La guerre fut longue et sanglante; on se battit sur mer, on se battit sur terre. Les succès furent partagés. Néanmoins, Abdelrahman, après avoir pris et perdu plusieurs fois l'empire d'Édris (l'ancienne Mauritanie), put encore, avant de mourir, s'entendre proclamer à Fez roi unique du Magreb (961).

Maître en Afrique, Abdelrahman ne l'était pas moins dans la Péninsule entière. Les princes chrétiens, à l'exception de Fernand, comte des Asturies, reconnaissaient sa suzeraineté; les walis infidèles avaient disparu; la révolte n'osait plus lever la tête.

Des ambassades pompeuses lui venaient à la fois des plus puissants rois de la terre, et sa renommée était chantée dans tous les coins de l'univers (1).

Tout à coup ce règne glorieux fut troublé par un de ces drames domestiques que nous rencontrons trop souvent dans les annales des Orientaux.

Abdelrahman avait deux fils, Alhakem et Abdallah.

Ce dernier était doué de tous les dons de la nature; aucune des branches de la science ne lui était étran-

---

(1) Sanche, roi de Léon, trouve asile à sa cour, la plus splendide de l'univers. Les souverains de la Galice, de la Navarre et le comte de Barcelone, sollicitent son patronage. Les rois de France et de Hongrie demandent son alliance.

gère. Il était l'idole de la cour et des savants. Malheureusement il laissa l'envie et l'ambition se glisser dans son âme; il conspira, et le malheureux père, croyant que son devoir ordonnait de punir, le condamna à mort. Abdallah mourut avec courage (950). Son frère le pleura amèrement, et le vieux calife ne put jamais se consoler d'avoir ordonné son supplice.

Quelques années plus tard, Abdelrahman renonça aux soucis du pouvoir. Ayant confié à son fils Alhakem le soin de diriger les affaires de l'État, il coula doucement le reste de ses jours dans la société des savants et des poëtes. Il s'éteignit sans douleur, passant, ainsi que s'exprime la chronique arabe, des jardins enchantés d'Azzahrat aux demeures éternelles, porté sur les ailes de l'ange de la mort (20 octobre 961). Son règne avait duré cinquante ans (1).

ALHAKEM II (961-976). — Alhakem fut le père des

---

(1) Abdelrahman écrivit de sa propre main le journal de sa vie. Ce livre renferme des pages d'une philosophie vraiment digne d'un sage.

Voici ce qu'il écrivait, quelques jours avant sa mort : « J'ai
» régné cinquante ans dans la paix et la gloire, aimé de mes
» sujets, redouté de mes ennemis, estimé de mes alliés et des
» plus grands princes de la terre, qui ambitionnaient mon
» amitié. Trône, puissance, honneurs, plaisirs, j'avais tout à
» souhait; aucun bien terrestre ne me manquait. J'ai compté
» avec soin les jours où j'ai goûté un bonheur sans mélange,

lettres. Il les fit asseoir sur le trône, composa sa cour de poëtes, d'astrologues et de savants illustres, au milieu desquels il passa sa vie. Une magnifique bibliothèque, enrichie par ses soins, et digne de rivaliser avec la fameuse bibliothèque d'Alexandrie, ajouta encore un nouvel éclat à son règne.

Ce fut pour satisfaire cet ardent amour des lettres, qu'Alhakem se déchargea du fardeau des affaires sur un hadjeb, sorte de maire du palais, qui gouvernait de fait, tandis que le calife ne régnait que de nom.

Malgré son goût exclusif pour l'étude, Alhakem, du fond de la retraite qu'il s'était faite dans son propre palais, sut agir en roi dans deux circonstances importantes. Pris tout à coup d'un zèle religieux pour l'islam, le calife fit prêcher la guerre sainte, se mit en campagne à la tête d'une nombreuse armée, franchit le Duero, et battit à la fois Fernand Gonzalès, et son allié le roi de Navarre (963).

Certaines relations arabes ajoutent même que Sanche, roi de Léon, rompant l'alliance qui l'unissait aux musulmans, avait réuni ses troupes à celles

» je n'en ai trouvé que quatorze. » Et il ajoute, cet homme de sens réfléchi : « Combien peu de vrai bonheur le monde peut » offrir, même dans les circonstances les plus favorables! »

du roi Garcias et de son vassal, le chevaleresque comte de Castille.

Ses succès permirent à Alhakem de s'emparer de plusieurs places fortes, qu'il fit démanteler, ne pouvant les conserver.

Peu belliqueux par sa nature, le calife accorda la paix aux ambassadeurs de Léon et de Castille, et retourna avec bonheur à sa première vie. Il était plutôt fait pour tenir une plume qu'une épée, pour vivre au milieu des savants que des guerriers, pour présider une assemblée de lettrés que pour commander sur un champ de bataille. L'histoire nous le montre tout occupé de réformes intérieures, examinant, au milieu de ses docteurs et de ses jurisconsultes, les causes des abus introduits sous les règnes précédents, et cherchant le remède à la violation, trop fréquente, de l'article du Coran qui défendait à tout musulman l'usage du vin et des liqueurs fortes. On reconnut que l'abus s'était introduit pendant la guerre contre les infidèles, et l'on en trouva la cause dans la nécessité de donner des forces et du cœur aux soldats au moment de la bataille. Le remède indiqué consista à faire arracher les deux tiers des vignes dont l'Espagne était couverte, ne conservant l'autre tiers que pour en manger les fruits.

Ainsi se passait, au milieu des savants et des sages, la vie paisible d'Alhakem. Le roi philosophe laissait reposer l'épée, si longtemps infatigable, de ses prédécesseurs. Il lui fallut cependant entreprendre une nouvelle guerre, et aller défendre en Afrique les possessions du califat de Cordoue. Le Magreb, conquis par Abdelrahman III, venait d'être repris (967) par les Fatimites, ces ennemis naturels des Ommiades. A cette nouvelle, Alhakem montre tout à coup aux yeux étonnés de sa cour une énergie dont on ne le croyait pas capable. Il rassemble une armée, la place sous le commandement d'un général nommé Galib, auquel il remet une forte somme d'argent, arme qu'il sait être puissante auprès des scheiks avares du Magreb.

Galib fut vainqueur, autant par la vertu de son or que par sa bravoure, et le Magreb tout entier se soumit à la domination du souverain de Cordoue.

Avant de mourir, le calife fit reconnaître pour son successeur, son jeune fils Hischem, qu'il avait eu de la sultane Sobieha, et auquel il s'était efforcé de donner une éducation capable d'élever son âme à la hauteur des devoirs qu'il aurait à remplir un jour. Il était âgé de soixante-trois ans, et en avait régné quinze, lorsque la mort vint l'enlever du milieu de ses poëtes et de ses savants (976).

CALIFAT DE CORDOUE.

(DÉCADENCE).

Les ministres ou hadjebs, espèce de maires du palais, usurpent le pouvoir. — Le hadjeb, Mohammed-Almansour. — Ses victoires. Sa défaite à Calat-Anozor. — Sa mort. — Ses fils héritent de sa charge et de son pouvoir. — Révolte des grands. — Anarchie. — La royauté dépouillée de tout prestige — Les gouverneurs ou walis indépendants. — Arrivée des Edrisides d'Afrique. — Leurs victoires. — Les walis s'unissent contre les vainqueurs. — Guerre civile. — Défaite des Edrisides. — Retour des Ommiades au pouvoir. — Nouvelle révolte des walis. — Abdication d'Hischem III. Fin de la domination des Ommiades.

DEUXIÈME PARTIE.
976-1031.

Hischem II. — Souleyman. — Ali et Abdelraman IV. — Abdelrahman V. — Mohammed II. — Yahia. — Hischem III.

Hischem II (976-1014) fut le calife fainéant de Cordoue. Enfermé dans son palais, il passa son règne au milieu des femmes de son harem. Hébété par les plaisirs, incapable de comprendre les devoirs de sa charge, et sans volonté pour les remplir, il fut roi sans régner, de telle sorte que c'est moins l'histoire d'Hischem II que nous allons écrire, que celle de son hadjeb Almansour.

Dgiafar ben Ali-el-Menouzi remplissait les fonctions de ministre. C'est à lui que semblait revenir le droit de diriger les affaires, pendant la minorité d'Hischem II, encore enfant.

Mais la sultane favorite, mère du jeune prince, fit porter au pouvoir son confident Mohammed ben Abdallah ben Abi Amer-el-Moaferi, homme doué de toutes les grâces du corps et de tous les dons de l'esprit. Dgiafar cependant conserva son titre, et le califat compta deux hadjebs.

Ambitieux autant qu'habile, Mohammed, honoré de toutes les faveurs de la sultane, visa au souverain pouvoir. Mais, respectant le préjugé de ceux de sa race, pour la dynastie des Ommiades, il laissa la couronne sur la tête d'un enfant dont il eut soin d'annuler la volonté, en le faisant boire sans mesure à la coupe de tous les plaisirs. Certain de ne rencontrer de ce côté aucun obstacle à ses vues ambitieuses, il songea à se débarrasser de son rival au pouvoir, et résolut d'attendre, et, au besoin, de faire naître l'occasion de le perdre. Pour arriver plus sûrement à son but, il s'attacha à gagner les grands, par ses manières affables et par la générosité de ses dons; puis, pour obtenir la faveur populaire, il fit prêcher l'aldjihed ou guerre sainte, assuré d'exciter ainsi à son profit l'enthousiasme d'une nation que flattait l'espoir de la gloire et du butin.

L'entreprise était grande, et, pour en assurer le succès, Mohammed crut prudent de mettre ses États à l'abri de toute tentative du côté de l'Afrique.

En conséquence, il fit proposer un traité d'alliance au général fatimite Balkin ben Zeïri, qui assiégeait alors Ceuta. Le traité fut conclu ; c'était d'une habile politique, car cette trêve permettait au hadjeb de disposer d'une partie des troupes que le califat entretenait en Afrique, en même temps qu'elle lui donnait l'assurance que le repos des côtes ne serait point troublé.

Tout étant prêt pour une expédition, Mohammed se mit en marche vers la frontière du nord. Profitant de la popularité que lui avaient faite quelques succès antérieurs, il avait ordonné le supplice de Dgiafar, sous le prétexte de certaines paroles de blâme dont ce dernier avait flétri sa conduite. Il pouvait donc agir en toute liberté, dans la plénitude d'une puissance non partagée. Le territoire de Léon fut le premier attaqué. La terreur fut grande parmi les chrétiens. Tout fuit aux approches de la terrible armée. Les villes ouvrent leurs portes : les chefs font leur soumission. Quelques tentatives de résistance sont bientôt réprimées, et le hadjeb vainqueur rentra à Cordoue, traînant à sa suite une longue file de captifs.

C'est dans cette circonstance qu'il reçut le titre d'*Almansour* (vainqueur), nom que nous lui donnerons désormais.

Cette première campagne n'était pour ainsi dire que l'essai de celles qui devaient suivre. Almansour était trop habile pour donner à ses troupes le temps d'émousser leur ardeur dans les loisirs du repos.

Nous le retrouvons, la même année (977), à un autre bout de l'Espagne, ravageant la Catalogne et portant l'effroi de ses armes jusque sous les murs de Barcelone.

Le péril était grand pour la chrétienté. Précédé du bruit de ses victoires et de la terreur de son nom, Almansour semblait destiné à subjuguer la Péninsule entière. C'était à coup sûr le moment pour les princes chrétiens, d'oublier leurs querelles intestines et de ne former qu'un seul faisceau de toutes leurs forces éparses.

Il n'en fut pas ainsi.

Chaque État se présenta séparément pour résister à l'ennemi commun, et ne put, ainsi isolé, qu'opposer une barrière impuissante à ce torrent dévastateur. Aussi partout flottait l'étendard victorieux de l'islam, et les chrétiens, revenus au temps de Pélage, n'avaient plus de royaume que dans le creux des montagnes.

Cependant le comte de Castille et le roi de Navarre réunirent leurs milices ; et, sans attendre l'ennemi, envahirent son territoire (980). Leurs premiers débuts furent heureux, et dans plusieurs escarmouches, ils eurent l'avantage. Encouragés par ces succès, ils vinrent offrir la bataille, et assirent leur camp en face de celui d'Almansour.

Les deux armées étaient en présence, et chaque jour amenait un de ces épisodes qui rappellent les heureux et naïfs récits d'Homère ou de Tite-Live.

Un jour, un chevalier armé de toutes pièces, s'avançant devant le camp du hadjeb, défia le plus brave. Deux champions tombent sous ses coups, puis un troisième. Venez donc deux à la fois, s'écrie le Castillan enorgueilli de sa victoire, et deux viennent qui sont également terrassés. De grands cris de joie accueillent dans l'armée chrétienne cette quadruple victoire. La honte est dans le camp musulman, qui garde un morne silence. Almansour lui-même est consterné, et va se résoudre à envoyer son propre fils dans la lice, lorsqu'un de ses lieutenants, nommé Moushafa, accepte le défi, au grand contentement du chef. Le combat commence entre les deux champions : les armées sont attentives. Longtemps la victoire reste indécise; enfin le chrétien tombe percé d'un coup de lance, et sa tête sert de trophée au vainqueur. A cette vue, les troupes navarro-castillanes frémissent d'indignation et de rage : on s'ébranle; on se provoque de part et d'autre, et bientôt la mêlée devient générale. On se battit jusqu'à la nuit avec un acharnement incroyable et avec des pertes égales. Cependant, s'il faut en croire les historiens arabes, les confédérés levèrent leur camp avant l'aube, faisant ainsi l'aveu de leur défaite. Il ne paraît pas toutefois qu'Almansour ait poursuivi ni inquiété ses ennemis dans leur retraite.

On était arrivé alors à l'époque des fortes chaleurs de l'année, et du consentement tacite des deux partis, une espèce de trêve avait lieu pendant cette saison.

Au printemps suivant (981), l'armée arabe fit sur le territoire ennemi une expédition heureuse. Zamora, l'une des citadelles les plus fortifiées sur les bords du Duero, fut emportée d'assaut par Almansour en personne, et la chute de cette forteresse fit ouvrir aux Musulmans les portes de toutes les villes qui résistaient encore.

Cette campagne gorgea de butin les soldats du hadjeb; ils revinrent à Cordoue chargés de richesses.

Reconnaissant enfin l'impossibilité de vaincre en pleine campagne, les Léonais, après avoir mis en sûreté à Oviédo, ancienne résidence des princes asturiens, les ossements des rois ensevelis à Léon et les reliques des martyrs; après avoir placé de nombreuses garnisons dans Léon et Astorga, se retirèrent dans leurs montagnes, résolus d'éviter toute rencontre et d'attendre une occasion favorable pour en venir aux mains.

Ce système leur réussit. Un détachement de fourrageurs arabes fut surpris et taillé en pièces.

Profitant d'un moment de panique causée par cet événement, ils pénètrent jusque dans le camp des musulmans, où leur attaque subite jette le désordre et la confusion. Le succès paraissait assuré, lorsque le hadjeb, par sa présence d'esprit et par son courage, parvint à arrêter les fuyards et à ramener sous ses drapeaux la victoire, qui essayait pour la première fois de lui être infidèle. Jamais tant de revers consécutifs n'avaient frappé les chrétiens.

Voici à ce sujet comment Rosseeuw Saint-Hilaire rapporte les paroles du moine de Silos :

« Pendant douze ans, la vengeance divine voulut que les armées impies des Sarrasins, franchissant les frontières, vinssent ravager Léon, ainsi qu'une foule de villes, et détruire l'église de saint Jacques avec bien d'autres, qu'il est trop long de nommer. »

On peut juger par cette citation, et de la longueur de la guerre et de ses suites désastreuses. Tout fut ravagé, tout fut détruit. La ville même de Léon, cette capitale, jusque-là respectée des califes de Cordoue, tomba au pouvoir de l'invincible Almansour, après une résistance opiniâtre et une suprême lutte, où l'on vit le commandant de la ville, le comte Galicien

Gonzalès, qu'une maladie retenait au lit, se faire transporter sur les remparts pour y mourir glorieusement, au milieu des défenseurs de la noble cité. La ville fut démantelée et presque détruite. Le vainqueur n'en laissa subsister qu'une seule tour, pour apprendre aux siècles futurs, disent les chroniqueurs chrétiens, la grandeur de ce qui avait été détruit, par la majesté de ce qui avait été épargné (1) (984).

De Léon, Almansour, suivant ce qu'il avait coutume de faire, après chaque campagne, retourna à Cordoue et s'y prépara à l'expédition suivante.

Dès l'automne de 985, il pénétra au cœur de la Galice, tourna par le littoral la chaîne des Pyrénées, que la cavalerie n'avait pu franchir, et s'empara de Santiago, dont il livra la fameuse église au pillage. La prise de la ville sainte termina cette campagne.

L'année suivante la Navarre fut attaquée à son tour : Sancho el Mayor en était alors le roi. Sepulvéda et Zamora, plusieurs fois soumises et plusieurs fois délivrées, furent de nouveau emportées d'assaut.

---

(1) Il paraît cependant que la ville ne fut pas entièrement démantelée, puisque quelques années plus tard elle fut encore prise par Abdelméleck, qui acheva de la détruire.

Macquer et Lacombe, adoptant la chronologie de Condé et d'Albuféda, mettent la prise de Léon en 996.

C'est ainsi que chaque année était marquée par une campagne nouvelle, et chaque campagne par de nouvelles conquêtes.

De 986 à 994, des expéditions continuelles furent dirigées contre la Castille et contre la Navarre. Comme au temps de Pélage, ces deux contrées semblaient être redevenues l'asile où s'était réfugié le dernier espoir des chrétiens.

La plus importante de ces algarades fut celle entreprise contre Barcelone. Depuis plus d'un siècle, l'antique cité des Carthaginois n'avait vu aucun ennemi devant ses murs; aussi, grande fut la consternation des habitants, en apprenant les immenses préparatifs du victorieux hadjeb. Sous les ordres de leur seigneur, le comte Borell, ils se préparèrent à la résistance, et une nombreuse armée, composée de Francs et de Catalans, marcha à la rencontre des infidèles. Almansour ne démentit point son titre de conquérant : les chrétiens furent mis en fuite à Monanda ; Barcelone fut assiégée. Borell, ne recevant aucun secours du roi de France, Lothaire, s'échappa par mer. Deux jours après la ville se rendit (1).

Ainsi partout et toujours le hadjeb fut vainqueur.

---

(1) Quelques auteurs, tels que Marca, prétendent que la ville fut reprise plus tard par le comte Borell.

Il ne put cependant entamer la masse compacte de la Castille, qui seule conservait encore ses forteresses et opposait une résistance sérieuse à la domination des Musulmans. Mais, chose à peine croyable, la division vint en aide aux Arabes. Alors que l'union pouvait seule sauver le royaume, on vit Sanche, fils du comte Garcia, lever l'étendard de la révolte, et deux fois parricide, faire la guerre contre son père et prêter son appui aux ennemis de son pays.

Assuré du concours du fils, Almansour marcha contre le père. Le comte ne fut pas seul à lutter contre ce puissant adversaire : les Navarrais et les Galiciens se joignirent à l'armée castillane, et bientôt on fut en présence. Le combat s'engagea. Un instant la victoire appartint aux confédérés; mais l'habile hadjeb, ayant, par une fausse fuite, attiré les Castillans hors de leurs retranchements, ceux-ci furent complétement mis en déroute par le volte-face des ennemis qu'ils croyaient poursuivre. Garcia mourut dans la bataille (8 juin 995).

Cette défaite et les désastres de l'année suivante portèrent Bermudo à demander la paix. Il l'obtint à des conditions honorables.

Douze ans avaient été nécessaires pour replacer, dans la position de vassales, les différentes principautés chrétiennes; toutes cependant n'étaient point entièrement soumises. La plaine appartenait au vainqueur, mais la montagne était encore le sanctuaire de la liberté et de la nationalité.

Brûlant eux-mêmes leurs villes et tout ce qu'ils possédaient, les habitants se retiraient sur les cimes inaccessibles et dans les profondeurs des forêts, attendant, dans la patience d'une vie austère, le moment de reprendre l'offensive. Almansour avait parfaitement compris que, sur les sommets désolés de ces hautes montagnes, se formait le véritable orage, destiné à renverser un jour l'empire arabe en Espagne.

Aussi n'avait-il rien négligé pour conjurer le danger : au milieu de ses guerres contre les chrétiens, il n'avait pas cessé de veiller sur ses possessions en Afrique, cet arsenal d'où les Musulmans pouvaient tirer de si précieuses ressources; ce dernier Occident, dont l'histoire se lie si intimement avec celle de la Péninsule, et où de nouveaux événements appelèrent une seconde fois les armes du hadjeb.

Depuis le traité conclu, ainsi que nous l'avons déjà dit, entre Almansour et le général fatimite Balkin, la paix avait subsisté sept années dans l'Afrique espagnole, et cette tranquillité avait permis au belliqueux hadjeb de tourner toutes ses forces contre les royaumes chrétiens; mais vers l'an 984, le calife fatimite Nazar ben Moëz, jaloux de la gloire des Ommiades, donna l'ordre à son lieutenant Balkin de tenter un nouvel effort pour enlever aux émirs de Cordoue la province de Fez, et l'ériger de nouveau en royaume au profit du dernier des Édrisides, Alhasan ben Kenuz. Balkin obéit à son maître, et commença les hostilités. Il remporta quelques succès.

Almansour, alors occupé à ravager le royaume de Léon, avait confié à son frère Omar le commandement d'une armée qu'il envoyait au secours des possessions menacées. Cette armée fut battue au moment où elle débarquait sur le sol africain, et ses débris, réfugiés à Ceuta, furent bientôt assiégés par Alhasan.

Dès qu'il eut connaissance de cet échec, Almansour envoya de puissants renforts, sous les ordres de son fils Abdelmeleck; mais le prince Édriside fit sa soumission sans attendre le combat, et demanda la faveur d'habiter l'Andalousie avec sa famille. Cette demande lui fut accordée. Dans sa confiance en la générosité de son vainqueur, l'émir déchu se montra heureux de recevoir l'hospitalité de celui dont il était naguère l'ennemi. On regrette, pour l'honneur d'Almansour, que cette confiance ait été trompée. Malgré la foi promise, l'émir fut sacrifié et décapité à Tarifa. Maître absolu du Magreb, Almansour consacra les loisirs de la paix à embellir Fez, sa nouvelle capitale, qu'il dota de somptueux édifices; puis, enivré de sa prospérité, et songeant à fonder une dynastie, il maria son fils Abdelmeleck à sa nièce Habiba. Des fêtes magnifiques furent célébrées à cette occasion; le récit en a été conservé par Condé.

Tandis que ces solennités s'accomplissaient à Cordoue, l'infatigable Balkin, qui avait tout à la fois à venger la mort de son maître, l'Édriside déchu, et à relever sa nation du joug du hadjeb, profita de l'absence d'Abdelmeleck pour envahir de nouveau le Magreb, et s'empara de cette ville de Fez dont les destinées sont si diverses.

Almansour envoya une nouvelle armée qui reprit sur les révoltés une partie de la place, où elle se fortifia (1), jusqu'au moment où Abdelmeleck, débarqué avec de nouveaux renforts, livra un second assaut qui le rendit maître de la ville entière.

Grâce à son incomparable hadjeb, l'Espagne arabe n'a pas eu de règne mieux rempli que celui de l'imbécile Hischem II. Rien ne manqua à sa gloire : tranquillité et prospérité au dedans, victoires et conquêtes au dehors. Il semblait que le ciel avait voulu accorder à l'ambitieux ministre la réalisation de tous ses vœux. Mais nul n'est sûr de ne pas tomber tant qu'il est debout; Dieu seul est invincible.

Vingt-cinq ans de victoires devaient finir par une

(1) Fez, divisée en deux quartiers, formait deux villes distinctes : celle des Andalous, celle des Africains.

défaite; le champ de bataille de Calat-Anozor allait engloutir la gloire de toute une vie de triomphes.

Le hadjeb, voulant enfin refouler par delà les Pyrénées le danger incessant qui planait sur la domination musulmane réunit une armée, plus puissante qu'aucune de celles qu'eussent jamais commandées ses prédécesseurs, et se mit à sa tête avec tout le prestige d'un nom jusque-là victorieux. A l'approche du péril, les trois royaumes de Galice, de Navarre et de Castille, oubliant leurs querelles particulières, s'unirent pour le conjurer.

La Navarre marchait sous son roi Sancho el Mayor; la Castille obéissait à Sancho Garcias, et le comte Menendo de Galice, tuteur du jeune roi Alphonse V, conduisait les Léonais.

La chrétienté, en Espagne, allait jouer sa dernière partie sur un champ de bataille.

Les deux armées se rencontrèrent près d'un village de la Castille appelé Calat-Anozor. On était alors au mois de juin (1002).

Comme il arrive dans toutes les luttes suprêmes, les deux peuples, ainsi en présence, se recueillirent, s'observant avec une égale admiration. La nuit se passa, de part et d'autre, dans les préparatifs du combat, et lorsque apparut l'aurore, une prière sublime s'éleva des deux camps, chacun invoquant le Dieu dont il attendait son appui. Après quoi, la bataille commença ; elle fut longue, elle fut sanglante. Chrétiens et Arabes, chefs et soldats, tous se battirent comme des héros ; la nuit seule sépara les combattants.

Chacun put alors compter ses pertes : elles étaient immenses dans les deux camps ; mais les Arabes avaient encore plus souffert que leurs adversaires. Aussi Almansour, voyant que la presque totalité des chefs de son armée avaient payé de leur vie, dans cette mémorable journée, se décida à la retraite, et repassa le Duero.

Les chrétiens, fatigués de douze heures de lutte acharnée, n'eurent garde de poursuivre les fuyards, dont la retraite s'exécuta en bon ordre.

Cette défaite causa la mort du hadjeb ; vaincu pour la première fois, il ne sut pas triompher de sa honte. Son âme, inflexible, ne voulut point survivre à la perte de cette gloire de vingt ans, qu'un seul jour venait de lui enlever.

Refusant de laisser panser ses blessures et de prendre aucune nourriture, il mourut sur les frontières de la Castille, près de Medina-Cœli, entre les bras de son fils Abdelmeleck, le 1ᵉʳ juillet 1002, à l'âge de soixante-trois ans.

Il fut enseveli dans un linceul que ses filles avaient tissé de leurs mains, avec le lin récolté sur l'héritage de ses pères. On jeta dans son tombeau la poussière de cinquante batailles, recueillie sur ses habits au jour des combats.

Des regrets universels l'accompagnèrent dans sa tombe, où semblait être descendue avec lui la domination des Arabes en Espagne. Hischem cependant vivait encore; mais ce n'était qu'un nom assis sur le trône, ce n'était qu'une ombre couronnée, sans bras pour porter une épée, sans volonté pour commander un peuple.

La dynastie des Ommiades avait, de fait, cessé d'être, et l'impartiale histoire doit faire un crime à Almansour de cette honteuse abdication, qui fut son œuvre.

Dépouillé de tout prestige, le trône des califes est devenu impuissant à défendre l'Espagne musulmane, réservée désormais au premier conquérant qui voudra la prendre, soit qu'il vienne du Nord, soit qu'il vienne du Midi. Toutefois, cette catastrophe, qu'avait prévue le génie d'Almansour, fut retardée de quelques années par la bravoure et les talents de son fils Abdelmeleck, héritier de son titre et de son autorité.

Ainsi croissait, en quelque sorte, à côté d'un trône occupé par un prince sans pouvoir, une dynastie jeune et vivace, dont la valeur habituait le pays à ne respecter qu'elle et à se passer de l'ancienne dynastie de ses rois.

Fidèle observateur du système auquel Almansour avait dû sa popularité, le nouveau hadjeb résolut de recommencer chaque année ses algarades dans le pays des chrétiens. La guerre lui était chose familière, ayant grandi dans les camps à côté de son noble père. En conséquence, après avoir confirmé dans sa charge le gouverneur du Magreb, Almaan ben Zéiri, et s'être assuré de sa fidélité, en exigeant que son fils demeurât à Cordoue comme ôtage, il recommença ses expéditions périodiques contre les chrétiens.

Le royaume de Léon fut choisi pour théâtre de sa première campagne.

Il remporta d'abord de grands avantages, et s'empara même de la capitale, dont il acheva de raser les murs; mais les Léonais, qui se ressouvenaient encore de Calat-Anozor, lui livrèrent bataille non loin des ruines de leur ville, et le forcèrent à signer une trêve de quelques années, trêve que chacun des deux partis employa à se préparer pour une lutte que tous prévoyaient devoir être importante.

Le temps en effet fixé par le traité fut à peine expiré, qu'Abdelmeleck reprit le cours de ses excursions. Avila, Salamanque furent démantelées, et le Portugal ravagé. Remontant ensuite le cours du Duero, le hadjeb détruisit les forts de Gormas et d'Osma.

Dans la campagne suivante (1007), eut lieu un combat opiniâtre, qui dura jusqu'au soir, et où la victoire resta indécise (1).

Le lendemain, les deux armées, trop épuisées pour recommencer la lutte, s'éloignèrent comme d'un commun accord.

Cette campagne fut la dernière du hadjeb. De tristes pressentiments lui annonçaient depuis quelque temps sa fin prochaine; ses pressentiments ne furent que trop tôt justifiés pour le repos de l'Espagne.

Il mourut à Cordoue dans d'atroces douleurs, qu'on attribua au poison. Sa mort fut un malheur pour son pays (1008).

Son frère Abdelrahman, appelé par sa naissance à recueillir l'héritage de son père, n'avait rien des vertus de sa race. Présomptueux et absolu, il ne vit dans le pouvoir qu'un moyen de plus pour satisfaire ses passions, et il osa, malgré sa jeunesse et ses vices, aspirer au titre de calife, que son père et son frère avaient respecté, dans la famille de leurs bienfaiteurs. Ce fut le signal de sa ruine.

Les membres de la famille des Ommiades, qui avaient supporté sans murmure leur exclusion du gouvernement sous le grand Almansour et son digne

---

(1) Le lieu où se livra cette bataille n'est point nommé dans les auteurs.

fils Abdelmeleck, ne purent voir sans indignation les prétentions d'Abdelrahman.

Un prince du sang, Mohammed, petit-fils d'Abdelrahman III, déclara la guerre au hadjeb, après avoir appelé à son aide tous les partisans des Merwan.

Retrouvant dans ce moment critique quelque chose de l'énergie de son illustre père, Abdelrahman sortit de la ville et marcha à la rencontre de son ennemi; mais celui-ci évita sa rencontre, se jeta subitement sur Cordoue, laissée sans défense, l'emporta par un coup de main hardi, et Mohammed fit prononcer la déposition du hadjeb.

Celui-ci cependant put rentrer dans la ville, et le combat s'engagea sur la place de l'Alcazar. Abdelrahman vaincu essaie de prendre la fuite; mais il est saisi et tombe percé de coups, entre les mains du vainqueur, qui le fit crucifier (1009).

Mohammed fut proclamé hadjeb. Bientôt ce titre ne suffisant plus à son ambition, il résolut de se défaire d'Hischem, et gagna à prix d'or un de ces hommes qui, dans tous les pays et sous tous les régimes, sont toujours prêts à se vendre à quiconque sait les payer. Wadha, c'était le nom du traître, eut pourtant un remords, avant d'exécuter l'ordre barbare qu'il avait reçu. Sur la demande de son complice, l'ambitieux descendant des Merwan se contenta de faire passer pour mort le malheureux Hischem, qui fut enterré sous les traits d'un chrétien avec lequel il avait une ressemblance frappante. Puis, comme il fallait le soustraire à tous les regards, on l'enferma vivant dans une étroite prison, pire encore que la tombe.

Mohammed (1009-1010). — Mohammed ne tarda pas à éprouver que les honneurs sont entourés de dangers de plus d'une sorte. La garde africaine, dévouée au parti des Alaméris, se révolta sous la conduite de son chef. Deux jours durant, la ville fut le théâtre de scènes de carnage et de sang; à la fin, le chef berber tomba percé de coups. Sa mort cependant n'arrêta point la révolte, et la guerre civile continua sous la conduite d'un nouveau chef appelé Souleyman.

Celui-ci, sacrifiant à son ambition le repos de son pays, eut recours aux chrétiens, ces ennemis naturels des musulmans, et acheta, au prix de quelques forteresses situées sur la frontière, l'alliance de Sanche de Castille. Chrétiens et musulmans se confondirent, et leurs troupes réunies s'avancèrent contre le calife.

Mohammed marcha à la rencontre de cette étrange armée, où flottait pour la première fois, à côté l'un de l'autre, la croix sainte et l'étendard des infidèles. La rencontre eut lieu près de Gebel Quintos, le 7 novembre 1009.

Les Cordovans laissèrent sur le champ de bataille vingt mille des leurs. Le reste se réfugia derrière les murs de Tolède, resté au pouvoir des fils de Mohammed, tandis que Souleyman se faisait proclamer calife à Cordoue.

Employant alors les mêmes armes dont s'était servi son rival, Mohammed prit à sa solde neuf mille hommes de troupes, payés à prix d'or aux comtes catalans Raymond de Barcelone et Ermengaud d'Urgel. Mais ce qui contribua le plus à ramener la fortune sous son drapeau, ce fut la haine qui couvait, dans toute l'Espagne arabe, contre les Africains. Mis en mesure de venger ses défaites précédentes, Mohammed s'avança vers Cordoue avec une armée de quarante mille hommes, tant musulmans que chrétiens. Souleyman, malgré l'infériorité numérique de ses troupes, offrit la bataille sous les murs mêmes de la ville; mais il dut céder devant le nombre et l'intrépidité des troupes de Mohammed. Vaincu, il se retira vers Algésiras, d'où il espérait obtenir le secours des Berbers d'Afrique.

Le calife ne lui laissa pas le temps d'exécuter son projet; il le poursuivit et l'atteignit sur les bords du Guadiaro. Il se croyait certain d'anéantir les débris de cette armée de fuyards; mais ceux-ci, se retournant tout à coup contre ceux qui les poursuivaient, les chargèrent avec tant d'acharnement que les rôles changèrent, et que Mohammed se hâta de regagner Cordoue. C'est là que la mort l'attendait.

Pendant son absence, Wahda, cet esclave de naissance dont il avait d'abord fait son complice et plus tard son hadjeb, ce traître qui avait servi tour à tour les deux vainqueurs, imagina d'exhumer de son cachot le malheureux Hischem, que l'Espagne avait complétement oublié, et de replacer sur le trône ce fantôme de roi, afin de régner sous son nom.

Mohammed, trahi par les siens, fut livré à Hischem, qui ordonna son supplice (1010) (1).

Souleyman cependant tenait encore la campagne. Abjurant sur le crâne de son ennemi la haine qui jusque-là avait divisé les deux races, il engagea Obéidallah, fils de Mohammed et wali de Tolède, à s'unir à lui pour venger son père et punir son meurtrier.

Mais l'eunuque était un homme infatigable : sachant que ses ennemis avaient sollicité à prix d'argent le secours des chrétiens, il vint lui-même offrir à Sanche, le marchand d'hommes, un prix double de celui qu'avait offert Souleyman. Le roi se décida pour l'acheteur qui payait le plus.

Aidé de ses nouveaux alliés, le hadjeb s'empare de Tolède et va battre Obéidallah, qui accourait au

---

(1) Rodrigue de Tolède.

secours de sa ville. Le rebelle, fait prisonnier, fut décapité par les ordres d'Hischem.

Nous écrivons une triste page dans les annales de cet empire agonisant, livré à toutes les horreurs de la guerre civile, et, pour ainsi dire, mis à l'enchère.

Souleyman, pour gagner à sa cause les walis des frontières, leur promet de faire d'eux autant de souverains indépendants. L'appât était encourageant.

On accourt se ranger sous ses drapeaux, et Wahda lui-même, toujours disposé à accepter l'amitié du vainqueur, songeait à lui ouvrir les portes de Cordoue, lorsque Hischem, averti de sa trahison, lui fit trancher la tête.

Wahda fut remplacé par Haïran, dont la valeur et la prudence eussent été capables de sauver l'empire des Ommiades, s'il avait pu être sauvé; mais tous ses efforts furent vains. Cordoue, bloquée de près par Souleyman, fut prise, après quelques jours de siége, malgré le courage du hadjeb. La ville, livrée au pillage, nagea dans des flots de sang. Rien ne fut sacré pour un ennemi ivre de son triomphe et altéré de vengeance.

On ignore quel fut le sort d'Hischem : quelques auteurs prétendent qu'il reçut la mort des mains mêmes de Souleyman; d'autres pensent qu'il parvint à s'échapper et à gagner l'Afrique (1014).

Quant à Haïran, laissé pour mort parmi des monceaux de cadavres, il fut recueilli par un de ses partisans et guéri de ses blessures.

Souleyman (1014-1016). — Souleyman, reconnu calife, récompensa les walis qui avaient embrassé sa cause, et leur donna le droit de souveraineté indépendante sur les provinces ou sur les villes qu'ils gouvernaient.

C'était abdiquer sa propre autorité.

On peut dès lors aisément prévoir quel sera le sort prochain de l'Espagne musulmane, ainsi déchirée en petites fractions, jalouses les unes des autres, et dont chaque alcade ou chaque wali veut faire le potentat.

Souleyman comprit sa faute, et essaya de la réparer, en réunissant par une confédération commune, les forces ainsi divisées de cet empire jadis si puissant. Son intention était de créer une espèce de féodalité, et d'exiger foi et hommage de chacun de ces petits souverains; mais il ne put y parvenir.

Chaque wali était trop fier de sa nouvelle indépendance, pour accepter la moindre gêne dans l'omnipotence de son autorité.

Désespérant donc de renouer le lien qui unissait les provinces à la métropole, et que sa coupable faiblesse avait rompu, il se vit réduit à lutter seul, contre une attaque redoutable des Alamérides, aidés des Édrisides.

Ainsi que nous l'avons déjà dit, le dernier hadjeb

de l'infortuné Hischem, Haïran, miraculeusement sauvé de la mort, était parvenu à sortir de Cordoue; et, grâce aux nombreux partisans que le nom seul de son ancien maître avait réunis autour de sa personne, il s'était emparé d'Alméria, et de là était passé en Afrique pour chercher des alliés. Le wali de Ceuta, l'Édriside Ali ben Hamoud, lui accorda son alliance. Tous deux traversèrent le détroit avec une nombreuse armée, dont Ali fut reconnu chef.

C'est en vain que Souleyman fit appel à la fidélité ou au patriotisme des walis. Nul ne voulut prendre les armes. Laissant à son vieux père le commandement de Cordoue, il occupa les principales positions qui entouraient la ville, afin de retarder ainsi la marche de ses ennemis vers la capitale de ses États. Son intention était d'éviter tout engagement sérieux, et d'attendre que la division se mît dans les rangs des Africains; mais ceux-ci déjouèrent ses plans, et le forcèrent au combat, près d'Almunecar (1016). Quoiqu'elle eût été sanglante, la bataille fut sans résultat. Souleyman tenta alors d'implorer une seconde fois le secours des provinces. On resta sourd à ses supplications.

Plus jaloux de se faire une royauté que de sauver l'Espagne, les walis, à la faveur du conflit, qui leur laissait toute liberté d'agir, faisaient la guerre pour leur propre compte. C'est ainsi que le wali de Denia,

Mougahid, équipait une flotte, et s'emparait des îles Baléares. Son exemple était suivi par la plupart des autres walis, et même par les simples gouverneurs des villes : l'anarchie la plus complète répandait le sang et les ruines, sans profit pour la chose publique.

Souleyman, abandonné de tous, n'eut plus d'espoir qu'en son épée. Il offrit la bataille à ses adversaires à Talka (Italica), près de Séville ; il fut défait et tomba, ainsi que son frère, au pouvoir des Africains. Ali, maître de Cordoue, égorgea de ses propres mains le père et les deux fils.

Ali (1016-1018). — Au nom toujours populaire d'Hischem, Ali demanda fidélité aux walis des provinces. Ceux-ci refusèrent obéissance, et bientôt même s'unirent contre lui dans une confédération commune sous l'inspiration d'Haïran, devenu rebelle au nouveau calife, que lui-même était allé chercher en Afrique, et qu'il avait puissamment contribué à placer sur le trône. Ali se prépara à résister à cette ligue d'autant plus dangereuse, qu'elle avait compris la nécessité de mettre à sa tête un rejeton des Ommiades, de cette race toujours chère au pays, dont elle avait fait la prospérité et la gloire. Le choix des confédérés s'était porté sur le wali de Jaën, Abdelrahman IV, l'un des descendants de cette noble famille.

Abdelrahman IV (1016-1023). — Le nouveau

calife, grâce au prestige de son nom, ne tarda pas à réunir autour de son drapeau tous les walis de l'Andalousie, et Ali eut à combattre une armée puissante, momentanément animée d'un zèle fanatique pour le descendant de ses anciens monarques. Ce fut près de Baéza que se rencontrèrent les deux rivaux; la victoire resta aux Africains. Mais tel est l'ascendant d'un nom vénéré, qu'Abdelrahman, vaincu, vit s'augmenter de jour en jour le nombre de ses partisans; tandis que l'Édriside ne trouva partout que désaffection et esprit de révolte. En vain celui-ci ajouta-t-il à son premier succès de nouvelles victoires; en vain s'empara-t-il sur les confédérés de plusieurs places fortes, entre autres d'Alméria, où périt l'héroïque Haïran; en vain, pour s'attirer l'affection des Cordovans, chercha-t-il à réprimer les désordres de ses troupes africaines, sorte de prétoriens altérés de sang et de pillage, il ne put raffermir son pouvoir ébranlé. Il mourut, assassiné dans son bain, à l'âge de quarante ans.

ALKHASIM (1018-1023). — La mort d'Ali ne rendit point la paix à la malheureuse ville de Cordoue; son parti était encore puissant, et les chefs de la garde restaient fidèles à sa mémoire. Son frère, Alkhasim ben Hamoud, émir d'Algésiras, fut élu calife, sans opposition de la part des Cordovans; mais Yahia, fils d'Ali, apprenant, à Ceuta, dont il était wali, et la mort de son père et la nomination de son oncle; en appela aux Berbers de ses droits violés, et obtint leur appui.

Après plusieurs combats, dont l'issue fut toujours douteuse, l'oncle et le neveu réunirent leurs forces contre leur ennemi, le calife Abdelrahman, et convinrent de partager l'empire : Yahia obtint Cordoue; Alkhasim garda Séville, Algésiras et Malaga; c'est à lui qu'était échue la charge de continuer la guerre.

Yahia n'était point de bonne foi dans son acceptation du partage de l'empire; profitant de l'absence de son oncle, il se fit proclamer seul souverain. Alkhasim, indigné de cette trahison, marcha sur Cordoue. Son neveu, trop faible pour lui en disputer la possession, sortit de la place avec sa garde africaine, renonçant à l'empire que la fortune devait lui rendre plus tard. Il se retira à Malaga, dont il était émir.

Alkhasim ne jouit pas longtemps de sa victoire. Assiégé dans son propre palais par les Cordovans révoltés, il fit une sortie désespérée, à la tête des soldats de sa garde; mais il fut battu : ses troupes furent massacrées, et lui-même ne dut la vie qu'à la générosité de quelques-uns de ses ennemis, qui le recueillirent, couvert de blessures, et le firent échapper secrètement (1023).

Cordoue alors voulut ouvrir ses portes au descendant des Ommiades, et espéra saluer enfin une ère nouvelle ; mais la mort vint frapper Abdelrahman IV, avant qu'il eût pris possession de l'antique capitale si généreusement embellie par ses ancêtres, et si souvent ingrate envers eux (1).

Abdelrahman V (1023). — Son successeur Abdelrahman V, frère de Mohammed et arrière-petit-fils d'Abdelrahman III, n'était âgé que de vingt-trois ans, lorsqu'il fut déclaré calife. Ce jeune prince, dont l'esprit cultivé et le noble caractère promettaient un heureux règne, ne fit que passer sur le trône.

Comme autrefois à Rome, dans les jours de la décadence, la garde, soldatesque effrénée, troupe organisée pour le brigandage, se révolta contre le calife, qui avait voulu réprimer ses excès. Abdelrahman V tomba sous les coups de ces forcenés.

Mohammed (1023-1025). — Un de ses cousins, du nom de Mohammed, principal moteur de la révolte, fut porté sur le trône par les assassins de son parent. La ville consternée accepta son élection. Mais un trône est peu solide, quand il est assis sur un terrain arrosé de sang. Pour payer ses complices, et satisfaire à ses propres passions, le nouveau calife épuisa, en peu de temps, ses ressources person-

---

(1) Il fut tué dans une bataille contre les Édrisides, au moment où la victoire venait de se déclarer pour lui (1023).

nelles, et vida les trésors de l'État. Il fallut songer à d'autres impôts; les peuples murmurèrent. Tout entier à ses plaisirs, Mohammed n'entendit point les plaintes de ses sujets pressurés par d'indignes ministres. La révolte le surprit au milieu de fêtes splendides, dans ses superbes jardins d'Azzahrat.

Incapable de se défendre, il sortit furtivement de sa capitale, et gagna, sous la protection de quelques amis, le fort d'Uclès, dont l'alcade reçut le prince fugitif. Ses ennemis l'y poursuivirent, et se défirent de lui par le poison.

Il ne laissa pas d'héritier.

YAHIA (1025-1026). — Parmi tous les émirs qui pouvaient prétendre à le remplacer, le plus puissant était celui de Malaga, Yahia, que nous avons déjà vu un instant sur le trône. Cordoue l'acclama, de concert avec le reste de l'empire.

Les règnes sont courts dans les Etats agonisants : celui d'Yahia ne dura qu'une année. Ayant voulu réclamer la soumission des walis, il s'en fit autant d'ennemis personnels. L'un d'eux, le wali de Séville, déclara même qu'il ne le considérait que comme un usurpateur. On eut la guerre, et le calife mourut dans une embuscade.

HISCHEM III, BEN MOHAMMED (1026-1031). — Cordoue, libre encore une fois de se choisir un maître, fit tomber son choix sur Hischem ben Mohammed, autre arrière-petit-fils d'Abdelrahman III. C'était un prince aussi vertueux, aussi habile, que son homonyme avait été vicieux et incapable. Il vivait, retiré au sein de la solitude, dans un château de la frontière, loin des soucis de l'ambition. Longtemps il refusa le périlleux honneur du califat; et, lorsque, vaincu par les instances de ses amis, il se fut enfin décidé à l'accepter, il ne voulut rentrer à Cordoue qu'avec l'autorité d'une victoire sur les chrétiens; mais, depuis le jour néfaste de la défaite de Calat-Anozor, la fortune avait abandonné le drapeau de l'islam, et Hischem dut quitter la frontière sans avoir remporté aucun avantage signalé (1029).

Nonobstant, il fut reçu dans sa capitale, au milieu d'un concours immense de peuple, ivre de joie et d'espérance.

Dévouant toutes ses pensées au bonheur de ses sujets, le nouveau souverain donna des jours heureux à son peuple; mais les walis des provinces, aussi rois chez eux qu'Hischem l'était à Cordoue, ne tardèrent pas à troubler la tranquillité de ce règne.

Le calife voulut les réduire, et employa la force des armes; ce moyen ne lui réussit pas mieux que la douceur qu'il avait d'abord essayée. Les défections se multipliant à l'infini, il fallut renoncer à tout espoir de sauver l'empire. Les États condamnés par la providence descendent à un tel degré de corruption, qu'il n'y a plus ni bien à espérer, ni mal à empêcher : Cordoue avait atteint ce degré fatal. Hischem l'avait compris, et plusieurs fois il avait pensé à renoncer à un vain titre, source de déceptions et de peines. Il fut confirmé dans sa résolution par une dernière révolte des Cordovans, et descendit sans peine d'un trône qu'il n'avait accepté qu'à regret. Il alla passer le reste de ses jours dans la retraite et l'étude, près de Lérida (1031).

Avec lui finit en Espagne la domination des Ommiades, après une durée de deux cent soixante-seize ans.

TROISIÈME PÉRIODE.

ANARCHIE OU DÉMEMBREMENT DU CALIFAT DE CORDOUE.

1031-1091.

Vains efforts de Gehwar, émir de Cordoue, pour reconstituer le pouvoir.—Les émirs devenus souverains.— Guerre entre Mohammed, gouverneur de Séville, et les Édrisides de Malaga. — Mohammed aspire à la souveraineté universelle. — Rivalité entre les émirs de Séville et de Cordoue. — Leurs fils, dissimulant leur haine mutuelle, s'unissent contre les Tolédans. — Mohammed II, vainqueur des Tolédans, détrône son allié. — Ses succès contre ses rivaux. — Mohammed III fait la guerre à l'émir de Valence Almamoun. — Son triomphe. — Son alliance avec Alphonse VI. — Prise de Tolède par Alphonse VI. — Rupture de l'alliance entre Mohammed III et Alphonse VI. — Confédération des émirs. — Les Almoravides en Espagne. — Leur victoire à Zélaca. — Ils font la guerre aux émirs, leurs anciens alliés. — Après cinq ans de luttes, ils restent maîtres de l'Espagne.

Gehwar. — Mohammed I. — Mohammed II. — Mohammed III.

Depuis longtemps déjà, l'empire des Ommiades, circonscrit dans les étroites limites de Cordoue et de son territoire, n'existait que de nom; mais il n'en servait pas moins de centre à la multitude des petites royautés fondées sur ses débris, et qu'un reste d'habitude ou de respect rattachait encore à l'autorité consacrée par les temps et par la religion. A la retraite d'Hischem III, tout lien fut rompu, et Cordoue perdit jusqu'à l'ombre de sa suprématie.

GEHWAR (1031-1044). — Pour donner un successeur au vertueux calife, rentré avec joie dans l'oubli de la solitude, on jeta les yeux sur le wasir Gehwar, que sa naissance illustre et les qualités dont il avait fait preuve sous l'administration antérieure, rendaient digne de cet honneur.

L'expérience des règnes précédents avait appris à Gehwar que l'ancien pouvoir des califes était usé, et que Cordoue demandait une forme nouvelle de gouvernement.

Dédaignant donc le vain titre qu'on voulait lui décerner, il déclara qu'il n'entendait régner que par un conseil formé des principaux habitants de la ville, et dont il serait simplement le président. Aidé de cette espèce de divan, Gehwar opéra de grandes réformes, et conquit la tranquillité au dedans; mais son pouvoir ne dépassait guère les murs de sa ville. Il échoua, comme ses prédécesseurs, lorsqu'il voulut essayer de réclamer l'obéissance des walis, devenus souverains au même titre que lui.

Parmi ces nouveaux émirs, six surtout jouissaient d'une puissance souveraine, savoir :

1° L'émir de Saragosse, Almondhar ben Yahia, qui possédait tout le nord-est de la Péninsule, et avait pour vassaux les walis d'Huesca, de Lérida et de Tortose;

2° L'émir de Tolède, Ismaïl ben Abderrahman ben Améri, de la famille des Béni-Dilnum;

3° L'émir de Séville, Mohammed ben Ismaïl, le plus puissant parmi les aspirants à la succession des Ommiades;

4° Les Édrisides auxquels appartenaient en Espagne, Malaga, Grenade, Algésiras; et en Afrique, Mélilla, Ceuta et Tanger;

5° L'émir de Valence, Abdelazis ben Abdelrahman, de la famille des Alaméris;

6° Enfin, l'émir de Badajoz, le jeune Abdallah ben Alaftar.

Plus tard, deux nouveaux émirats, celui de Murcie et celui des îles Baléares, portèrent à huit le nombre des petits États qui se formèrent sur les ruines du califat de Cordoue.

Voilà ce qu'était devenue cette Espagne musulmane, qui avait un instant menacé l'Occident tout entier. Elle avait glissé sur une pente rapide, et trois siècles avaient suffi pour renfermer, dans leur cercle étroit, les trois âges de sa vie de nation : sa naissance, sa grandeur et sa décadence.

Le mal était incurable, et nul bras humain n'eût possédé la force nécessaire pour reconstituer un empire ainsi démembré. C'est pourtant ce que voulut essayer Gehwar.

Les circonstances semblèrent d'abord favoriser son dessein. Son plus puissant adversaire, Mohammed, l'émir de Séville, était en guerre avec les Édrisides de Malaga et de Grenade.

Or, de quelque côté que se rangeât la victoire, cette guerre ne pouvait qu'affaiblir les vainqueurs et les vaincus; c'était du moins l'espérance de l'émir de Cordoue, qui s'appliqua de tout son pouvoir à rendre, par de sages mesures, son autorité de plus en plus populaire. Tandis qu'il s'occupait ainsi à faire le bonheur des peuples placés sous sa souveraineté, la guerre continuait entre Mohammed et ses voisins les souverains de Malaga et de Grenade.

Malgré les forces dont il disposait, le puissant émir de Séville allait peut-être succomber, car déjà ses ennemis étaient maîtres des faubourgs de sa ville, lorsqu'il parvint à ranimer le zèle de ses sujets, en répandant le bruit qu'Hischem II, fils d'Alhakem, vivait encore, et qu'il était venu lui demander son appui. Grâce à cette supercherie, la guerre traîna en longueur, et les ennemis de l'émir, divisés par ses intrigues, reprirent le chemin de leurs foyers.

Délivré des dangers qui l'avaient menacé, Mohammed mit fin à la fable dont il s'était servi et fit mourir le calife, qu'il avait ressuscité dans l'intérêt de sa cause; mais, exploitant encore le sentiment de respect dont le peuple était pénétré pour le nom des Ommiades, il fit publier un testament supposé, par lequel Hischem, en mourant, lui avait, disait-il, légué tous ses droits. Cette ruse fut un talisman. Toutes les provinces du midi de l'Espagne se déclarèrent pour le prétendu héritier de leurs anciens souverains, et Gehwar était sérieusement menacé de voir l'émir de Séville reconstituer à son profit la monarchie universelle, qu'il avait rêvée pour lui-même, lorsque la mort vint surprendre Mohammed en 1042.

Toutefois, cette mort ne fit qu'arrêter un moment la course rapide des émirs de Séville vers la suprématie; car le fils de Mohammed, qui lui succéda, sous le nom de Mohammed II, réalisa en partie, comme nous le verrons plus tard, les projets ambitieux de son père. Doué, comme lui, d'une infatigable activité et d'un grand esprit de ruse, il sut se servir avec habileté des circonstances favorables qui se présentèrent pour l'exécution de ses desseins. Voici comment il fut admirablement servi par les événements.

Mohammed ben Gehwar (1044-1060). — Gehwar venait de mourir (1044), après avoir vainement essayé de ramener sous son autorité les petits émirs de Tolède, de Valence, de Badajoz. Sa mort fut une calamité pour Cordoue ; car plus que jamais l'État avait besoin d'une main vigoureuse pour tenir les rênes. Le malheur de sa perte se fit sentir d'autant plus douloureusement, que son fils Mohammed était incapable de soutenir la lutte commencée par son père contre l'émir de Tolède, auquel se joignit plus tard celui de Valence. Ne pouvant résister seul à l'attaque de ses ennemis, le nouveau souverain acheta, par une renonciation solennelle à toutes ses prétentions de suzeraineté, l'appui de ses anciens ennemis, les princes de Séville et de Badajoz. Une triple alliance fut conclue ; mais, loin de sauver Mohammed, cette alliance le perdit : elle favorisa les vues ambitieuses de son homonyme, l'émir de Séville.

Celui-ci, en effet, après avoir aidé son allié à repousser les Tolédans et les Valenciens, au moment où ils étaient sur le point de s'emparer de Cordoue, entra triomphant dans la ville, qui l'acclama comme un libérateur.

Mohammed gisait mourant, sur un lit de souffrances, et son fils poursuivait les débris de l'armée vaincue. L'occasion était donc belle pour l'ambitieux descendant des Beni-Abed, qui, jetant le masque, s'empara de toutes les fortes positions de la cité et en ferma les portes au fils de son allié. Ce jeune prince, indigné d'une telle perfidie, voulut tenter de reprendre la capitale de son malheureux père, mais il fut tué avec tous ses amis. Mohammed ne survécut que peu de jours à la perte de son trône; il mourut en maudissant le traître qui avait causé la mort de son fils et la sienne.

Mohammed II (1060-1069). — Mohammed II resta donc maître de Séville, de Cordoue et de toute la vallée qu'arrose le Guadalquivir. C'était un grand pas de fait vers le but unique de ses efforts, la domination universelle. Aussi, ses succès ne tardèrent pas à exciter la défiance des émirs de Tolède et de Valence, ainsi que celle des Édrisides de Malaga et d'Algésiras.

Réunis dans une commune animosité, ils se disposaient à marcher contre Cordoue, lorsque la discorde, se glissant parmi eux, les fit s'épuiser dans des rivalités personnelles, également fatales à leur autorité.

Tout semblait ainsi concourir à favoriser les vues de Mohammed II et à lui faciliter les moyens de réunir l'Espagne arabe sous sa domination. La chose paraissait d'autant plus aisée, que l'émir de Badajoz était resté son allié, et que celui de Saragosse était alors occupé à guerroyer contre Ramire, roi d'Aragon.

C'était le moment de frapper un coup hardi, et

l'émir de Séville l'aurait tenté, si la mort, le surprenant au milieu de ses projets, ne l'eût enlevé trop tôt pour la tranquillité de l'Espagne.

Il eut pour successeur son fils Mohammed III.

Mohammed III (1069-1094). — Il n'y avait plus alors en Espagne que deux émirs dignes de ce nom : Mohammed III, émir de Cordoue et de Séville ; et Almamoun, émir de Tolède. Celui-ci régnait aussi à Valence, dont il s'était emparé sur son gendre Abdelmeleck Almudaffar, successeur d'Abdelazis.

Tous les autres petits souverains avaient disparu, ou s'étaient déclarés vassaux de l'un des deux émirs que nous venons de nommer. C'est donc sur ces deux princes que reposent, en ce moment, les destinées de l'islamisme dans la Péninsule.

On comprend que, du moment où ces deux puissances n'avaient plus de rivales, elles devaient nécessairement se faire la guerre, et que, dans ce duel, l'une d'elles, sinon toutes deux, devait finir par succomber.

Profitant du moment où l'émir de Séville était en guerre avec les Édrisides, Almamoun attaqua deux des vassaux de son puissant voisin, les Alaméris de Tadmir et de Murcie. Ceux-ci implorèrent le secours de leur suzerain et en reçurent un renfort considérable de troupes, commandées par Omar.

L'émir de Tolède les battit eux et le comte de Barcelone, Raymond Bérenger Ier, dont Omar avait acheté les secours moyennant 10,000 pièces d'or.

Maître alors de toute l'Espagne du centre, depuis Valence jusqu'à Denia, il envoya son général Hariz contre Cordoue, qui fut prise, avant même que Mohammed eût pu songer à la défendre.

Se portant aussitôt sur Séville, dont l'émir était absent, il l'occupa par un coup de main; mais cette victoire, qui devait, ce semble, donner la domination absolue à Almamoun, fut au contraire la cause de sa ruine; car Séville devint la Capoue où s'énervèrent ses troupes : il y perdit lui-même un temps précieux, tandis que Mohammed, rassemblant les débris de son armée, cherchait à réparer sa défaite.

Bientôt, en effet, ce dernier parut aux portes de Séville, où Almamoun expirant laissait le trône à son fils Yahia Alcadir (1076).

Le siége fut long et opiniâtre. A la fin Yahia, comprenant la difficulté de sa situation, au milieu d'une population hostile, se fit jour à travers les assiégeants et se dirigea sur Cordoue, que son lieutenant Hariz avait encore en son pouvoir; mais Mohammed le poursuivit et rentra triomphant dans son ancienne capitale. Hariz tomba percé d'une javeline, en cherchant à fuir. Son cadavre fut mis en croix sur le pont de Cordoue, avec un chien à ses côtés, en signe de mépris.

Mohammed (1) devait sans doute beaucoup à son courage ; mais il devait non moins au courage et à l'habileté de son lieutenant Omar. Pour le récompenser de ses services, il le nomma son premier ministre et le mit à la tête d'une expédition contre Murcie. Cette campagne eut un plein succès.

Murcie, Orihuéla, Carthagène, Alicante et Lorca, toutes villes vassales de son ennemi, ouvrirent leurs portes et se soumirent.

La fortune se déclarait ouvertement en faveur du souverain de Séville. Tandis qu'Omar triomphait ainsi pour son maître, la mort frappait l'Édriside de Malaga, dont le fils, dépouillé par Mohammed, était obligé de repasser le détroit et d'aller chercher un refuge en Afrique, premier berceau de sa race (1080). Il semblait donc que le rêve d'une monarchie unique allait être réalisé et que Séville était destinée à devenir la capitale de ce nouveau califat.

Pour mieux assurer la réussite de ses projets, Mohammed avait obtenu l'alliance d'Alphonse VI, roi de Castille et de Léon.

Alphonse s'engagea à lui envoyer des troupes

---

(1) Paquis l'appelle Almutamed.

auxiliaires contre tous ses ennemis; et, de son côté, Mohammed promit de favoriser, sinon ouvertement, du moins par son inaction, la conquête de Tolède. C'est ainsi qu'au profit de son ambition, le coupable émir livrait une partie de son pays à la domination chrétienne.

A peine le traité fut-il conclu, que les deux alliés se mirent en devoir d'en retirer les avantages que chacun d'eux s'en était promis. L'émir de Séville s'avança contre Grenade, et Alphonse vint mettre le siége devant Tolède. C'est dans cette ville que, quelques années auparavant, il avait reçu une généreuse hospitalité, alors qu'il fuyait le courroux de son frère Sanche; c'est là qu'il avait juré amitié à ses bienfaiteurs, les Béni-Dilnun, et protection à leurs descendants. Mais que sont les promesses des ambitieux?

En faisant servir contre Tolède la connaissance qu'il avait acquise des localités, pendant les longs jours passés dans ses murs, le roi de Castille fournit une preuve nouvelle que les conquérants sont souvent parjures.

L'intérêt de leur religion et leur propre conservation auraient dû engager les chefs musulmans à défendre avec énergie une place dont la possession importait si fort au salut de l'islam. Ils tinrent une conduite tout opposée. Un seul parmi eux, Yahia ben Alaftas, émir de Badajoz, porta secours à ses frères en croyance ; mais il fut obligé de retourner dans son royaume, sans avoir rien pu faire pour retarder la chute de l'antique cité. Après sept ans d'un siége mémorable, les habitants, vaincus par la famine plus encore que par les armes des Castillans, capitulèrent à des conditions honorables. Ce fut le 25 mai 1085 que s'accomplit ce grand événement.

La prise de Tolède fut le premier jalon que la conquête chrétienne planta sur le sol musulman.

L'ancienne capitale du royaume visigoth était restée trois cent soixante-douze ans entre les mains des Arabes.

L'émir Yahia se retira à Valence.

Aveuglé par son égoïsme, Mohammed avait laissé s'accomplir la ruine de son ennemi, sans essayer de le sauver. Il ne s'était point dit, sans doute, que là ne s'arrêteraient pas les conquêtes d'Alphonse. Aussi, lorsqu'il vit ce dernier en élargir le cercle; lorsqu'il vit flotter sur les deux rives du Tage l'étendard chrétien, et qu'il apprit que les forteresses de Madrid, de Maguéda, de Guadalaxara et de Calatrava, appartenaient à son terrible allié, voulut-il arrêter sa marche victorieuse, et fit-il d'abord des représentations au monarque castillan. Mais ce dernier n'en tint nul compte, et le somma même de lui livrer les quelques forteresses qu'il avait en son pouvoir dans sa nouvelle province. Sur son refus il lui déclara la guerre.

C'est alors que Mohammed et les autres émirs comprirent la faute qu'ils avaient commise, en se divisant; c'est alors qu'ils ouvrirent les yeux et qu'ils virent clairement que Tolède livrait aux rois chrétiens le chemin de l'Espagne musulmane.

Éclairés enfin sur la grandeur du péril, ils se réunirent à Séville, afin de convenir des moyens à prendre pour sauver l'islam dans la Péninsule.

Cette assemblée se tint dans la grande mosquée. Abou-Beker, lieutenant de Mohammed, proposa d'appeler les Almoravides d'Afrique, commandés alors par Youssouf ben Taschfin.

Deux voix seulement s'élevèrent contre cette proposition, voix prophétiques, qui ne furent point écoutées, et annoncèrent en vain le triste sort qu'un pareil allié ferait à l'Espagne musulmane.

Des ambassadeurs, porteurs d'une supplique signée par treize émirs, furent députés vers Youssouf.

D'une naissance obscure (1), Youssouf avait dû à son mérite, et à l'estime dont il jouissait auprès des Berbers, l'honneur de continuer l'œuvre com-

(1) Il était le fils d'un potier.

mencée par Abdallah et par Abou-Beker, d'une restauration religieuse et de la fondation d'un nouvel empire, sur les musulmans dégénérés du Magreb.

Brave, entreprenant, généreux, Youssouf avait toutes les qualités voulues pour être le favori des masses et commander leur enthousiasme. Après quelques expéditions heureuses contre des tribus arabes des environs, il s'était emparé du royaume de Fez, avait poussé ses conquêtes jusqu'à Tlemcen, et était revenu triomphant, commencer les constructions de sa future capitale de Maroc (1070).

Enhardi par ses succès, il rêvait la conquête de l'Espagne, lorsque l'ambassade des émirs vint lui offrir l'occasion qu'il méditait en secret. Après quelques feintes difficultés pour s'engager dans cette Espagne, d'où, disait-il, on ne sortait plus une fois qu'on y était entré, il promit son secours, à condition qu'on lui livrerait Algésiras. Poussé par l'esprit de vertige qui s'empare des souverains lorsqu'a sonné l'heure de leur chute, l'émir de Séville consentit à livrer cette place, la clef de l'Espagne du côté de l'Afrique.

Youssouf passa le détroit, avec la plus puissante armée qui eût jamais envahi la Péninsule (1086). Alphonse assiégeait Saragosse. A la nouvelle du débarquement des Almoravides, répandue avec la rapidité de l'éclair, il leva précipitamment le siège, et se hâta de former une étroite alliance avec les deux seuls princes, dignes de ce nom, qui régnassent en Espagne : Sanche Ramirez, roi d'Aragon et de Navarre, et Raymond Bérenger, comte de Barcelone et d'Urgel.

L'effroi fut tel, non-seulement en deçà, mais encore au delà des Pyrénées, que la France envoya son contingent, et que ses chevaliers accoururent en foule prendre part à cette croisade, sous les drapeaux d'Alphonse. Fort de ce puissant secours, et confiant dans le courage de ses troupes, le roi de Castille entra le premier sur le territoire ennemi, et planta son étendard près de Zélaca, à quatre lieues au nord de Badajoz. L'armée musulmane ne tarda pas à le joindre, et de part et d'autre on se prépara au combat.

Jamais, même aux jours des Tareck, des Abdelrahman ou des Almansour, l'Espagne et la France chrétiennes n'avaient couru pareil danger.

Aussi l'armée des princes confédérés fit-elle des merveilles de bravoure. Deux fois, elle enfonça les lignes ennemies, et deux fois elle fut forcée de se replier, cédant au nombre et à l'acharnement des défenseurs de l'islam. Ses pertes furent énormes. La nuit vint jeter un voile sur l'horrible spectacle que présentait le champ de bataille; mais le soleil du lendemain éclaira cent mille cadavres gisant dans la plaine, et montra aux Musulmans la défaite complète des chrétiens (1086).

Subitement rappelé en Afrique par la mort d'un de ses fils, Youssouf ne put profiter de la victoire.

Pendant son absence, les émirs, de nouveau divisés, éprouvèrent plusieurs échecs, malgré l'appui des Berbers leurs alliés, et Youssouf dut bientôt repasser en Espagne.

Cette deuxième expédition échoua devant les murs inexpugnables d'Alide, défendue seulement par 12,000 fantassins et un millier de cavaliers. Pendant plusieurs mois, tout l'effort des assaillants se brisa contre ces murailles, derrière lesquelles une aussi faible garnison entreprit de résister aux vainqueurs de Zélaca, renforcés d'une armée nouvelle.

Le découragement fut tel parmi les Musulmans que Youssouf partit brusquement pour l'Afrique, laissant le commandement de ses troupes à son lieutenant Séir. Toutefois, apprenant bientôt que plusieurs des émirs, effrayés de sa puissance, traitaient secrètement avec Alphonse et offraient d'être ses vassaux, s'il voulait les secourir contre l'ennemi commun, il passa pour la troisième fois en Espagne, avec la volonté de lever le masque et de la conquérir pour son propre compte. En effet, à peine fut-il débarqué, qu'il marcha droit sur Tolède. Mais cette attaque contre une ville à l'abri d'un coup de main n'était qu'une feinte, car, revenant tout à coup sur ses pas, il alla se présenter sous les murs de Grenade. L'émir le reçut avec toutes les marques apparentes de la cordialité, et le logea dans son palais. Une fois maître de la ville, Youssouf, après avoir déposé l'imprudent qui s'était livré lui-même, l'envoya chargé de chaînes en Afrique (1090). Cette conduite ouvrit entièrement les yeux au principal auteur de tous ces maux (1). Comprenant que l'orage ne tarderait pas à fondre sur ses États, il se prépara à une résistance sans espoir. Ses prévisions étaient fondées.

Youssouf, résolu d'en finir avec tous les petits souverains de la Péninsule, fit attaquer à la fois, par quatre corps d'armée différents, Séville, Cordoue, Alméria et Ronda.

Si quelque chose peut faire oublier la double faute commise par Mohammed, d'abord d'avoir fait alliance avec les chrétiens, alliance qui amena la prise de Tolède, puis d'avoir appelé en Espagne ses puissants voisins d'Afrique, ce fut le courage qu'il mit à repousser le danger. Ne voulant point se laisser enfermer dans Séville, il en sortit à l'approche de son ennemi, et parvint à éviter la bataille. Son fils fut moins heu-

(1) Mohammed.

reux que lui. Attaqué par le second corps d'armée de l'émir africain, il ne put se défendre et mourut en héros (1091). Séville résistait encore, mais toutes les places dépendantes de l'émirat étaient, comme Cordoue, tombées au pouvoir des Almoravides.

Réduit à sa capitale, l'infortuné émir implora une deuxième fois l'appui d'Alphonse, qui lui envoya une armée, sous la conduite de Gomez, avec une générosité louée par les Arabes eux-mêmes.

Malgré ce secours, il fallut se rendre (1091). Mohammed, sur la foi de la parole jurée, se livra, lui et les siens, à son perfide vainqueur, qui les fit transporter à Azmat. Là, sans égard pour sa position passée, il fut enfermé avec toute sa famille dans une tour, qui lui servit de prison, et où le cruel Youssouf le laissait manquer de vêtements et de pain.

Par la prise de Séville, l'Espagne musulmane appartenait à Youssouf. L'émir d'Alméria, le plus puissant après Mohammed, fut assiégé à la fois par terre et par mer. Il était un des deux souverains qui avaient protesté contre la demande de secours à l'Almoravide; et lorsque l'Africain, appelé comme ami, s'était posé en maître, plus que tout autre, il avait prêché l'union aux princes andalous. Il mourut de douleur, heureux du moins de n'avoir pas vu sa ville foulée par le pied de ses ennemis. Son fils, après avoir essayé vainement de conserver la place, s'embarqua secrètement avec sa famille, et put gagner sans accident l'est de l'Afrique. Le lendemain, la ville se rendit.

Ronda avait déjà succombé.

Il ne restait donc plus debout que les émirs de Saragosse, de Valence et de Badajoz. Les deux derniers furent bientôt forcés de se soumettre, et le sceptre des nouveaux vainqueurs gouverna l'Espagne musulmane, sauf l'émirat de Saragosse.

QUATRIÈME PÉRIODE.

RÈGNE DES ALMORAVIDES.

1091-1157.

Youssouf maître de l'Espagne méridionale. — Le Cid el Campeador. Victoire d'Uclès sur les chrétiens. — Puissance des Almoravides. Saragosse capitale du royaume chrétien d'Aragon. — Rivalité entre les Berbers et les Arabes. — Révolte des Cordouans. — Soumission des rebelles. — Les Almohades en Afrique. — Leurs guerres contre les Almoravides. — Alliance entre les Mozarabes d'Espagne et le roi d'Aragon Alphonse I. — Expédition malheureuse d'Alphonse. — Victoire de Zélaca sur les chrétiens. — Dissensions entre l'Aragon et la Castille. — Décadence des Almoravides. — Alphonse VIII roi de Castille. — Les Almohades en Espagne. — Alliance des Almoravides avec Alphonse VIII. — Prise de Grenade par les Almohades. — L'empire des Almoravides passe aux Almohades.

Youssouf. — Ali.

Youssouf ben Taschfin (1091-1106). — Cinq ans (1) avaient suffi à Youssouf pour cette glorieuse conquête. Il avait pris le titre d'émir de Valence.

(1) Nous faisons dater la souveraineté des Almoravides dans la Péninsule, non de leur arrivée en Espagne (1086) comme alliés des émirs, mais du jour de leur triomphe sur les différents royaumes musulmans (1094).

Seul, entre les chrétiens d'un côté, et les Almoravides vainqueurs de l'autre, l'émir de Saragosse cherche, à force de courage, à se maintenir sur la frontière entre les deux camps opposés. Cependant, fortement pressé par Sanche Ramirez, roi d'Aragon, il se plaça sous l'égide de l'émir de Valence, qu'il reconnut pour son suzerain, et auquel il envoya, comme gage de sa soumission, son propre fils Abdelmeleck pour ôtage.

En retour, Youssouf secourut son nouveau vassal, par l'envoi d'un corps de six mille fantassins et de mille chevaux; mais ce renfort ne put empêcher la prise d'Huesca (1096), qui se rendit à don Pedro, fils et successeur de Sanche, mort quelques mois auparavant, martyre de son héroïsme, devant la place qu'il assiégeait. La conquête d'Huesca fut aussi importante pour l'Aragon que celle de Tolède l'avait été pour la Castille.

Peu importait, du reste, à l'émir almoravide, la perte d'une forteresse, dans la province de son vassal : il n'en régnait pas moins sur tout l'empire des Ommiades, reconstruit par sa politique, parfois astucieuse et cruelle, mais, disons-le aussi, par son courage et son activité infatigable.

Quelques walis, et parmi eux Abou Merwan Abdelmeleck, prince d'Abarracin, las du joug que Youssouf leur faisait porter, se révoltèrent.

Trop faibles pour lutter seuls, ils trouvèrent un allié puissant, d'une valeur à toute épreuve, et d'un génie aussi grand que sa bravoure, dans le cid El Campéador, ce héros mi-fabuleux, mi-historique, si fort célébré dans les annales du moyen âge. Chrétiens et musulmans combattirent également sous sa bannière.

Valence, assiégée, fut contrainte de se rendre, et devint le centre de la résistance au monarque africain.

Le cid partagea avec son principal allié Abou Merwan Abdelmeleck, la souveraineté de Valence, et, tant qu'il vécut, cette importante place résista à tous les efforts des Almoravides; mais à sa mort, arrivée en 1099, les lieutenants de Youssouf la reprirent, ainsi que les autres forteresses que le héros castillan leur avait enlevées.

L'Espagne des Ommiades revint ainsi de nouveau à l'heureux Almoravide, qui régna dès lors sans partage sur l'un et l'autre côté du détroit. Il mourut dans la centième année de son âge, à Maroc, après avoir réglé avec un soin minutieux tout ce qui regardait le gouvernement de l'Espagne, qu'il avait donné de préférence à son plus jeune fils Ali (1106).

Youssouf laissait à ses successeurs un empire immense, fondé par lui à force de courage et d'habileté. Les deux tiers de l'Espagne le reconnaissaient pour unique souverain, et la moitié de l'Afrique le nommait son maître. Grâce à son zèle et à son génie, l'empire possédait une armée aguerrie et bien disciplinée; des finances dans un état florissant; une administration sévère, mais juste.

Pour dernier présent à ses vastes États, Youssouf laissait un fils digne de lui.

ALI BEN YOUSSOUF (1106-1143). — Ali ben Youssouf n'avait que vingt-trois ans, à la mort de son père; mais sa prudence et sa déférence aux conseils des anciens suppléaient à son manque d'expérience. Son caractère généreux à l'excès, son zèle pour les intérêts de son peuple, sa loyauté et sa justice, le rendirent bientôt l'idole de tous ses sujets.

Dès la première année de son avénement au trône, il visita ses États de la Péninsule, et résolut d'arracher Tolède aux mains des chrétiens. Dans ce but, il attaqua d'abord les forteresses voisines qui lui servaient de défense, et s'en rendit maître.

Alphonse, l'illustre roi de Castille, n'avait pas coutume de fuir devant l'étendard de l'islam. Trop vieux pour se mettre à la tête de ses troupes, il voulut du moins payer de son sang, en envoyant son fils, à peine âgé de onze ans, combattre à sa place. C'était noblement payer sa dette à la royauté et à la religion.

Le 29 mai 1108, la bataille s'engagea, et la victoire resta aux musulmans. L'infant don Sanche assista au combat avec un courage au-dessus de son âge ; il fut tué, malgré l'héroïque dévouement du comte Garcia de Cabra, auquel avait été confié l'honneur de veiller sur le jeune prince, et qui tomba percé de coups en cherchant à lui faire un bouclier de son corps.

Le vieux roi pleura longtemps le fils de sa vieillesse. Il mourut inconsolable, dix-huit mois après la défaite d'Uclès.

Cependant le vainqueur, mettant à profit la terreur répandue parmi les chrétiens, s'empara coup sur coup de Cuença, de Huete, d'Ocana et de Consuegna.

Alors la puissance des Almoravides atteignit son apogée. Vainement Alphonse, roi d'Aragon, remporta-t-il sur eux quelques avantages partiels ; vainement put-il se rendre maître de Tudela et de quelques autres places fortes, Saragosse était toujours occupée par les musulmans, et Saragosse mettait en leur pouvoir tout le cours de l'Èbre.

Une seule place tenait encore pour le roi d'Aragon, et, sentinelle isolée, portait fièrement l'étendard chrétien : c'était Tolède.

Déterminé à faire cesser cette honte, Ali passa en Espagne avec une armée de cent mille hommes. Tolède résista. Irrités de cet échec, les Almoravides se vengèrent, en ravageant toute la vallée du Tage : Madrid, Guadalaxara, Talavéra, furent occupés. Evora, Santarem, Cintra et Lisbonne, ouvrirent leurs portes aux vainqueurs. Le fils de Youssouf reprit le chemin de l'Afrique, traînant à sa suite un grand nombre de captifs (1110).

Les années suivantes furent marquées par des expéditions maritimes, qui replacèrent sous la domination d'Ali les îles Baléares, dont les chrétiens de la Catalogne et de la Provence s'étaient emparés quelque temps auparavant; mais au milieu de ces succès, la perte de Saragosse causa au jeune souverain une douleur profonde.

Cette ville, si souvent prise et reprise par les chrétiens et les musulmans, était en définitive, restée au pouvoir des Africains

Alphonse Ier, dit le Batailleur, roi d'Aragon et de Navarre, venait d'hériter, du chef de sa femme Urraque, fille d'Alphonse VI (1), des royaumes de Léon, de Castille et des Asturies. Voulant inaugurer son règne par quelques exploits sur les infidèles, il vint mettre le siége devant la place, et la pressait vigoureusement, lorsque le général d'Ali, Aben Muhammed Abdallah ben Mezdeli, le força à se retirer; mais l'émir de Saragosse,

---

(1) Alphonse VI mourut en 1109, après un règne de quarante ans.

qui craignait les musulmans plus même qu'il ne redoutait les chrétiens, fit alliance avec le roi d'Aragon (1). Leurs troupes réunies attaquèrent ben Mezdeli, qui resta sur le champ de bataille avec ses plus braves soldats (1117).

Indigné de la trahison de son vassal, et irrité de la défaite des siens, Ali donna ordre à son frère Témim de châtier le rebelle et de prendre Lérida. Témim battu, ne ramena de sa nombreuse armée que dix mille hommes à Valence. C'est alors qu'Alphonse Ier, profitant de son triomphe, exigea de l'émir la cession de Saragosse, qui devint ainsi la capitale de l'Aragon (1118).

Ces événements remplirent de deuil le cœur de l'Almoravide. La guerre sainte fut prêchée, et Ali, se mettant lui-même à la tête des hordes du désert, accourues à son appel, débarqua en Espagne.

On aurait pu croire, d'après tous ces préparatifs, qu'il s'agissait de frapper un grand coup, et que Tolède ou Saragosse allait tomber au pouvoir des Africains. Elles ne furent pas même attaquées. Toute cette expédition se borna à dévas-

---

(1) Il est bon de se rappeler, pour éviter toute confusion, qu'Alphonse le Batailleur était Alphonse Ier en Aragon, mais Alphonse VII en Castille.

ter le Portugal et à s'emparer de la forteresse de Coïmbre.

Ali s'en retourna en Afrique sans avoir rien fait.

C'était un aveu d'impuissance; aussi vit-on se réveiller en Espagne l'antique rivalité entre les Arabes et les Berbers, cause de tant de désastres. Cédant à l'entraînement général, et subjugués par l'autorité du génie et de la gloire, les Andalous, race pure des Arabes, avaient accepté la domination des Almoravides, sous un chef tel que Youssouf; mais l'incendie couvant sous la cendre, n'attendait qu'une étincelle pour éclater.

Poussés à bout par l'insolence de la garnison almoravide, les Cordovans, ayant inutilement porté leurs plaintes jusqu'au trône du monarque, se révoltèrent, coururent aux armes, et égorgèrent les Africains. Le calife, informé de l'insurrection, parut aux portes de Cordoue. Après quelques jours d'une défense vigoureuse, les habitants, convaincus que toute résistance était inutile, implorèrent la clémence du souverain. Ali leur pardonna, n'exigeant d'eux qu'une indemnité pour les biens enlevés aux Berbers.

La révolte de Cordoue était un premier signe de la décadence de la puissance almoravide en Espagne; mais c'était en Afrique que se préparait l'orage qui devait la renverser.

Une espèce de messie, Abdallah ben Tamart, était parvenu à exciter, par ses hardies prédications contre le relâchement de la foi, une sourde fermentation parmi les peuplades du Maroc. L'austérité de sa vie avait d'abord attiré les regards, et bientôt il fut entouré de sectateurs zélés, qui formaient comme une garde autour de sa personne. Ali eût pu, dans le principe, briser ce faible roseau; il ne vit point le danger et se contenta, après plusieurs insultes graves de la part de l'illuminé, de le bannir de sa ville.

Abdallah, retiré dans un cimetière, où il habitait une hutte au milieu des morts, continua ses prédications. Le nombre de ses partisans s'accrut chaque jour, et le souverain almoravide, se rendant enfin aux conseils de ses ministres, ordonna son supplice. Le prophète parvint à s'échapper, s'enfuit à Tinamal, comme autrefois le Père des croyants s'était enfui à Médine : là, il se mit à propager sa doctrine. Doué de toutes les qualités qui font les chefs de sectes, il fut bientôt à la tête d'un parti puissant, et commanda à une armée nombreuse, composée d'hommes déterminés à se faire tuer pour lui.

Le renom de sa puissance fit comprendre à Ali la faute qu'il avait commise en laissant la liberté et la vie à ce fanatique astucieux et habile; pour la réparer, il envoya contre lui l'élite de ses troupes. Après plusieurs combats, où l'avantage resta toujours aux Almohades (c'est le nom que se donnaient les nouveaux sectaires), une terreur panique s'empara des Almoravides. Leurs ennemis vainqueurs vinrent occuper une forteresse sur l'extrême frontière de l'empire du Maroc.

Pendant trois ans, les Almohades restèrent enfermés dans Tinamal, se contentant de ravager le territoire d'alentour, et se préparant dans l'ombre à une guerre d'extermination contre les Almoravides. Enfin, Abdelmoumen, fils du prophète, étant sorti de ses montagnes à la tête de trente mille hommes, envahit le territoire ennemi. Ali lui opposa ses meilleures troupes, sous la conduite d'Abou-Beker, son fils. Le combat dura huit jours; la fortune se déclara en faveur des Almohades. Le prince vaincu rentra précipitamment dans Maroc, où il s'enferma avec les débris de son armée, se disposant à la défendre jusqu'à la mort contre ses ennemis (1130). Mais Abdelmoumen, épuisé par huit jours de combats, crut prudent d'opérer sa retraite, plutôt que de s'exposer à un échec.

A son retour à Tinamal, il trouva son père mourant.

Pendant trois ans, dit la chronique musulmane, Abdelmoumen cacha la mort de son père, et gouverna en son nom; puis, lorsqu'il eut préparé les voies, il réunit tous les chefs du peuple, leur révéla la mort du mahadi, et se fit reconnaître pour son successeur.

Tandis que ceci se passait en Afrique, l'Espagne, mettant à profit les embarras causés à l'émir par son redoutable adversaire, travaillait à secouer le joug des Almoravides. Le moment parut favorable aux Mozarabes de Grenade, qui sollicitèrent le roi d'Aragon de venir prendre possession de leur ville. Après avoir refusé d'abord, Alphonse cédant enfin au tableau enchanteur que les Mozarabes lui avaient fait tant de Grenade que de ses environs, le jardin de l'Espagne, accepta avec joie et se mit en marche (1125). Pour cacher aux nombreux musulmans de Saragosse et le but de son entreprise et la route qu'il voulait suivre, il tourna les défilés de la sierra Morena, et arriva à marches forcées devant Valence, dont il ne put se rendre maître, non plus que des places de Xucar et de Denia. Cependant les Mozarabes, fidèles à leur parole, accouraient en foule se ranger autour du roi chrétien, qui compta bientôt vingt-cinq mille hommes sous ses ordres. Un coup de main pouvait emporter Grenade; mais Alphonse perdit plusieurs mois dans une bourgade appelée Gayana, et donna ainsi à l'émir de la ville, Témim, frère d'Ali, le temps de se fortifier, de comprimer la révolte des Mozarabes grenadins, et de recevoir les renforts qu'il avait fait demander en Afrique. Sans cesse harcelés par les sorties des Almoravides, les assiégeants auraient péri jusqu'au dernier sans le secours de leurs alliés, les Mozarabes du pays. La belle saison se passa sans avoir rien obtenu. Bientôt arrivèrent les pluies et les neiges. Alphonse lutta encore pendant quelques mois, et ne leva le siége que forcé par les événements. La prudence lui conseillait de se rapprocher de ses États; l'amour-propre lui fit prendre la route opposée. Il voulut, par bravade et par pure fantaisie, pousser jusqu'au rivage de la mer, afin d'apercevoir, du sommet de la sierra Névada, les côtes ennemies du continent d'Afrique. Il s'avança donc jusqu'à cette plage privilégiée du ciel, où croissent le cotonnier et la canne à sucre; puis, disent les chroniques, content d'avoir pêché de ses royales mains le poisson du détroit, il reprit le chemin de l'Aragon. Sa retraite à travers les populations ennemies peut faire honneur à son courage et à son génie; mais il aurait mieux valu ne point la rendre nécessaire. Les deux tiers de son armée périrent, plus encore par les fatigues et la maladie que par le fer des ennemis; le reste n'atteignit qu'à travers mille dangers les frontières de l'Aragon. D'après Saint-Hilaire, cette algarade n'avait pas duré moins de six mois, et si Alphonse ne retira aucun profit direct de cette entreprise hardie, l'effet moral n'en fut pas moins immense et parmi les chrétiens et parmi les musulmans; dans tous les cas, elle eut du moins le mérite de montrer plus tard à Ferdinand III le chemin de Séville.

La mort d'un seul homme est quelquefois pour tout un peuple une calamité plus désastreuse que la perte d'une forteresse et même d'une bataille. Telle fut pour les Almoravides d'Espagne la mort de Témim, arrivée vers cette époque. Le pays perdit en lui le plus sage et en même temps le plus intrépide de ses défenseurs. Ali le pleura non-seulement comme un frère bien aimé, mais aussi comme un lieutenant fidèle, dont l'habileté et la bravoure avaient maintenu son drapeau sur le sol hispanique. Il lui donna pour successeur son fils Taschfin. Le jeune prince, désireux de mériter, par quelque grande victoire, la sympathie et le respect des musulmans, envahit le territoire de Tolède.

Pour attirer les ennemis dans une autre direction, le roi de Castille, sachant que Tolède se défendrait assez par sa position et par sa garnison, alla attaquer les places fortes de Mérida et de Badajoz. Ce qu'il avait prévu arriva. Taschfin accourut au secours de ces deux forteresses, et les armées se rencontrèrent encore une fois non loin de Zélaca, dont le souvenir rappelait une défaite sanglante aux chrétiens ; aux musulmans, une glorieuse victoire.

On se battit, et Zélaca fut encore funeste aux Castillans, qui laissèrent le champ de bataille couvert de leurs cadavres (1126). Ce succès fut suivi de quelques autres, dus autant aux divisions des chrétiens qu'à la bravoure de Taschfin et de ses troupes.

A cette époque, en effet, l'Aragon et la Castille étaient déchirés par des discordes intestines, dont le récit trouvera place dans les chapitres consacrés à l'histoire des royaumes chrétiens, mais dont nous devons cependant dire ici quelques mots pour l'intelligence de ce qui va suivre.

Urraque, avant d'épouser Alphonse Ier d'Aragon, avait eu d'un mariage avec Raymond de Bourgogne, comte de Galice, un fils qui s'appela Alphonse, et que l'on désigne sous le nom d'Alphonse Raymondez, pour le distinguer de son beau-père, Alphonse Sanchez, dit le Batailleur.

Cet Alphonse Raymondez, fait roi de Galice du vivant même de sa mère Urraque, que le roi d'Aragon avait répudiée, devint, à la mort de cette dernière, roi de Castille sous le nom d'Alphonse VIII ; or, Alphonse Ier d'Aragon n'avait jamais renoncé aux droits qu'il prétendait tenir de sa femme, et de là naquit un déplorable conflit qui mit aux prises les deux rois, et dépensa dans la guerre civile le sang d'une foule de braves chevaliers, qui eussent mieux succombé en combattant les musulmans. Heureusement que les deux souverains finirent par s'entendre et purent enfin tourner leurs armes contre les infidèles. Alphonse VIII voulut alors imiter la gloire de son homonyme, et comme lui pêcher du poisson dans le détroit africain. Il se mit en marche traînant à sa suite le ravage et l'effroi. Comme le Batailleur, il put apercevoir de loin la rive africaine; comme lui, il revint dans son royaume, fier de son algarade et satisfait d'avoir porté la dévastation au cœur du territoire ennemi.

De son côté le roi d'Aragon, afin d'assurer la tranquillité de ses États, avait résolu de soumettre toutes les places fortes de l'ancien émirat de Saragosse, restées au pouvoir des Almoravides. En conséquence, ayant occupé Tortose, située à l'embouchure de l'Èbre, il vint camper devant la citadelle de Fraga.

Les habitants se défendirent à outrance et demandèrent du renfort à l'émir du Maroc. Ali s'empressa de leur envoyer 10,000 Africains; en même temps, il donna ordre à son fils de marcher avec les milices de l'Andalousie, au secours de la place assiégée. L'armée musulmane s'avançant à grandes journées, rencontra les troupes du roi d'Aragon dans une plaine, qui emprunta aux tristes événements dont elle fut le théâtre, son nom de *champ de douleur*. Jamais date plus lugubre n'assombrit les fastes des royaumes chrétiens.

Non moins braves, mais non moins malheureux qu'à Zélaca et qu'à Uclès, les champions de la chrétienté jonchèrent de leurs cadavres le champ du combat. Nombre de nobles chevaliers et de courageux évêques y mordirent la poussière : le roi lui-même, selon le récit de quelques historiens, trouva un trépas glorieux au milieu de sa fidèle noblesse.

Ainsi la fortune favorisait toujours les armes des musulmans; ainsi Taschfin, constamment vainqueur, maintenait en Espagne sa dynastie et son peuple. Lui seul opposait une digue à ce torrent envahisseur qui descendait régulièrement chaque année du pays des Aragonais ou des Castillans.

Malheureusement pour l'Espagne musulmane, il fut rappelé par son père au milieu même de ses succès. Ali, cerné de toutes parts et assiégé jusque dans sa capitale, par la nouvelle secte des Almohades, pressait son fils de repasser en Afrique. Taschfin revint au Maroc, emmenant avec lui l'élite de ses troupes (1138).

Son départ ouvrait l'Espagne au déchaînement de toutes les passions qui y fermentaient depuis longtemps.

L'insurrection fut générale. Séville et Cordoue

donnèrent l'exemple, et la Péninsule tout entière se souleva contre ces oppresseurs, « qui épuisaient le sang et dévoraient la moelle du pays. » C'est en vain que le général almoravide ben Gamia s'efforça, par tous les moyens en son pouvoir, de conserver à son maître l'obéissance de ces populations. Chaque jour une bourgade, une ville, puis une province entière, entrait dans la coalition ; partout les garnisons d'Ali étaient chassées. L'Espagne arabe changeait de maîtres.

L'occasion s'offrait belle aux princes chrétiens de reprendre enfin cette Péninsule, que Tareck leur avait enlevée quatre siècles auparavant. Découragés par les progrès toujours croissants et partout victorieux des rebelles, les Almoravides quittaient un champ de bataille désormais perdu pour eux; d'autre part, la révolte triomphante, manquant d'un chef capable de la diriger et de réunir ses forces éparses, ne savait point recueillir les fruits de sa victoire.

La domination n'était à personne; elle devait appartenir à quiconque saurait la saisir au milieu des décombres amoncelés par la désorganisation de tous les pouvoirs.

C'est ce que fit le roi de Castille. Prêtant également son appui aux insurgés contre les Almoravides, aux Almoravides contre les insurgés, il sut enrichir ses États aux dépens de ses voisins, et se fit une espèce de souveraineté sur chacun des deux partis, en se posant tour à tour comme allié ou comme suzerain des uns et des autres.

Cette position, déjà si funeste aux Almoravides, fut encore compliquée par l'arrivée de trente mille Almohades qu'Abdelmoumen avait envoyés pour lui préparer les voies. Vainqueur en Afrique, où le malheureux Ali chancelait sur un trône ébranlé par la perte de ses plus belles provinces, le fondateur conquérant résolut de joindre l'Espagne à ses autres conquêtes.

Abou-Amrah commandait la petite armée destinée à opérer dans la Péninsule; il débarqua près d'Algésiras. Les habitants de Xérès ouvrirent les premiers les portes de leur ville, et furent récompensés, par de grands priviléges, d'avoir donné l'exemple de la soumission (1).

Bientôt Séville se livra aux Almohades, malgré le parti puissant que les Almoravides avaient conservé dans ses murs : après Séville, plusieurs autres places acceptèrent le joug des nouveaux conquérants.

Ben Gamia ne pouvant résister à l'incendie qui chaque jour gagnait du terrain, voulut du moins sauver Grenade, son dernier asile.

(1) Ils reçurent le titre de *Premiers de la soumission*.

Sous ses yeux, Carmona tomba au pouvoir des ennemis sans qu'il lui fût possible de porter le moindre secours à cette ville fidèle. Dans sa détresse, il eut de nouveau recours à son allié, le roi de Castille. Alphonse lui envoya un détachement de cavalerie. Un combat eut lieu dans la véga de Grenade; ben Gamia y trouva la mort (1148).

Privés de leur chef, les Almoravides n'eurent d'autre ressource que de se placer entièrement sous la domination d'Alphonse. Ce prince, effrayé des progrès des Almohades, envahit le bassin du Guadalquivir, qu'il dévasta jusqu'à Cordoue.

Par suite de cette algarade, Alméria fut occupée de nouveau par les chrétiens, ce qui nous explique comment trois ans après (1151) nous retrouvons les Almohades campés sous les murs de cette place. Il importait aux Castillans de la défendre; aussi l'empereur (1) chargea-t-il l'émir de Murcie, son vassal, de marcher au secours de la ville. Les Almohades

(1) Alphonse, roi de Castille, avait pris ce titre en 1135. Avant lui, Alphonse Ier, roi d'Aragon, s'était cru le droit de le porter, et avait protesté, au nom de l'Occident, contre les prétentions de l'empire d'Allemagne. Alphonse VIII, souverain de la moitié de la Péninsule et d'un quart de la France, seigneur des plus fières cités de l'Espagne musulmane, pouvait le porter à son tour. Il réunit donc (juin 1135) le haut clergé de ses États et tous ses grands vassaux des deux côtés des Pyrénées, et fut solennellement proclamé empereur.

avaient entouré la ville d'une ligne de circonvallation, afin d'enlever tout espoir aux habitants.

Ne pouvant entamer leurs rangs, ni les forcer à se retirer, l'armée de secours dut se borner à construire elle-même un second retranchement qui enveloppait celui des Almohades. Cependant, las de cette guerre sans résultat, les chrétiens levèrent le siége qu'ils faisaient aux assiégeants, et allèrent s'emparer de quelques citadelles tombées au pouvoir des Arabes.

Malgré cet abandon, la garnison d'Alméria tint encore durant dix années, grâce à son courage vraiment héroïque, et lorsqu'elle consentit à ouvrir les portes de la ville, elle obtint d'en sortir avec les honneurs de la guerre, récompense due à sa valeur.

Ce fut alors que le général des Almohades, Abou Saïd, tourna toutes ses forces contre Grenade.

Cette place, la seule de l'Andalousie où flottât encore l'étendard des Almoravides, fut emportée après un sanglant assaut.

Les restes de la race vaincue, qui purent échapper au massacre, quittèrent pour jamais l'Espagne, et se réfugièrent à Majorque.

CINQUIÈME PÉRIODE.

SOUVERAINETÉ DES ALMOHADES.

1157-1269.

Abdelmoumen. — Situation de la Péninsule à l'avénement de Youssouf. — Séville, capitale des Almohades. — Révolte des émirs. — Leur soumission. — Youssouf triomphe en Afrique. — Prise de Santarem sur les chrétiens. — Yacoub ben Youssouf. — Le roi de Portugal. — Victoire d'Alarcos sur Alphonse IX de Castille. — Alliance de Yacoub avec les rois de Léon et de Navarre. — Mohammed. — Guerre contre les chrétiens. — Victoire des chrétiens à Las Navas de Tolosa. — Minorité d'Abou Yacoub Youssouf (Almostansir Billah). — Décadence des Almohades. — Guerre civile. — Anarchie. — Almamoun règne sans les conseils. — Révolte de son peuple. — Prise de Séville par Ferdinand III, roi de Castille. — L'Espagne échappe aux Almohades. — Révolte des Mérinès. — Fin de la domination des Almohades.

Abdelmoumen-Yacoub. — Youssouf. — Yacoub ben Youssouf. — Mohammed. — Abou Yacoub Youssouf (Almostansir Billah). — Aboul Meleck. — Aladel. — Abou Ali Edris (Almamoun). — Yahia. — Almotawakkel (1). — Aldelwahid. — Abou Hasen Ali. — Omar Amortadi. Edris Abou Dibus.

La prise de Grenade mit fin à une lutte qui, pendant plus de trente ans (2), avait inondé de sang les

(1) Ces deux émirs disputent successivement le trône à Almamoun.

(2) Les Almohades commencèrent à disputer l'empire aux Almoravides d'Afrique dès l'an 1120.

deux côtes du détroit, et fonda dans la Péninsule le règne des Almohades (1157) (1).

Leur empire, cependant, était loin de comprendre toute l'étendue du territoire qui avait appartenu aux Almoravides; il ne s'avançait guère au delà du Xenil et du Guadalquivir.

Tout l'est avait échappé à leur domination : à l'ouest, elle ne s'étendait pas au delà du Guadiana. Cordoue, Séville, Badajoz, Malaga, Grenade et Alméria, leur appartenaient; mais il n'y avait rien de stable dans ces possessions que leur disputaient constamment ou les invasions des chrétiens, ou les révoltes locales.

C'est pourquoi le puissant émir de Maroc, voulant asseoir son trône en Espagne sur des bases aussi solides que celles qu'il lui avait données dans le Magreb, résolut, malgré son âge, de se mettre lui-même à la tête d'une expédition, la plus formidable que l'Afrique eût jamais envoyée dans la Péninsule.

Les historiens arabes parlent de 300,000 cavaliers, de 80,000 vétérans d'élite, et de 100,000 piétons. Le désert même, disent-ils, semblait trop étroit pour cette innombrable armée.

---

(1) Nous ne faisons dater l'empire des Almohades en Espagne que de la prise de Grenade.

Mais au moment du départ, Abdelmoumen se sentit atteint d'une grave maladie. Frappé du pressentiment de sa fin prochaine, il choisit pour le remplacer, au lieu de son fils cid Mohammed, son second fils Abou Yacoub Youssouf. Il mourut peu de temps après, âgé de soixante-trois ans, dont trente-trois d'un règne prospère.

Youssouf (1163-1184). — La préférence donnée au jeune prince par le fondateur de l'empire des Almohades, était fondée sur les éminentes qualités de Youssouf; elle fut pleinement justifiée par la sagesse de son administration.

Nous passerons sous silence les faits glorieux qui signalèrent en Afrique les armes du jeune et courageux émir, et nous mettrons seulement sous les yeux de nos lecteurs les événements dont l'Espagne fut le théâtre.

A l'époque où nous sommes arrivés (1163), trois puissances s'y partageaient le pouvoir.

1° Les rois chrétiens de Castille, d'Aragon, de Navarre et de Portugal;

2° Quelques émirs indépendants, dont le principal était celui de Murcie;

3° Enfin les Almohades.

Ceux-ci, venus les derniers, étaient considérés comme des oppresseurs, et avaient pour ennemis les musulmans non moins que les chrétiens.

C'est ainsi que dès son avénement au trône, Youssouf eut à repousser une attaque de l'émir de Murcie, qui, fort de l'appui que lui prêtait son suzerain, le roi d'Aragon, entreprit de chasser les nouveaux conquérants.

Vaincu par le frère de l'émir africain et abandonné bientôt par les scheiks andalous, qui lui firent un peu tard un crime de son alliance avec les chrétiens, l'agresseur n'eut d'autre ressource que de se placer entièrement sous la dépendance de l'Aragonais.

Vainqueur à l'est des musulmans rebelles, Youssouf fut moins heureux à l'ouest contre les chrétiens.

Ferdinand, roi de Léon, venait de lui enlever Badajoz, et le roi de Portugal reculait à ses dépens les frontières de ses États.

Le prince almohade comprit alors que sa présence devenait nécessaire en Espagne. En conséquence, il vint se placer lui-même à la tête de ses troupes (1171), remporta quelques succès sur le roi de Castille, et força l'émir de Valence, Ben Sead, à se réfugier dans l'île de Majorque, où il mourut quelque temps après.

Ainsi tombèrent au pouvoir du fils d'Abdelmoumen, Valence, Murcie, Alicante, Lorca et plusieurs autres places. Les fils de Ben Sead, hors d'état de résister, renoncèrent à tous leurs droits et à toutes leurs possessions. En échange, ils reçurent de vastes domaines dans le Magreb.

Après avoir étendu sa domination depuis l'embouchure de l'Èbre jusqu'à Carthagène, et avoir reçu la soumission de tout le midi de l'Espagne, le sultan vint s'établir à Séville.

Les cinq ans de séjour qu'il passa dans sa capitale furent consacrés à des travaux utiles. Il fit bâtir la belle mosquée, l'un des principaux ornements de cette antique cité; jeta un pont de bateaux sur le Guadalquivir; amena par un aqueduc, jusque dans la ville, les eaux de la montagne voisine; construisit des quais; enfin, il fortifia Gibraltar.

Des révoltes toujours renaissantes le rappelèrent en Afrique.

Profitant de son absence, les rois de Castille et de Portugal attaquèrent les Almohades de l'Andalousie et remportèrent quelques avantages. Youssouf fut forcé de quitter de nouveau le Maroc et repassa le détroit avec des forces considérables.

Une flotte nombreuse, équipée avec le plus grand soin, devait suivre tous les mouvements de l'armée et pourvoir à sa subsistance. Elle mouillait à l'embouchure du Guadiana et du Guadalquivir.

Le siége de Santarem, place forte sur les bords du Tage, ouvrit la première campagne (1184).

La ville, épuisée par une résistance inutile, s'était rendue; mais les défenseurs de la citadelle avaient refusé de déposer les armes, et le siége menaçait de traîner en longueur, lorsque la fortune, par un de ces événements dont elle se fait un jeu, précipita le dénoûment, qui faillit être funeste à la cause des Almohades.

D'après Condé, l'émir ordonna à son fils Abou Isaac de se détacher de l'armée assiégeante pour aller attaquer Lisbonne. Celui-ci, interprétant mal l'ordre de son père, crut qu'il lui commandait de retourner à Séville et partit sur-le-champ avec un corps d'élite. Bientôt tout le reste du camp, persuadé qu'on levait le siége, suivit cet exemple, et, au point du jour, Youssouf se trouva seul avec sa garde nègre et quelques chefs andalous. Attaqué par les assiégés il mourut en vendant chèrement sa vie. Les chrétiens firent un massacre affreux de tout ce qui tomba sous leurs mains; ils n'épargnèrent pas même les femmes du harem.

Tandis qu'ils se livraient au massacre et au pillage, les troupes musulmanes, revenues de leur fatale erreur, accoururent au secours du calife, doublement excitées et par la honte de leur fuite et par la soif de la vengeance.

Les chrétiens furent repoussés jusqu'à Santarem, où vainqueurs et vaincus entrèrent pêle-mêle.

D'horribles représailles furent exercées par les musulmans dans la ville livrée au pillage. Après cet exploit, l'armée rentra à Séville, triste et abattue de la mort de l'émir.

Yacoub (1184-1199). — Pour se donner le temps de préparer son avénement au trône, Yacoub ben Youssouf tint cachée pendant quelques semaines la mort de son père, et ne la fit connaître que lorsque tout fut disposé pour sa proclamation.

Prince brave, mais cruel, il fit périr, dès le commencement de son règne, deux de ses frères qui avaient trempé dans une conspiration contre lui, de concert avec les Almoravides retirés à Bougie (1187).

Cette ville, centre de la rébellion, fut rasée, et le jeune émir ne revint dans sa capitale qu'après avoir assuré la soumission des rebelles par la mort des principaux chefs. Voulant alors anéantir la guerre civile, par la guerre contre les ennemis de sa race, il passa en Espagne (1189), et se dirigea vers les Algarves, dévoré du désir de venger son père. Le Portugal fut dévasté : treize mille captifs furent emmenés en Afrique, où venaient d'éclater de nouveaux troubles. Arrêté au milieu de ses succès par la nouvelle de cette insurrection, Yacoub, à son grand regret, se vit contraint de quitter la Péninsule.

Après son départ, des pèlerins anglais et allemands ayant abordé à Lisbonne pour s'y reposer, le roi de Portugal emprunta le secours de leurs épées, et s'empara de la ville de Sylves. La place lui resta pour sa part : le butin échut en partage à ses alliés, dont un grand nombre, charmés par la beauté du site, se fixèrent dans cette délicieuse contrée.

Deux autres villes, Béja et Évora, furent encore enlevées aux musulmans. En apprenant les exploits de son royal voisin, Alphonse II d'Aragon, petit-fils d'Alphonse VII de Castille, ne voulut point rester inactif : se mettant à la tête de ses troupes, il envahit le territoire de Séville, et arriva jusqu'au rivage de la mer.

Justement alarmé, Yacoub pensa alors à frapper un grand coup. Des préparatifs immenses annoncèrent la grandeur de ses vues, et tout le Magreb s'associa à ses vastes desseins.

Une armée de 100,000 cavaliers et de 300,000 fantassins, ayant traversé le détroit, s'avança vers les États du roi de Castille.

Contre des forces aussi supérieures, Alphonse IX demanda l'appui des rois chrétiens ; mais il ne reçut d'eux aucun secours : chose honteuse, ils le laissèrent lâchement lutter seul contre les ennemis de leur pays et de leur foi.

Loin de se décourager, Alphonse se prépara à défendre vaillamment son royaume. Les deux ennemis se rencontrèrent tout près d'Alarcos (19 juillet 1195), forteresse située entre Cordoue et Calatrava.

Le plan de bataille des Africains, tracé d'après les avis d'un vieux scheik andalous, Abdallah el Senani, décèle autant d'expérience que d'habileté.

L'armée fut rangée sur trois lignes. La première se composait des Almohades et des Andalous, c'est-à-dire de l'élite des troupes; la deuxième était formée des bandes du Magreb, troupes indisciplinées qui avaient besoin d'être soutenues et entraînées par des troupes plus régulières. L'émir commandait en personne le corps de réserve, fourni par les nègres de sa garde.

Alphonse IX avait compensé l'infériorité du nombre par l'avantage de la position. Il occupait les hauteurs d'une colline, gardée par des ravins profonds, qui formaient comme une défense naturelle autour de son camp.

Un sot préjugé ne permettant pas aux chrétiens d'attendre les infidèles, ils attaquèrent les premiers, et perdirent ainsi tout le bénéfice de leur position.

La cavalerie africaine, sans rivale pour la furie

de l'attaque, décida du succès de la bataille. Les Castillans, d'abord vainqueurs, furent repoussés avec perte, et prirent la fuite. Le combat cependant continuait avec acharnement sur la colline, où le roi Alphonse se défendait en héros. C'est alors qu'apparut l'émir avec sa réserve. L'attaque de ces troupes, toutes fraîches encore, fut irrésistible. Le roi de Castille, entouré de 10,000 chevaliers, qui tous avaient juré de périr plutôt que de fuir, combattit avec une bravoure sans égale, et il fallut l'arracher par violence à ce champ de bataille, où il voulait trouver une mort glorieuse au milieu de sa fidèle noblesse.

Cette victoire des musulmans porta au plus haut point la gloire des Almohades. Jamais, depuis la bataille de Zélaca, livrée cent douze ans auparavant, l'Espagne chrétienne n'avait souffert pareil désastre. La Castille fut longtemps à se relever de sa défaite. Mais les Almohades ne surent pas profiter de leur fortune.

L'émir triomphant rentra dans sa capitale, laissant ainsi à son ennemi abattu le temps de travailler à réparer ses pertes. Ce ne fut que l'année suivante qu'il vint assiéger Tolède, dont il ne put se rendre maître. Il se vengea de cet échec sur Salamanque. La ville fut prise et saccagée de fond en comble, ainsi que quelques autres places : les habitants furent massacrés ou emmenés captifs, sans même en excepter les femmes et les enfants.

Déchirés par les guerres intestines, les États chrétiens ne pouvaient lutter contre un ennemi aussi puissant.

Les rois de Léon et de Navarre s'étaient faits publiquement les alliés de l'émir.

L'Aragon était épuisé par les discordes intérieures et par ses guerres à l'étranger.

Quant au roi de Castille, abattu par la défaite d'Alarcos, il crut ne pouvoir mieux faire que de se placer sous la dépendance de Yacoub, et de lui demander une trêve de quelques années.

Le roi de Portugal seul refusait de ternir son règne par une condescendance coupable et honteuse.

Tel était l'état des choses, lorsque des révoltes du Magreb obligèrent l'émir à repasser en Afrique, où il ne tarda pas à se démettre du soin des affaires sur son fils Mohammed. Le reste de ses jours s'écoula au milieu de ses femmes, dans son palais enchanté de l'Alcazar.

Il mourut jeune encore (1), après avoir porté à son apogée la puissance des Almohades.

MOHAMMED ABOU ABDALLAH (1199-1213). — A son avénement au trône, Mohammed, que son père avait

---

(1) Il n'avait que quarante ans.

déjà de son vivant associé au pouvoir, eut à réprimer une révolte de la part des derniers Almoravides.

Ainsi que nous l'avons dit en son temps, les débris de cette race africaine s'étaient réfugiés dans les îles Baléares, attendant un moment favorable pour reprendre, à leurs ennemis vainqueurs, le beau royaume que leurs pères avaient couvert de monuments, témoins toujours vivants de leur gloire et de leur puissance. Un descendant de leurs anciens rois débarqua en Afrique, premier berceau de sa famille, déploya son drapeau, et appela à lui tous les fidèles croyants. Mohammed le vainquit, et les îles Baléares, suprême asile de cette tribu infortunée, furent soumises aux Almohades.

Les chrétiens cependant avaient repris l'offensive, et tout le territoire de Jaën venait d'être dévasté par les troupes d'Alphonse IX le Magnanime.

Mohammed, comprenant le danger, résolut de détruire à jamais cette menace toujours suspendue sur l'Espagne musulmane. En conséquence, proclamant l'aldjehed, il jeta son cri de guerre, auquel le désert répondit par un long frémissement. La pensée de combattre les ennemis du Prophète faisait toujours tressaillir ces peuples fanatiques de religion non moins qu'avides de butin.

Des hordes innombrables accoururent à sa voix.

Le détroit fut couvert de navires, et durant deux mois le rivage andalous vit débarquer leurs soldats.

Le rendez-vous général était à Séville; Mohammed arriva le dernier. On était au mois de mai (1211).

L'Espagne chrétienne, effrayée des malheurs qui lui étaient préparés, mit son épée entre les mains d'Alphonse IX.

Sur la renommée de l'illustre monarque, une sainte croisade s'organisa au delà comme en deçà des monts. Nombre de chevaliers arrivèrent de la France, de l'Italie et de l'Allemagne. Tous se rangèrent sous la bannière du héros de Castille. Quelque immense que fût cette multitude, que les historiens font monter à 120,000 hommes, elle trouva tout disposé pour la recevoir : nourriture, logement, armes, chevaux; rien n'avait échappé à la sage prévoyance d'Alphonse.

L'armée comprenait trois divisions :

Le premier corps, destiné à servir d'avant-garde, était composé de troupes ultramontaines.

Le deuxième ne comptait que des Castillans, des Aragonais et des templiers obéissant à Pierre II d'Aragon.

Le troisième, formé de troupes d'élite, était commandé par le roi de Castille.

Tolède et ses environs, changés en magasins bien approvisionnés, reçurent cette armée, la plus belle et la plus vaillante que la chrétienté eût jamais opposée à l'islam. Tous les ordres religieux et militaires avaient pris les armes sous la bannière de leurs grands maîtres.

Le 20 juin 1212, l'armée s'ébranla, s'avançant sur trois colonnes différentes, afin que le nombre ne mît aucun obstacle à la marche des troupes.

Quelques siéges, heureusement entrepris et menés à bonne fin, signalèrent les débuts de la campagne ; tels furent ceux du château de Magalon et de la ville de Calatrava, dont la citadelle seule voulut essayer de résister à la bravoure des alliés.

Mais elle capitula à condition qu'on laisserait la vie sauve à la garnison.

Ces heureux commencements semblaient présager de plus grands triomphes, lorsque la désunion éclata tout à coup dans l'armée chrétienne.

Soit lassitude, soit désappointement dans leurs calculs intéressés, les ultramontains voulurent quitter leurs alliés. Vainement le roi de Castille essaya-t-il de retenir par le sentiment de leur gloire et de leur honneur, ces croisés infidèles à leur serment ; vainement chercha-t-il à les faire renoncer à leur dessein par la pensée de l'intérêt commun ; ses prières furent inutiles : ils reculèrent en présence de l'ennemi et repassèrent les Pyrénées.

C'est dans les grandes crises que se montrent les grands courages. Alphonse, ainsi abandonné, redoubla de zèle et parvint à communiquer à ses troupes l'ardeur dont il était animé. Au reste, le vide fait par la défection des étrangers fut providentiellement rempli par l'arrivée du roi Sanche de Navarre (1).

Jusque là, rien de décisif n'avait encore été tenté de part ni d'autre ; mais on pressentait un grand événement : chacun s'attendait à voir bientôt le jour du combat.

Mohammed s'était avancé vers la rive droite du Guadalquivir et avait fait occuper par ses meilleures troupes les défilés qui conduisent de la sierra Moréna à Ubéda et Baéza.

Alphonse, de son côté, avait pénétré dans les défilés de Muradal et s'était emparé, après un combat acharné, du petit château de Ferral, situé sur le haut de la montagne. Néanmoins, cet avantage ne devait pas être d'une grande utilité pour les chrétiens, car le manque d'eau ne leur permettait pas de séjourner longtemps sur la montagne, et les sorties du défilé

---

(1) Outre son chef Alphonse IX de Castille, l'armée possédait ainsi le roi Pierre II d'Aragon et Sanche de Navarre.

étaient trop bien gardées par les Sarrasins pour espérer de pouvoir s'en emparer.

La position allait même devenir critique, lorsqu'un berger des environs proposa au roi de conduire son armée, par un chemin à lui connu, jusque dans les plaines d'Ubéda. Alphonse accepta ce guide envoyé par la clémence divine, et le lendemain les Sarrasins purent apercevoir, dans une position favorable, les chrétiens, qu'ils croyaient encore engagés dans les gorges de la montagne.

Soit qu'il ne voulût pas donner à ses troupes le temps de réfléchir sur l'arrivée subite des ennemis, soit qu'il désirât ne pas laisser à ceux-ci le temps de se reposer, Mohammed offrit sur-le-champ la bataille. Alphonse la refusa, craignant d'exposer la victoire, en menant au combat des troupes encore épuisées par les fatigues de la nuit.

Même refus le lendemain, qui était un dimanche, jour que les chevaliers consacrèrent à se préparer au combat par la prière et les sacrements ; mais le lundi, le soleil levant éclaira les deux armées déjà en bataille et prêtes à en venir aux mains.

Suivant l'usage des Almohades, Mohammed avait disposé ses troupes sur cinq lignes de profondeur, dans les plaines de Tolosa. Au milieu, se déployait sa tente, autour de laquelle étaient massés les gardes à pied et à cheval, ainsi que les nègres plus particulièrement attachés à son service. De fortes chaînes de fer tendues en demi-cercle faisaient rempart autour de lui, et l'enfermaient comme dans une forteresse.

Du côté des chrétiens, tel fut l'ordre de bataille :

Au centre, commandait le roi Alphonse avec quatre corps d'armée composés :

Le premier, de Castillans ayant à leur tête Diégo Lopez de Haro ;

Le deuxième, des chevaliers des différents ordres de Calatrava, de Saint-Jacques, de Saint-Jean et du Temple, obéissant au comte Gonzalo Nuñez de Lara ;

Le troisième, des soldats de la Vieille-Castille, des Asturies et de la Biscaye, sous les ordres du comte Rodrigo Diaz ;

Le quatrième enfin, des milices de Tolède et de Léon, commandées par le roi lui-même.

A l'aile droite flottait la bannière du brave Sanche, de Navarre ; à l'aile gauche se trouvait le roi Pédro, avec ses troupes aragonaises.

Aux minutieux détails que tous les historiens se sont plu à nous laisser de cette mémorable journée, on comprend l'importance de cette bataille, et l'on devine l'influence qu'elle dut exercer sur l'avenir de l'Espagne.

Roderigue, archevêque de Tolède, acteur dans cette lutte gigantesque, nous en a le premier raconté les moindres incidents, et tous les autres auteurs ont suivi son exemple.

Le combat fut meurtrier. Par la protection du ciel, la victoire longtemps disputée, resta aux défenseurs de la foi.

Au dire des chrétiens et des Arabes, d'accord sur ce point, les pertes des mahométans furent énormes.

Les récits les plus exagérés les font monter à 500,000, d'autres à 180,000, les plus modérés enfin, à 50,000. Les alliés perdirent comparativement peu de monde (1).

Nous ne pouvons, cependant, considérer le nombre des morts donné par leurs chroniqueurs que comme une erreur de chiffre. Nul ne croira, en effet, que 25 hommes seulement aient péri, du côté des chrétiens, dans un combat où plus de 100,000 ennemis mordirent la poussière. On n'admettra pas davantage le récit de l'archevêque de Narbonne, qui ne fait monter qu'à 50 le nombre de ceux qui succombèrent.

Les musulmans savaient se battre, puisqu'il est constant que sur plusieurs points, ils se défendirent avec acharnement et parvinrent même à rendre

---

(1) Les rois défendaient, sous peine de mort, de faire aucun prisonnier. On massacrait donc sans pitié, et pendant la bataille et pendant la poursuite.

douteuse l'issue du combat; il doit donc être certain que les chrétiens laissèrent un grand nombre des leurs sur le champ de bataille.

La déroute complète des mahométans fut attribuée en grande partie à l'orgueil de Mohammed, qui compta trop sur le nombre de ses troupes et manqua d'énergie pendant l'action. Voyant que tout était perdu, et apprenant la mort de son fils aîné, il voulut mourir aussi; mais, sur les observations d'un de ses serviteurs, il monta à cheval et courut se réfugier à Séville.

Les rois chrétiens se couvrirent de gloire tant par l'habileté de leur plan d'attaque que par leur bravoure pendant le combat. Las Navas de Tolosa est un nom immortel dans les fastes, non-seulement de l'Espagne, mais de la chrétienté. Là fut creusé le tombeau où devait s'engloutir quelques années plus tard la puissance des Almohades en Espagne.

Il est pénible de dire que les vainqueurs, par leurs cruautés inouïes, se montrèrent indignes de la protection du ciel, dont ils faisaient parade à l'occasion de cette victoire (1). Enivrés de leurs succès désor-

(1) Plusieurs traditions rapportent qu'une croix lumineuse apparut dans les airs la veille de la bataille, et c'est en mémoire de ce miracle que chaque année, le 16 juillet, on célébrait à Tolède une fête solennelle, appelée le *Triomphe de la croix*.

mais faciles, ils n'épargnèrent ni les infirmes, ni les femmes, ni les enfants.

A Baéza, qui leur ouvre elle-même ses portes, ils massacrent sans pitié les blessés et les malades de l'armée maure, retirés dans la principale mosquée comme en un sanctuaire inviolable.

A Ubéda, dont ils se rendent maîtres par capitulation, ils font mettre à mort, malgré le traité consenti par eux, soixante mille mahométans et en emmènent un pareil nombre en esclavage.

De tels attentats reçurent leur châtiment du ciel.

Les excès auxquels se livrèrent les chrétiens après la prise d'Ubéda, amenèrent la disette, et avec elle le noir cortége des maladies de toute espèce.

Il fallut alors songer au retour, et là se termina une campagne qui aurait pu assurer aux chrétiens la domination immédiate de l'Espagne s'ils avaient su profiter de la victoire.

Mais si les alliés perdirent, par leurs excès et leur inhumanité, les fruits de leur triomphe, Mohammed, par sa lâcheté et par sa barbarie, ne se montra pas moins inhabile à réparer les désastres de sa défaite.

Ayant gagné Séville, après la ruine de son armée, il aurait pu encore, grâce aux fautes de ses ennemis, relever son étendard et le laver de la honte de Las Navas de Tolosa. Il n'en fit rien. Attribuant sa défaite aux Andalous, il ordonna le supplice d'un grand nombre, puis il passa en Afrique, non pour réunir des vengeurs, mais pour oublier l'anéantissement des siens, au milieu des voluptés les plus indignes d'un monarque.

Il mourut une année après (1213), empoisonné, dit-on, par ses propres serviteurs.

ABOU YACOUB YOUSSOUF (ALMOSTANSIR BILLAH) (1213-1224). — Mohammed eut pour successeur son fils, Abou Yacoub Youssouf (Almostansir Billah), âgé de onze ans; de telle sorte qu'aux malheurs dont l'Espagne musulmane était déjà frappée, vint s'ajouter le fléau d'une minorité.

Quatre oncles du jeune calife gouvernèrent pour lui en Espagne :

1° Cid Abou Mohammed Abdallah Almansour, à Valence et à Murcie;

2° Cid Mohammed, à Cordoue;

3° Cid Abou Ali, à Séville;

4° Cid Abou Abdallah, dans le sud de l'Andalousie.

Leur gouvernement fut le règne de l'injustice et de l'oppression. Les Andalous eurent à souffrir les plus violentes persécutions, et bientôt les ressentiments, les haines, n'attendirent plus qu'une occasion favorable pour éclater.

D'un autre côté, les chrétiens, malgré les affreux ravages exercés par la famine et les dissensions intestines, continuaient isolément à faire des incursions sur le territoire des musulmans. Enhardis par le succès, ils vinrent même plusieurs fois jusqu'aux portes de Séville, et ravagèrent son territoire. Incapables de repousser leurs attaques, les Africains, gardiens des frontières et des villes fortifiées à l'intérieur, perdirent chaque jour de leur puissance et du prestige de leur nom. D'autre part, retiré dans son palais, à Maroc, le jeune roi, uniquement occupé de plaisirs, passait dans une honteuse inaction, une vie de femme, alors que l'État eût eu besoin d'un monarque habile et ferme.

Si bien que l'empire, miné de toutes parts, menaçait ruine et semblait toucher à l'heure de son agonie.

Pour surcroît de désastres, le jeune calife ayant été tué par un taureau, alors que, se livrant à son plaisir favori, il gardait des troupeaux, sa succession fut disputée : la guerre civile éclata au sein de ce malheureux pays (1224).

Les oncles du dernier calife, qui gouvernaient déjà, comme États indépendants, de vastes provinces, briguèrent tous le triste honneur de recueillir son héritage. De là, des discordes qui contribuèrent puissamment à renverser de fond en comble la puissance déjà si fortement ébranlée des Almohades. On pourrait appeler cette époque, l'époque de l'anarchie, analogue à l'ère des trente tyrans dans l'histoire du Bas-Empire.

Il suffit, pour s'en convaincre, de jeter un coup d'œil sur la situation de l'Afrique et de l'Espagne musulmanes.

Aboul Meleck. — A Maroc, Aboul Meleck, grand-oncle d'Almostansir, est assis sur le trône; à Murcie, son neveu, Abdallah Abou Mohammed, s'empare du pouvoir sous le nom d'Aladel Billah; à Séville, le frère d'Aladel, Ali Édris, règne comme souverain; enfin, les walis de Valence, de Baéza et de plusieurs autres points importants, se déclarent indépendants. Ainsi morcelée, la monarchie des Almohades touche à son déclin. Un instant cependant, elle semble vouloir reprendre vie entre les mains d'Aladel. Ce jeune prince, non content d'avoir formé une domination indépendante en Andalousie, rêve l'unité de pouvoir et essaie de reconstituer l'empire tel que l'ont possédé ses ancêtres.

En conséquence, à l'aide des partisans qu'il a su se ménager dans le Maroc, il parvient à détrôner Aboul Meleck (1224), et se fait nommer calife. Appuyé sur ce titre, qui consacre en lui l'héritier de la royauté fondée par Abdelmoumen, il essaie d'introduire la justice et l'ordre dans le gouvernement, et de raffermir l'autorité, mais il ne trouve que résistance dans la plupart des walis ambitieux et des cadis avares. Une vaste conspiration s'ourdit contre lui : le calife réformateur dut implorer l'appui du roi de Castille pour pouvoir se maintenir même en Andalousie. Cette alliance avec les chrétiens, exploitée par ses ennemis, acheva de le perdre. On l'accusa de trahir l'islamisme, son nom cessa d'être prononcé dans les prières publiques, et on le proclama dans les mosquées ennemi de la religion. La révolte gagna bientôt jusqu'aux chefs de sa garde. Saisi tout à coup dans son palais, il souffrit mille violences de la part des conjurés, qui voulurent le forcer à renoncer à la couronne.

Sur son refus, on lui plongea la tête dans un réservoir plein d'eau, et il fut étranglé avec son turban.

ABOU ALI ÉDRIS, surnommé ALMAMOUN (1227-1232). — Abou Ali Édris était le chef de la conspiration qui avait frappé son frère. Il le remplaça au pouvoir, et prit le nom d'Almamoun.

Son règne ne fut qu'une lutte permanente entre son autorité et celle des deux conseils, des cinquante et des soixante-dix, que le fondateur des Almohades (Abdelmoumen) avait adjoints au prince, en qualité d'assemblées consultantes.

Almamoun (1) voulut introduire un despotisme illimité, et établit en principe qu'il n'y avait pour un

---

(1) Plusieurs auteurs lui conservent son nom d'Abou Ali.

bon gouvernement d'autre pouvoir et d'autre loi, que la loi de Dieu et la volonté des princes. Ce n'était point l'avis des conseils, jusque-là possesseurs d'une portion de l'autorité. Ils déclarèrent la guerre au monarque.

Le calife irrité prononça leur dissolution; mais ceux-ci, bravant le prince, se déclarèrent en permanence, le proclamèrent déchu du trône, et nommèrent à sa place le fils d'Aladel, Abou Zacaria Yahia, âgé de quatorze ans, qui fut reconnu calife sous le nom d'Almotasem Billah (1). Le nouveau monarque se rendit en Espagne pour y combattre son adversaire.

A son approche, Almamoun réunit ses troupes, marcha contre lui, et le vainquit à Sidonia.

Le jeune prince se réfugia avec les débris de son armée dans les montagnes des Alpuxarras, espérant trouver plus tard un moment favorable pour reconquérir la couronne.

Almamoun (Abou Ali), dédaignant de le poursuivre, tourna ses armes victorieuses contre les Castillans, qui assiégeaient Jaën, et les attaqua tellement à l'improviste, qu'après une grande perte, ils durent chercher leur salut dans la fuite (1228).

Ayant ainsi assuré la tranquillité en Andalousie, le calife se hâta de passer en Afrique, afin de punir

(1) Il conserve dans plusieurs histoires son nom d'Yahia.

les chefs de la conspiration qui avaient porté Almotasem (Yahia) au trône.

A peine débarqué, il battit les troupes rebelles, commandées par Ibrahim ben Ganea, et se portant en toute diligence sur Maroc, il y arriva si promptement, que personne n'eut le temps de prendre la fuite. Les membres des deux conseils tombèrent tous entre ses mains, et tous furent condamnés au supplice des traîtres.

Dès lors, un sceptre de fer pesa sur le Magreb. Les partisans de l'ancien régime furent mis à mort : les exécutions se succédaient sans relâche, tant à Maroc que dans les provinces, et chaque jour voyait tomber de nouvelles victimes. Tant de barbarie excita contre Almamoun (Abou Ali) la haine générale, et ce ne fut que par la terreur et l'effroi, qu'il put continuer à rester sur le trône.

L'Espagne, cependant, où son nom n'était pas moins détesté qu'en Afrique, profita de son absence pour secouer le joug. La province de Murcie donna la première le signal de la révolte, sous les ordres d'Abdallah ben Youssouf, descendant de la famille des Béni Houd, qui avaient anciennement régné à Saragosse.

Grâce à la haine générale portée aux Almohades, le noble Arabe trouva de nombreux partisans, et se fit bientôt proclamer émir à Murcie, sous le nom d'Almotawakkel.

Almotawakkel (1230). — En peu de temps, non-seulement Murcie, mais presque toute l'Andalousie, reconnut le pouvoir de l'émir, ainsi que les villes importantes de Cordoue, de Mérida et de Badajoz. Pour mieux s'attirer encore la sympathie de ses nouveaux sujets, celui-ci se déclara l'ennemi acharné des chrétiens, et reconnut la suzeraineté des califes abassides de Bagdad.

Le danger grossissant chaque jour, Almamoun (Abou Ali) chercha à le conjurer en faisant alliance avec le roi de Castille, auquel il céda des forteresses sur la frontière, en échange de douze mille guerriers castillans, qu'il prit à sa solde. Il s'engageait, de plus, à protéger les chrétiens dans toute l'étendue de son territoire, à leur permettre le libre exercice de leur culte, et à leur laisser bâtir une église au Maroc. Mais, malgré les secours de ses nouveaux alliés, le calife vit diminuer chaque jour son pouvoir. En même temps que l'Espagne lui était enlevée par Almotawakkel, l'Afrique lui était disputée par Almotascm Yahia. De tous côtés ses ennemis triomphaient.

Grenade était au pouvoir de son adversaire; la riche et fertile Valence avait chassé de ses murs le wali Abdallah Mohammed, son frère, et, chose plus grave encore, Yahia s'emparait de Maroc (1230). A cette nouvelle, Almamoun (Abou Ali), abandonnant la Péninsule à ses alliés chrétiens, revint en Afrique pour reconquérir son royaume; mais il mourut avant même d'avoir pu combattre (1232).

On pourrait avec raison, faire cesser la domination des Almohades en Espagne, au départ et à la mort d'Almamoun; à cette époque, en effet, ils ne conservaient plus dans cette contrée qu'une ombre de pouvoir. C'est à peine si Séville et quelques autres places fortes reconnaissaient leur suzeraineté. Le souverain de fait, c'était Almotawakkel, l'émir de Murcie et de Grenade. Son pouvoir était tel que la plupart des historiens le font figurer parmi les rois de l'Espagne musulmane. Il avait pour antagoniste à la suprématie, Mohammed Abdallah ben Alhamar, prince de Jaën et d'Arjona. Tandis que les deux rivaux se disputaient l'héritage des Almohades, la guerre civile continuait à désoler l'Afrique.

ABDELWAHID (1232-1242). — Abdelwahid, fils d'Almamoun, nommé calife grâce à l'intervention des chrétiens, fut reconnu par la Mauritanie et par les quelques villes de l'Andalousie restées fidèles à sa dynastie; mais il eut à se défendre contre Yahia, qu'une partie du Magreb avait proclamé souverain. La fortune, depuis si longtemps contraire à ses prédécesseurs, se déclara pour Abdelwahid, qui parvint à se maintenir dix ans sur le trône. Il eut pour successeur son frère Abou Hasen Ali.

Abou Hasen Ali (1242-1248). — Le règne de ce prince fut des plus désastreux, tant en Mauritanie, où Béni Zeyan et Béni Mérin cherchèrent à lui ravir le pouvoir, qu'en Espagne, où Ferdinand III, déjà maître de Cordoue, s'emparait encore de Séville, vaillamment défendue par son gouverneur cid Abou (1248). C'en était fait de la royauté des Almohades, sur l'une et l'autre rive du détroit. Almamoun, en habituant le peuple à considérer le Mahadi non comme un prophète, mais comme un imposteur, avait lui-même ouvert l'abîme où descendait avec le respect du pouvoir la domination de sa race.

Omar Amortadi (1248-1266). — En vain le successeur d'Abou Hasen, Omar Amortadi, petit-fils d'Abou Yacoub Youssouf, essaya-t-il de rétablir l'autorité en faisant revivre les anciennes institutions; tous ses efforts vinrent échouer contre l'indifférence du peuple.

Mieux eût valu pour lui, tirer le glaive et chercher un trépas glorieux sur un champ de bataille, que de prendre le bâton de pèlerin pour aller vénérer à Tinmal le tombeau du Mahadi; car pendant qu'il occupait ainsi sa vie, il perdait en Andalousie jusqu'aux débris de ses possessions, que se partageaient les rois de Castille et de Portugal, aidés de l'émir de Grenade, Mohammed ben Alhamar. Une ruine appelle une autre ruine. Dépouillés de leurs possessions en Espagne, les Almohades se voyaient enlever une à une leurs meilleures places en Afrique. Ceuta leur refusait obéissance, Fez tombait aux mains des Mérinès. Trop faible pour résister à tant de secousses, le faible monarque fut détrôné par son cousin Edris Abou Dibus (porteur de massue), que les Mérinès firent couronner avec l'espoir de gouverner sous son nom. Omar Amortadi prit la fuite et mourut assassiné.

Edris Abou Dibus (1266-1269). — Pour poser la couronne sur sa tête, Edris Abou Dibus avait eu recours à la trahison en contractant alliance avec les Mérinès, ennemis de sa race. Pour l'y affermir, il eut recours au crime en faisant jeter dans des cachots le fils de son prédécesseur.

Heureusement pour sa mémoire, qu'il racheta ses fautes par une mort héroïque. Les Mérinès ayant voulu régner par lui, il refusa noblement de leur servir d'instrument, et réunissant les partisans de sa dynastie, il marcha résolument contre ses oppresseurs. Le sort des armes lui fut funeste : il mourut dans une bataille meurtrière sur les bords du Guadilquafir (1), après avoir vaillamment combattu (1269).

(1) Paquis, liv. II, p. 85.

Avec lui finit la domination des Almohades en Afrique. Elle avait duré cent cinquante et un ans, dont cent douze en Espagne, à partir de la prise de Grenade, et avait compté quatorze souverains.

SIXIÈME PÉRIODE.

ROYAUME DE GRENADE.

1269-1492.

Rivalité entre Almotawakkel et Mohammed ben Alhamar. — Mort d'Almotawakkel. — Son rival hérite de sa puissance. — Fondation du royaume de Grenade. — Prise de Jaën. — Mohammed se place sous la suzeraineté du roi de Castille. — Rupture de l'alliance conclue entre ces deux princes. — Avénement de Mohammed II. — Sa visite au roi de Castille. — Il réclame l'appui de l'émir d'Afrique. — Les Musulmans remportent quelques avantages. — L'émir d'Afrique se détache de l'alliance avec Grenade et fait amitié avec les chrétiens. — Sa mort. — Abou Yacoub. — Mohammed reprend Malaga aux Africains. — Avénement de Mohammed III. — Sa guerre contre les rois chrétiens. — Son abdication. — Affaiblissement du royaume de Grenade. — Ferdinand de Castille. — Bataille de Salado. — Siége et prise d'Algésiras. — Guerre civile entre Mohammed V et son frère Ismaïl. Sous les règnes suivants, la guerre civile continue à désoler Grenade. — Henri IV, roi de Castille. — Ferdinand le Catholique et Isabelle. — Leurs campagnes contre Grenade. — Prise de Malaga et de Baza. — Siége et prise de Grenade.

Mohammed I. — Mohammed II. — Mohammed III. — Nassir. — Ismaïl. — Mohammed IV. — Youssouf. — Mohammed V. — Youssouf II. — Mohammed VI. — Youssouf III. — Mohammed VII. — Mohammed VIII. — Mohammed IX. — Mohammed X. — Aboul Hassan. — Abou Abdallah el Zakir.

Tandis que la dynastie des Almohades disparaissait en Afrique, après avoir déjà disparu en Espagne, un nouveau royaume, dernière possession des Arabes dans la Péninsule, s'était fondé en Andalousie.

Pour bien saisir le récit des années qui vont suivre, jusqu'à la conquête définitive par les rois chrétiens, il est nécessaire de revenir de quelques années en arrière et de remonter à la fondation du royaume de Grenade.

Lorsque Almamoun, rappelé par les insurrections du Magreb (1232), eut laissé l'Espagne almohade en proie aux dissensions, et l'eut livrée sans défense à l'ambition des émirs, Almotawakkel, profitant de la faveur dont il jouissait auprès des musulmans, avait agrandi ses États et étendu sa domination de Malaga à Cordoue.

C'est en lui que tous les croyants avaient mis leur espoir, c'est autour de lui que se groupaient les défenseurs de l'islam.

Malheureusement pour sa gloire, le puissant émir plaça son ambition au-dessus des intérêts de son peuple; sa rivalité avec Mohammed ben Alhamar ne profita qu'aux rois chrétiens et revêtit presque le caractère de complicité avec les ennemis du croissant. Ce fut, en effet, à l'aide de la guerre civile suscitée par les prétentions des deux antagonistes, que Ferdinand III put s'emparer de la superbe cité des califes Ommiades, de l'antique et fière Cordoue, dont il fit la capitale de ses États en Andalousie. Six mois durant (du 8 janvier au 29 juin), la place avait résisté à toute l'armée castillane; mais lorsque Almotawakkel, trompant l'espoir qu'on avait conçu de son appui, eut conduit à l'émir de Valence, attaqué par les Aragonais, les secours qu'il avait destinés aux assiégés, la garnison découragée demanda à capituler. La vie et la liberté furent garanties aux habitants; leurs biens furent confisqués. Une place aussi importante que Cordoue ne pouvait pas tomber, sans entraîner dans sa chute les villes voisines qui lui servaient pour ainsi dire de satellites. Baéza, Estéva, Ecija, Almodavar et Retefilla (1), se rendirent à Ferdinand.

Il faut croire que les vrais musulmans firent un crime à l'émir de Murcie de n'avoir point secouru Cordoue, car l'année suivante (1237) il périt assassiné par le commandant d'Alméria, sans que personne essayât de le venger.

Mohammed ben Alhamar hérita de la plus grande partie des États de son rival et fixa sa résidence à Grenade, où il régna sous le nom de Mohammed Ier.

Mohammed Ier (1238-1273). — Bientôt Malaga et d'autres villes d'Andalousie se soumirent à sa domination. Son royaume devint le refuge de tous les proscrits, de tous les bannis fuyant la conquête

(1) Paquis, t. II, p. 96.

chrétienne. L'émirat de Murcie était déchiré par l'anarchie : chaque ville, chaque citadelle avait son souverain indépendant; chaque souverain n'avait d'autre ambition que d'augmenter ses possessions, et, pour conserver le pouvoir, achetait la protection des rois chrétiens au prix de la liberté de son pays. Enfin le roi d'Aragon, Jayme Ier, s'emparait de Valence, et, hors Séville et Xérès, restées jusqu'à la fin fidèlement attachées à la fortune des Almohades, le Coran n'avait d'autre asile que le royaume de Grenade.

Dans cet état de choses, Mohammed songea à réveiller l'esprit national en déclarant la guerre aux chrétiens.

Quelques succès ramenèrent un instant chez les siens la confiance et l'espoir; mais le sage monarque ne se faisait point illusion sur les dangers qui le menaçaient. Prévoyant l'attaque de son redoutable voisin, il se prépara de loin à la lutte inévitable qu'il pressentait. En conséquence, il mit ses places fortes en bon état, et, convaincu que l'amour des peuples est le meilleur appui pour un prince, il s'appliqua à faire le bonheur de ses sujets. Par ses soins, sa ville devint une capitale aussi renommée par la magnificence de ses édifices et par la généreuse hospitalité offerte aux voyageurs, que par les avantages immenses que procuraient aux habitants les marchés, les bains, les greniers publics, et une foule d'autres institutions, toutes consacrées à l'utilité commune.

Cependant le roi de Castille, résolu à balayer l'Andalousie de toute domination musulmane, fit invasion dans le bassin du Xénil, qu'il dévasta tout entier; puis il vint mettre le siége devant Jaën. La garnison opposa une vigoureuse résistance; l'émir, désireux de sauver à tout prix une place si vaillamment défendue, accourut avec une armée; il fut battu, et rien ne pouvait plus empêcher la chute de la ville, dépourvue de vivres et chaque jour de plus en plus veuve de ses défenseurs. Or, cette conquête allait mettre entre les mains des ennemis les clefs de Grenade.

Mohammed, désespéré d'une lutte héroïquement, mais toujours malheureusement soutenue, prit alors une résolution extrême : ce fut de venir se remettre à discrétion à la générosité bien connue du vainqueur.

Ferdinand, dont l'âme élevée comprenait toutes les grandes choses, le reçut avec affection, l'appela son ami, et conclut avec lui un traité par lequel Mohammed ben Alhamar s'engageait à payer un tribut annuel de 50,000 doublons d'or; à se rendre aux cortès, comme tous les grands vassaux du royaume; enfin, à assister son suzerain dans toutes ses guerres, soit contre les musulmans soit contre les chrétiens. En retour, le roi de Castille laissait intactes toutes les possessions de son vassal, promettant de lui donner aide et protection, chaque fois qu'il en serait requis. La citadelle de Jaën lui fut remise comme gage du traité conclu (1246).

Fidèle à la foi jurée, Mohammed ben Alhamar prêta secours à Ferdinand dans sa guerre contre Séville (1) et contribua puissamment à la prise de cette place, dont le siége mémorable dura plus d'une année (1248) (2).

Le gouverneur, cid Abou Abdallaz, et son neveu Abou Hassan, défendirent la ville avec une effrayante énergie, et lorsqu'ils furent obligés de se rendre, tous deux s'expatrièrent pour ne point voir la soumission de l'Andalousie entière.

Avec Séville était tombé le dernier rempart de la puissance des Almohades en Espagne.

Nous avons dit en son temps, comment Abou Hassen Ali, calife de Maroc, occupé à comprimer la révolte dans ses États du Magreb, s'était vu dans l'impossibilité de secourir la cité fidèle, abdiquant ainsi son titre de suzerain.

Ce n'était point sans une douleur profonde que

(1.) Il a déjà été parlé de la prise de Séville par Ferdinand III, sous le règne d'Abou Hassen Ali.

(2) Dix-sept mois.

Mohammed avait prêté les mains à ce nouveau triomphe du roi chrétien. Mais il dissimulait par prudence, comprenant que le moment de secouer le joug n'était point encore venu; toutefois, esprit patient et persévérant, il amassait dans l'ombre des forces pour la lutte qu'il méditait en secret. L'accueil fait à tous les réfugiés musulmans, l'encouragement donné dans ses États à l'agriculture et au commerce, la protection dont il entoura les lettres et les arts, le soin qu'il mit à fortifier sa ville et les villes voisines, étaient tout autant d'armes qu'il préparait pour l'avenir.

En attendant que se levât le jour de l'affranchissement de son peuple, il renouvela avec Alphonse X l'alliance contractée avec Ferdinand son père (1), et, vassal fidèle, il l'aida à soumettre d'abord les Castillans révoltés, plus tard le gouverneur de Niébla, dont la ville fut prise après un siége de neuf mois.

L'Andalousie, cependant, conspirait sourdement. De Murcie à Xérès s'étendaient les fils de la rébellion, et le secret fut si bien gardé, qu'au signal donné tous les chrétiens, pris à l'improviste, furent massacrés avant même que le nouveau souverain eût eu connaissance de la révolte (1261).

Mohammed n'avait pris aucune part ouverte à la conspiration, se contentant de faire passer aux insurgés des hommes et de l'argent, fournis par le sultan

(1) Ferdinand était mort quatre ans après la prise de Séville.

d'Afrique; mais Alphonse l'ayant sommé de se joindre à lui, il refusa de quitter Grenade sous prétexte que ses sujets ne voudraient point le suivre.

Le roi de Castille, prenant ce refus pour une déclaration de guerre, ordonna à ses troupes d'envahir le territoire de leurs alliés.

Heureux de trouver le moment qu'il attendait depuis si longtemps, Mohammed sortit de sa capitale avec ses cavaliers, et, dans une première rencontre, battit les troupes royales.

Au lieu de se joindre au chef de leur foi, les walis de Malaga, de Gomarès et de Cadix, se déclarèrent contre lui et allèrent porter au roi de Castille leur soumission et leur concours. Xérès, assiégée, fut obligée de se rendre, après cinq mois d'une résistance opiniâtre. Les villes voisines imitèrent son exemple, et l'émir, lassé de la guerre, demanda la paix, prétextant qu'il n'avait pris les armes que malgré lui. Des conditions plus dures que jamais lui furent imposées; au lieu de 50,000 maravédis d'or qu'il payait auparavant, il fut condamné à payer 250,000 mores et dut se résigner à marcher avec Alphonse contre le royaume de Murcie. Le parti de l'islam semblait donc entièrement perdu en Espagne, lorsqu'une nouvelle révolte des nobles castillans vint ressusciter les espérances du Grenadin et relever les courages abattus.

Tout occupé de ses intrigues pour obtenir la couronne d'Allemagne (1272)(1), Alphonse avait pressuré ses sujets et soulevé contre lui les grands du royaume. Les mécontents, ayant à leur tête don Félipe, frère du roi, émigrèrent en grand nombre, et allèrent demander asile au prince de Grenade; ils furent accueillis avec empressement.

Malgré ce secours venu à lui d'une manière si inattendue, l'émir, désespérant de vaincre, demanda l'appui de son collègue de Maroc, qui lui envoya un renfort de cavalerie.

Réunissant alors toutes ses forces, Mohammed ben Alhamar se préparait à marcher contre les walis rebelles, lorsqu'il mourut presque subitement, laissant à son successeur le soin de continuer l'expédition commencée.

Mohammed II (1273-1303). — Mohammed II, dit la chronique arabe, orné de tous les dons de la jeunesse, possédait en outre une réserve et un tact au-dessus de son âge.

Déterminé à poursuivre l'œuvre de son père, il sut cependant contenir l'impatience naturelle à un prince de vingt-deux ans, de se mesurer sur un champ de bataille.

La plupart des nobles castillans, que le méconten-

---

(1) Sa mère Béatrix était une princesse de Souabe.

-tement et la révolte avaient amenés à sa cour, cherchant à rentrer en grâce auprès d'Alphonse, il se décida courageusement à faire comme eux, et se rendit à Séville, où le roi de Castille lui fit grande fête, et voulut l'armer chevalier de sa propre main.

Mohammed, de son côté, se reconnut vassal d'Alphonse, et s'engagea à payer 300,000 maravédis par an.

Restait à traiter la question des trois walis rebelles, que couvrait toujours la protection du roi chrétien. La solution en était difficile, le jeune émir ayant à cœur de châtier leur révolte, et Alphonse voulant par eux se réserver une porte ouverte sur les États de son voisin.

La bonne entente menaçait donc d'être rompue entre le suzerain et son hôte, lorsque la reine Violante sut obtenir, par surprise, de la courtoisie de Mohammed, la promesse qu'il accorderait une trêve d'une année aux trois rebelles (1).

---

(1) Un jour qu'il rendait visite à la reine, qui prenait beaucoup de plaisir à sa conversation, elle lui dit artificieusement qu'elle avait une faveur à lui demander, et il répondit avec courtoisie que cette faveur lui serait sur-le-champ accordée. Sa surprise fut égale à son dépit, quand il apprit qu'elle désirait lui voir faire une nouvelle trêve avec les walis rebelles. (Paquis, p. 54.)

Toutes choses ainsi réglées, l'émir revint à Grenade, et Alphonse, cédant au désir de réaliser le rêve unique de sa vie, partit pour aller protester auprès du pape Grégoire X, contre l'élection de Rodolphe de Hapsbourg au trône d'Allemagne.

En son absence, Mohammed résolut de se rendre indépendant, dût-il payer ses tentatives de la perte de son émirat. Dans ce but, il renouvela ses instances auprès d'Aben Youssouf, calife de Maroc, promettant de lui livrer, en retour de son appui, les deux clefs du détroit, Algésiras et Tarifa.

Désireux de reprendre vie sur cette belle terre d'Andalousie, si malheureusement perdue par ses prédécesseurs, Aben Youssouf traversa le détroit avec une puissante armée (1276). A son approche, les trois walis se hâtèrent de faire leur soumission.

Le moment était favorable pour relever l'étendard de l'islam et le venger de ses défaites; mais la pensée profondément politique qu'avait eue Ferdinand, de transporter dans les villes musulmanes des colonies nombreuses de chrétiens, avec leurs mœurs, leur religion et leurs rivalités, sauva la domination castillane en Andalousie. Les populations restèrent froides à l'appel du souverain de Grenade, et, malgré deux victoires brillantes, remportées, l'une sur don Nuñez de Lara par Aben Youssouf, l'autre sur l'archevêque de Tolède, par l'émir de Grenade, les alliés ne gagnèrent que peu de terrain.

Bientôt Aben Youssouf, las de combattre et de vaincre sans résultat, conclut avec Alphonse, alors de retour dans ses États, une trêve séparée, et s'en retourna en Afrique.

Les trois walis, voyant le départ de l'émir de Maroc, firent leur paix avec Alphonse, et Mohammed resta seul dans la lutte (1276).

Il la soutint avec bonheur.

Il est vrai de dire qu'il fut merveilleusement secondé par les divisions survenues dans la maison royale de Castille à propos des prétentions de Sanche, second fils d'Alphonse : ce prince voulait s'emparer du trône au détriment des enfants de son frère aîné, mort en combattant contre les infidèles.

Deux fois, cependant, Sanche et son père réconciliés, vinrent attaquer leur vaillant ennemi; deux fois ils furent repoussés avec perte. A ces défaites, qui attristèrent les dernières années de son règne, Alphonse eut la douleur de voir se joindre une nouvelle révolte de son fils.

Abandonné de tous les siens, il s'adressa alors aux rois ses voisins, et réclama leur appui. Tous s'excusèrent sous de faux prétextes, et le malheureux père n'eut d'autre ressource que d'implorer l'alliance du Maroc.

Aben Youssouf étant accouru, les deux rois marchèrent sur Cordoue, où ils furent devancés par le jeune et infatigable Sanche, qui leur en ferma les portes (1282).

Trouvant dans cette guerre l'occasion de se venger à la fois et du souverain de Castille, qui ne l'avait jamais servi contre ses ennemis, et d'Aben Youssouf, qui l'avait perfidement abandonné quelques années auparavant, l'émir de Grenade fit alliance avec le rebelle, et s'avança contre les assiégeants.

En apprenant que Mohammed marchait contre eux, les deux alliés levèrent le siége : Alphonse retourna à Séville, et Aben Youssouf repassa en Afrique, afin d'y faire de nouvelles levées. Il revint bientôt à la tête d'une formidable armée, ayant pour combattre à ses côtés son fils et son héritier Abou Yacoub.

Pour soutenir la lutte, Mohammed II renouvela amitié avec don Sanche, et la guerre menaçait de devenir sanglante, lorsque Alphonse mourut de chagrin autant que de vieillesse (1285).

Sa mort réunit tous les partis sous le même sceptre. Ce que voyant Aben Youssouf offrit de contracter avec le nouveau roi l'alliance qu'il avait faite avec son père; mais le jeune monarque répondit par une déclaration de guerre (1).

Entrant aussitôt en campagne, le calife de Maroc dévasta tout le pays d'Ecija et vint mettre le siége devant Xérès. Sanche était alors en Castille, laissant aux villes fidèles le soin de se défendre elles-mêmes. Cependant, ému des plaintes de l'Andalousie, il se mit en marche, à la tête des ordres militaires et de 40,000 hommes d'armes.

Aben Youssouf, craignant de se voir fermer tout moyen de retraite, leva le siége et se retira dans sa forteresse d'Algésiras, d'où il réclama le secours de l'émir de Grenade, resté neutre entre les deux partis.

Il l'invita à venir traiter avec lui et les walis rebelles de Malaga, de Gomarès et de Cadix; mais l'émir s'y refusa.

Irrité de ce refus, le calife d'Afrique s'empara de Malaga, qu'il se fit livrer par un des gouverneurs infidèles en échange de possessions dans le Magreb.

Le roi de Grenade dévora cette injure et négocia

---

(1) « Dites à votre roi, répondit-il aux envoyés, que je me souviens encore du ravage qu'il est venu porter dans mes États, et que je tiens d'une main le pain et de l'autre la lance, et qu'à celui qui voudra m'ôter le pain, je ferai goûter le fer. » (D'après Saint-Hilaire.)

avec le souverain de Castille; Aben Youssouf en fit autant de son côté.

Maître alors de la situation, Sanche, oubliant ses anciennes relations avec l'émir de Grenade, se prononça pour Aben Youssouf.

Il avait moins à craindre du calife d'Afrique que de Mohammed, dont le royaume, voisin du sien, était un obstacle à ses desseins et une menace continuelle contre ses propres États.

Grenade se trouva donc de nouveau isolée au milieu de populations ennemies. Tout autre que Mohammed eût désespéré de l'avenir; mais, doué d'un caractère persévérant et fort, il ne se laissa point abattre. Abandonné des chrétiens, dont son père et lui avaient soutenu la cause; abandonné des musulmans, dont il avait fait la force en leur livrant, l'imprudent! les deux joyaux de sa couronne, Algésiras et Tarifa, il mit sa confiance dans son épée et dans l'œuvre du temps, qui devait tôt ou tard diviser ses ennemis.

Il n'eut pas longtemps à attendre, car la mort vint surprendre Aben Youssouf dans la forteresse d'Algésiras, et délivra ainsi le souverain de Grenade d'un rival dangereux. Abou Yacoub, fils et successeur d'Aben Youssouf, fit sa paix avec les musulmans sans rompre entièrement avec la Castille, après quoi il s'en retourna dans le Magreb.

Des rébellions continuelles retinrent plusieurs années dans ses États le calife de Maroc. Mohammed en profita pour s'emparer de Malaga, dont il se rendit maître par un coup de main. Indigné de cette perfidie, Abou Yacoub envahit l'Andalousie (1291). L'émir de Grenade, craignant de ne pouvoir lutter seul, avait renouvelé amitié avec Sanche, qui vint à son secours, et lui amena une flotte nombreuse.

Le fils de Youssouf n'attendit pas que le roi de Castille lui fermât le détroit, et levant précipitamment le siége de Véga, qu'il cernait depuis plusieurs mois, il se hâta de regagner l'Afrique. Sanche, l'ayant poursuivi jusque dans les eaux de Tanger, défit la flotte musulmane sous les yeux mêmes du calife et de son armée.

Comme on était alors au fort de l'été, la saison n'était guère favorable à des opérations militaires; mais Sanche ne connaissait pas d'obstacle. Malgré les chaleurs mortelles dans ces régions tropicales, il entreprit le siége de Tarifa et s'en empara (1292).

Mohammed, en bon et fidèle allié, s'était engagé à subvenir aux besoins de l'armée chrétienne et avait tenu parole. Tarifa devait être le prix de ses services; mais Sanche ne tint point sa promesse et voulut garder cette clef du détroit.

Mohammed conçut, de ce manque de bonne foi, un profond ressentiment qui couva dans son âme.

Cependant Abou Yacoub avait juré de reprendre Tarifa sur les Castillans. Tandis qu'il se préparait à cette expédition, don Juan, chassé des États de son frère, le roi de Castille, contre lequel il s'était révolté, vint offrir au calife du Maroc de se mettre à sa solde et de l'aider à enlever Tarifa aux chrétiens. Le monarque africain accueillit avec empressement cette proposition et confia au prince sa flotte et son armée. La place était défendue par don Pérez de Guzman. S'il faut en croire les chroniques du temps, l'héroïque Castillan trouva, à cette occasion, dans sa fidélité à son roi et dans son respect pour le devoir, un de ces traits de vertu que l'on admire dans l'histoire sans oser les discuter.

Don Juan s'étant emparé d'un des fils du gouverneur, menaça de tuer l'enfant sous les yeux mêmes de son père si celui-ci ne lui ouvrait les portes de la ville : « Avant de livrer la place que mon roi m'a confiée, répondit Guzman, je verrai plutôt mourir tous mes fils, et au besoin je fournirai le couteau. » Ce disant, il jeta lui-même son épée du haut des murs. La chronique ajoute que don Juan eut la barbare lâcheté de faire massacrer l'enfant avec l'épée de son père et de jeter sa tête par-dessus les remparts; cruauté inutile, car la place ne se rendit pas.

Les Maures, fatigués de la lenteur du siége, regagnèrent l'Afrique. L'infant, ne sachant où porter sa haine et sa vengeance, alla demander asile au prince de Grenade, qui le reçut avec faveur.

Découragé par cette série de revers, Abou Yacoub vendit à Mohammed, Algésiras, sa dernière possession en Espagne (1297) (1).

Le roi de Castille mourut peu de temps après les événements que nous venons de raconter, laissant son royaume livré à tous les orages d'une longue minorité.

L'émir en profita pour enlever au jeune monarque Quésada et Alcandeta, ces deux forteresses, gardiennes avancées de l'importante place d'Algésiras, qu'il possédait déjà. Sa mort, arrivée en 1303, fut une calamité publique pour la monarchie, qu'il avait su maintenir indépendante au milieu des circonstances les plus critiques.

Attaqué à la fois par deux ennemis plus puissants que lui, les souverains de Castille et de Maroc, il fut assez habile pour leur échapper en les opposant l'un à l'autre; son règne fut un de ceux qui vivent dans le souvenir des peuples.

(1) Quelques années plus tard, Algésiras fut de nouveau cédé aux émirs d'Afrique par Ismaïl, cinquième roi de Grenade.

Mohammed III (1303-1311). — Son frère et son successeur, Mohammed III (Aboul Abdallah), fut non moins habile, non moins valeureux défenseur de la cause musulmane, mais il n'eut pas le même bonheur.

A l'exemple de son frère, il se plaça sous la protection du roi chrétien et signa avec lui un traité de paix dans la ville de Cordoue. Libre alors de toute crainte, il ne s'occupa plus que de travailler au bonheur de ses peuples; mais sa tranquillité ne fut pas de longue durée. Les rois d'Aragon et de Castille, unissant leurs armes, marchèrent, le premier contre Alméria, le second contre Algésiras (1309).

Le musulman, ne pouvant lutter à armes égales, eut recours à l'adresse : il acheta la retraite des deux alliés moyennant la cession de quelques citadelles et la promesse de mettre en liberté, sans rançon, tous les prisonniers.

Le peuple, courroucé, oublia les services de Mohammed et de ses prédécesseurs. Son frère, Nassir Aboul Gériox, se fit le chef des mécontents. La révolte éclata.

Peu désireux de conserver un trône que le moindre vent soulevé par l'inconstance populaire pouvait renverser, le monarque abdiqua sans regret et se retira dans la solitude. On lui avait fixé Almuricar pour résidence.

Nassir (1311-1314). — Une révolte avait donné le trône à Nassir, une révolte le lui ravit.

Sous le règne précédent, un prince de la famille royale, Ismaïl ben Firag (Aben Halid), convaincu d'avoir conspiré à son profit contre Mohammed III, avait été expulsé du royaume.

En apprenant dans le lieu de son exil l'usurpation de son parent, il jugea le moment favorable, rentra secrètement dans Grenade, intrigua auprès de la multitude, et se vit bientôt à la tête d'un parti puissant.

Le peuple a de tout temps aimé la nouveauté et admiré la valeur unie à l'audace. Ismaïl ben Firag ne manquait ni de l'une ni de l'autre. Aussi beaucoup de partisans vinrent-ils se ranger sous sa bannière.

La réussite semblait promise à la conspiration, lorsque l'émir donna ordre d'en arrêter le chef.

Ismaïl, prévenu à temps, prit la fuite et se réfugia à Malaga, où il continua à braver le pouvoir.

C'est chose bien inconstante et bien changeante que la faveur populaire!

L'usurpateur venait d'en faire l'expérience à l'occasion de la révolte dont nous venons de parler : il en eut bientôt une nouvelle preuve. Son gouvernement était généralement détesté, et le bruit de sa mort, causé par une attaque d'apoplexie, ayant couru dans la ville, il put entendre, de son lit de douleur, les cris du peuple demandant avec enthousiasme la restauration de Mohammed III.

Revenu à la santé, il aurait dû comprendre alors qu'un seul moyen lui restait d'arrêter la rébellion et de faire taire les murmures, la guerre contre les chrétiens; mais il n'eut point le courage de la déclarer et se laissa même enlever plusieurs places fortes par le roi de Castille (Ferdinand IV). Cette lâcheté acheva de le perdre dans l'esprit de ses sujets; et Ismaïl ben Firag n'eut qu'à se montrer pour rallier autour de sa personne de nombreux et zélés défenseurs.

Grenade lui ouvrit ses portes. Nassir, assiégé dans son palais, subit la peine du talion; on le força d'abdiquer en faveur de son rival.

Ismaïl ben Firag (Aben Halid) (1314-1325). — Ismaïl était d'un caractère indomptable. Brave soldat, vaillant capitaine, il savait également se battre et commander; aussi, dès le commencement de son règne, se hâta-t-il de faire publier la guerre sainte, espérant par ce moyen faire sortir de leur engourdissement les nouveaux sujets que la révolte venait de lui donner; mais ils étaient loin les beaux jours de Zélaca et d'Uilès! Une tentative sur Gibraltar échoua complétement (1316).

Irrité de cette torpeur, qui enchaînait leur courage, Ismaïl manda les gouverneurs des frontières et les chefs de son armée, les réprimanda sévèrement pour leur coupable abattement, et les conjura, au nom de leur intérêt, de leur gloire et de leur religion, de ne quitter le glaive qu'après avoir chassé les chrétiens de l'Andalousie. Toutefois, peu confiant dans la bravoure et la fidélité de ses peuples, Ismaïl acheta l'appui de l'émir de Fez en lui livrant Algésiras (1).

L'Andalousie était alors envahie par les deux régents de Castille, Pierre et Juan. Des succès signalés avaient marqué leurs premiers pas, et déjà ils étaient, pour ainsi dire, aux portes de la capitale, lorsque l'émir, aidé des Africains, gagna sur eux une grande victoire : les deux infants restèrent sur le champ de bataille. Cet important succès fut suivi d'une trêve de quatre années. A peine était-elle expirée qu'Ismaïl se remit de nouveau en campagne, et s'empara de plusieurs villes, entre autres de Baza et de Martos.

Ce dernier triomphe amena sa perte.

Une jeune chrétienne d'une rare beauté se trouvait parmi les prisonniers. Mohammed, prince du sang, en devint amoureux, et voulut la posséder;

---

(1) Quelques auteurs prétendent qu'Algésiras fut prise par les troupes africaines sous le règne suivant.

mais le roi la trouva si belle qu'il la désigna pour son harem. Mohammed, indigné, jura la mort d'Ismaïl. Un complot se trama dans l'ombre : l'un des officiers de la garde fut gagné par les conjurés, et l'émir fut assassiné dans son propre palais, au milieu de ses eunuques terrifiés (1325).

A la nouvelle de cette mort tragique, la garde royale accourut, et massacra tous ceux des assassins qui n'avaient pu prendre la fuite.

Le fils d'Ismaïl fut proclamé sous le nom de Mohammed IV.

Mohammed IV (1325-1333). — Le fait principal de ce règne fut le siége de Gibraltar ; mais les chroniques de ce temps sont tellement obscures, que ce fait lui-même est enveloppé d'incertitudes et de contradictions.

Selon quelques historiens, Gibraltar appartenait au roi de Castille, qui l'avait placé sous la garde d'une forte garnison. Sur la demande de son allié le roi de Grenade, l'émir de Fez envoya son fils Abdelmelek. Ce prince débarqua avant qu'on eût pu s'opposer à ses desseins, et alla mettre le siége devant la place. Ferdinand ayant pacifié ses États, s'empressa de venir au secours de la ville. Il n'en était plus qu'à quatre journées, lorsqu'il apprit que le gouverneur l'avait vendue aux infidèles. La prudence semblait alors conseiller la retraite; mais le roi de Castille ne voulut point consentir à tourner le dos aux Sarrasins. Bientôt son armée campa sur l'isthme étroit qui relie Gibraltar au continent, tandis que son amiral occupant la baie, fermait aux Africains toute communication avec la mer.

Le siége traînait en longueur, et les troupes de Ferdinand murmuraient hautement, demandant à rentrer dans leurs foyers. Sourd aux murmures comme aux prières, le roi chrétien poursuivait son œuvre. Par des miracles d'audace et d'énergie, il avait réduit la ville aux dernières extrémités, lorsque les deux émirs vinrent asseoir leur camp près de San Roque, à peu de distance de celui des chrétiens.

Les troupes de Ferdinand se trouvèrent ainsi dans une situation des plus désespérées : la désertion se mit dans leurs rangs. C'est alors qu'apparut dans toute sa force le courage et le génie du héros. Faisant couper par une tranchée l'isthme où il campait, il mit ainsi une barrière entre les ennemis et son armée; puis, résigné à supporter toutes leurs bravades, il résolut de refuser le combat.

Ce plan, condamnant à l'inaction les deux souverains musulmans, devait nécessairement amener, par la famine, la reddition de la place; mais Ferdinand ayant appris les troubles qui désolaient son pays par suite de la mort de son fils, se décida à traiter, et leva le siége après avoir signé une trêve de quatre ans.

D'après d'autres historiens, Mohammed s'était déjà rendu maître de Gibraltar, et la tenait en sa puissance, lorsque Ferdinand envahit l'Andalousie.

La perte d'une bataille aurait alors décidé l'émir de Grenade à s'adresser au roi de Fez pour obtenir son assistance, alliance chèrement achetée; car son nouvel allié, reçu sans méfiance dans Gibraltar, s'en serait rendu maître par trahison, et aurait déclaré vouloir garder pour lui cette importante citadelle.

Mohammed, ajoutent ces mêmes historiens, trop faible pour résister, courba la tête sous cette humiliation, et cependant accourut quelques mois plus tard, avec ses Maures de Grenade, au secours de la place assiégée par le roi de Castille, qu'il força à se retirer.

La première version nous semble plus conforme à tout ce que nous connaissons du caractère chevaleresque de Ferdinand.

Quoi qu'il en soit, il est certain que Gibraltar resta entre les mains des Africains, et que l'infortuné Mohammed mourut assassiné par eux. Des serviteurs fidèles portèrent son corps à Grenade, où son frère Youssouf, proclamé émir, lui fit rendre les plus grands honneurs (1333).

Youssouf. — Les commencements du règne de Youssouf rappelèrent les beaux jours d'Abdelrahman III. Son premier soin fut de ratifier, avec le roi de Castille, la trêve de quatre ans signée par son prédécesseur. D'un zèle sans pareil pour les intérêts de la justice et de la religion, il consacra les jours de tranquillité que lui fit ce traité à réformer les abus, à protéger les lettres et les arts, et à répandre parmi ses peuples la connaissance des devoirs sociaux; mais après le repos, il fallut songer à la guerre. Les préparatifs de Ferdinand annonçaient ses desseins, et Youssouf dut se préparer à défendre l'indépendance de son royaume.

Malgré la triste expérience de ses prédécesseurs, et en particulier de son frère, l'émir demanda l'alliance des Africains, dont une armée formidable, commandée par le roi de Fez en personne (Aboul Hassan), débarqua sur les côtes de l'Andalousie (1339).

Ferdinand avait ordonné à son amiral d'empêcher ce débarquement; mais celui-ci, qui comptait à peine trente vaisseaux, n'essaya pas même d'exécuter cet ordre. On lui fit un crime de son inaction; ses ennemis allèrent même jusqu'à l'accuser de trahison. Cette infâme calomnie irrita l'âme généreuse de ce brave officier, et pour donner un démenti à ces odieux soupçons, il lutta, avec quelques navires, contre une flotte de plusieurs fois supérieure à la sienne.

L'intrépide marin trouva dans cette tentative désespérée une mort glorieuse; mais le roi de Castille perdit presque tous ses vaisseaux.

Grenade reçut avec de grands transports de joie la nouvelle de cette victoire navale, et Youssouf se hâta de rejoindre son allié, devenu l'arbitre des destinées de la Péninsule. L'armée africaine avait assis son camp dans les plaines d'Algésiras. Les deux princes convinrent aussitôt de commencer les hostilités sur terre par le siége de Tarifa, dont la possession importait au succès de la campagne.

Plusieurs assauts eurent lieu. Tous furent victorieusement repoussés par les chevaliers de Calatrava, chargés de la défense de cette place. Le siége traîna en longueur. Alphonse cependant, était parvenu à former une seconde flotte, fournie en grande partie par les Génois, dont il avait fallu acheter l'aide, et par le roi de Portugal, dont le concours fut dû aux sollicitations de la reine Maria.

La flotte vint croiser dans les eaux de Tarifa. Sa vue ranima le courage des assiégés; mais une tempête furieuse fit périr douze galères, et chassa les autres jusques à Carthagène.

Alphonse comprit alors que le moment était venu de tenir la parole de chevalier et de roi qu'il avait donnée de délivrer les nobles défenseurs de sa fidèle ville. Réuni au roi de Portugal, qui lui avait amené quelques troupes, il se dirigea vers la place.

Les deux émirs, informés de l'approche des chrétiens, ne voulurent point les attendre dans une position où leur nombre ne pouvait manœuvrer, et, levant le siége, vinrent camper sur les bords de la petite rivière de Salado. C'est là que le roi de Castille et son allié les atteignirent en août (1340).

Les Sarrasins comptaient cinquante mille cavaliers et cinquante mille fantassins, tandis que les chrétiens n'avaient dans leurs rangs que dix-huit mille cavaliers et quatre mille piétons.

Nonobstant cette disproportion effrayante, ces derniers se préparèrent au combat.

Les deux partis n'étaient séparés que par le ruisseau qui donna son nom à la bataille.

Les Maures adossés à la montagne et ayant la ville derrière eux, s'étendaient à l'est.

A l'ouest était rangée la petite armée des Espagnols. Le roi de Portugal faisait face à l'émir de Grenade, et le roi de Castille à celui de Fez.

Dès le commencement de l'action, deux chevaliers se rendirent maîtres du pont unique qui unissait les deux rives et le traversèrent avec un millier de braves. Cette brusque attaque déconcerta les infidèles, qui reculèrent un instant; mais bientôt ils revinrent

DOMINATION ARABE. 317

à la charge, et l'immense supériorité du nombre leur rendit l'avantage. Alphonse, voyant plier ses troupes, envoya des renforts, et bientôt il traversa lui-même la rivière avec l'élite de la cavalerie, tandis que le roi de Portugal, passant le ruisseau beaucoup plus haut, attaquait son adversaire.

L'action alors devint générale.

Les deux rois firent des prodiges, et, à leur exemple, les chrétiens se battirent avec une vigueur qui tenait du miracle. Les Maures essuyèrent une défaite complète. La victoire de Salado fut la digne sœur de Las Navas de Tolosa. Une partie de la gloire de cette brillante journée revint à la garnison de Tarifa, dont une sortie hardie contribua puissamment au gain de la bataille.

Les Africains désertèrent les premiers le champ de bataille. La chronique arabe leur reproche amèrement cette lâcheté, tandis qu'elle exalte le courage des Grenadins, qui se retirèrent à Algésiras en bon ordre et toujours en combattant.

L'émir de Fez retourna en toute hâte à Gibraltar, d'où il s'embarqua pour Ceuta, ne ramenant en Afrique que les débris de cette puissante armée, que soixante galères avaient mis six mois à conduire en Espagne.

Quant à Youssouf, ne pouvant regagner ses Etats par la voie de terre, fermée de tous côtés par les ennemis, il s'embarqua pour Almuñécar, et de là revint à Grenade, que la nouvelle d'une aussi grande défaite avait plongée dans la consternation.

Alphonse voulait de suite attaquer Algésiras, mais les vivres manquant, il fut forcé de se replier sur Séville avec son auguste allié. Là fut partagé entre les deux vainqueurs le riche et immense butin trouvé dans les camps des émirs. Puis le roi de Portugal, comblé de présents, regagna ses États, et Alphonse quitta l'Andalousie avec promesse de recommencer au printemps suivant une nouvelle campagne.

Il tint parole. Une victoire navale, remportée par l'amiral castillan sur les deux flottes musulmanes, inaugura la reprise des hostilités. Pour mettre le comble à ce succès, Alphonse résolut d'assiéger Algésiras. Dans ce but, il fit d'abord bloquer la place par les deux amiraux castillan et aragonais, et quelques mois après (en juillet 1342), il arriva lui-même à Tarifa, à la tête d'une petite armée composée de six mille chevaux et de quatre mille arbalétriers et lanciers. C'était peu pour l'attaque d'une place aussi importante qu'Algésiras, mais le courage d'Alphonse était plus grand que les obstacles, et le 3 août il vint camper au nord-est de la ville, dans une position fortement défendue par la nature et par les travaux qu'il fit exécuter.

Ce siége, de vingt mois, abonde en détails curieux et pleins d'intérêt. L'attaque et la résistance furent également opiniâtres. Aboul Hassan, comprenant de quelle importance était pour lui une place forte dont la situation sur le détroit ouvrait l'entrée de l'Andalousie, ne négligea rien pour secourir les assiégés. Chaque nuit, malgré les deux flottes chrétiennes qui gardaient la baie, de petites barques se glissaient dans l'ombre, portant à la garnison des provisions de bouche et des munitions de guerre.

De son côté, Alphonse redoublait d'activité et de zèle pour hâter le succès.

Général et soldat à la fois, il commandait la bataille et se mêlait aux travailleurs pour les encourager.

Ni les pluies continuelles, qui changèrent son camp en un marais fangeux, ni la peste, qui ravagea ses troupes, ne purent abattre sa constance.

Un tel dévouement reçut sa récompense. Touchés d'admiration pour un si grand courage, les princes de l'Europe, jusque-là spectateurs indifférents de cette lutte héroïque, envoyèrent des secours (1); les renforts arrivèrent de tous les points de l'Espagne,

(1) Le duc de Lancastre, prince du sang royal, commandait les croisés venus de France, d'Allemagne et d'Angleterre.

et Alphonse se vit enfin à la tête de forces moins disproportionnées à la grandeur de l'entreprise.

Dans l'intention d'attaquer les assaillants, les deux émirs avaient réuni leurs meilleures troupes sous le commandement unique d'Aboul Hassan. Leur armée était campée à quelques lieues de Gibraltar.

Cependant la peste continuait à décimer les assiégeants, tandis que la famine se faisait sentir dans l'intérieur de la place. De part et d'autre les souffrances étaient arrivées à leur comble. Heureusement pour l'armée castillane, les assiégés, désespérant d'être secourus, commencèrent à entrer en pourparlers, et l'émir de Grenade fut autorisé par l'émir de Fez à traiter de la reddition de la place.

Alphonse consentit à laisser sortir les habitants sains et saufs, leur garantit la possession de leurs biens, et signa une trêve de quinze ans (1344).

Le lendemain, jour des Rameaux, le pieux monarque entra processionnellement dans la ville, avec tous les chevaliers tenant des palmes à la main. Il alla d'abord remercier Dieu dans la principale mosquée, convertie en temple chrétien sous l'invocation de Notre-Dame-des-Rameaux, puis il prit possession de l'Alcazar, dont il fit sa demeure.

Après la prise d'Algésiras, il ne restait plus aux Africains sur le sol de l'Espagne que la cité de Cadix, cette autre clef du détroit. Alphonse, pour couronner son œuvre, résolut de s'en rendre maître. Moins heureux que devant Algésiras, il mourut pendant le siége, avant d'avoir pu planter son étendard sur les hautes tours de Cadix.

Youssouf survécut peu de temps à son illustre ennemi. Il mourut justement regretté d'un peuple au bonheur duquel il avait consacré tous les instants de sa vie (1).

On lui doit de grandes réformes, tant dans l'ordre religieux, que dans l'administration des affaires civiles.

Mohammed V. — Mohammed V, son fils aîné, lui succéda.

Le règne de ce prince fut troublé par la révolte d'un de ses frères, Ismaïl, à qui sa mère avait depuis longtemps préparé les voies au trône.

Mais telle était l'affectueuse vénération que les habitants de Grenade portaient à leur souverain, que les conjurés durent agir dans l'ombre et avoir recours à l'arme des traîtres et des lâches, l'assassinat.

Mohammed parvint à s'échapper sous un déguisement. Il gagna Guadix et de là se rendit à Fez pour

(1) Il fut assassiné par un fou furieux au moment où il priait dans la mosquée. (Paquis place la mort de Youssouf, l'an 753 de l'hégire.)

demander asile et protection à l'allié de son père, Aboul Hassan (1359).

Ismaïl III (1359-1362). — Pendant son absence, Ismaïl avait été proclamé au milieu d'acclamations enthousiastes.

Les vents sont moins changeants que la fortune.

Le nouvel émir fit l'expérience de cette vérité. L'un des principaux chefs de la conspiration qui l'avait placé sur le trône, Abou Saïd Abdallah, travailla secrètement la multitude contre ce fantôme de roi, et lorsque le moment fut venu, il fit éclater la révolte préparée de longue main, se rendit maître de l'Alcazar, mit à mort le faible monarque et monta sur le trône à sa place (1362).

Cependant Mohammed V venait de débarquer en Espagne, avec le secours que lui avait fourni l'émir de Fez, tandis que les troupes du roi de Castille, son nouvel allié, envahissaient l'Andalousie sur un autre point.

Pour repousser ce double péril, Abou Saïd Abdallah eut recours à un moyen extrême.

Il partit de Grenade, pour se rendre au camp des chrétiens, avec une escorte de quatre cents chevaux et de deux cents fantassins, emportant avec lui ses plus riches joyaux. Don Pédro le reçut avec une apparente courtoisie, accueillit avec joie les magnifiques présents qui lui furent offerts, et accepta son vasselage. Mais la convoitise fit naître dans son âme une pensée de meurtre. Sans respect pour les lois sacrées de l'hospitalité, il ordonna le supplice de l'émir, ainsi que celui de tous les officiers de sa suite.

A la nouvelle d'un événement si inattendu, Mohammed entra dans Grenade, où il fut reçu avec de grandes démonstrations d'allégresse par ce même peuple qui l'avait repoussé peu de temps auparavant.

Mohammed (1362-1391). — Convaincu de la nécessité de se maintenir dans l'alliance du barbare roi de Castille, Mohammed, rétabli sur son trône, lui envoya, en échange de la tête de l'infortuné Abdallah, vingt-cinq de ses chevaux les plus fins et le plus richement caparaçonnés. Il ajouta, à ce présent vraiment royal, d'autres dons non moins remarquables, entre autres vingt-cinq cimeterres ornés de pierres précieuses.

La fin de son règne s'écoula doucement sans événement important.

Dans les guerres entre Pierre le Cruel et Henri de Transtamare, il prit parti pour le premier, moins encore pour tenir son serment de fidélité que pour avoir occasion de faire tourner à son profit les querelles des princes chrétiens. C'est ainsi qu'il s'empara d'Algésiras, dont il détruisit les fortifications, afin que plus tard, elles ne pussent servir contre les musulmans. Lorsque Henri fut reconnu roi de Castille, il fit sa paix avec lui, et la cimenta par un traité d'alliance. Il mourut peu de temps après (1391), laissant à son fils Youssouf II, un royaume pacifié rendu fort par sa prudence et par sa sage administration.

Youssouf II (1391-1395). — Le commencement du règne de Youssouf sembla présager d'heureux jours, car il marchait religieusement sur les traces de son père ; mais les peuples destinés à mourir renferment en eux-mêmes les principes de leur ruine. En paix avec l'univers entier, ils se déchirent de leurs propres mains, et la guerre civile fait l'œuvre de destruction bien mieux encore que la guerre étrangère. Celle-ci, en effet, peut servir le plus souvent, quand elle est vraiment nationale, à régénérer un peuple et à le renouveler dans un cruel, mais glorieux baptême de sang ; tandis que les troubles intérieurs sont une plaie qui énerve le pays et mine sûrement l'édifice.

Non content de briguer pour éloigner du trône son frère aîné, le plus jeune fils de Youssouf, Mohammed, possédé d'une criminelle ambition, se révolta contre son père lui-même.

Pour arriver à ses fins, il répandit des doutes sur l'attachement de Youssouf à la foi du Prophète. Ces germes de discorde, mûris par le souffle ardent de la haine et de l'orgueil, ne tardèrent pas à porter leurs fruits. Le peuple, soulevé, demanda à grands cris et avec de terribles menaces, l'abdication de son souverain.

C'en était fait de Youssouf sans l'intervention de l'ambassadeur de Fez, qui se présenta aux insurgés. Vous accusez votre émir, dit-il, de s'être vendu aux chrétiens : vous avez un moyen certain de vous assurer de ses sentiments : sommez-le de déclarer la guerre à la Castille.

Le peuple applaudit, et la guerre fut déclarée.

Dès le début de la campagne, Murcie tomba entre les mains des musulmans, mais sans grand avantage pour eux, ce qui refroidit sensiblement leur zèle. L'émir profita de ce moment de découragement pour demander la paix à Henri, auquel il expliqua les raisons de sa conduite (1394).

Mohammed VI (1395-1408). — Aussitôt après la mort de son père, arrivée à quelques années de là, Mohammed VI se saisit du sceptre au détriment de son frère aîné Youssouf, qui fut confiné, avec ses femmes et ses serviteurs, dans la tour de Salabréna.

A l'exemple des rois qui l'avaient précédé, l'usurpateur fit alliance avec la Castille; mais la paix ne fut pas de longue durée, et son règne se passa tout entier à guerroyer contre les chrétiens, avec diverses alternatives de succès et de revers, sans résultat marqué, ni pour les uns ni pour les autres.

Atteint d'une maladie mortelle, et sentant qu'il

n'avait plus que quelques jours à vivre, il souilla par un ordre barbare la fin d'un règne inauguré par une usurpation.

Craignant que son frère aîné ne revendiquât le trône et n'enlevât la couronne à son fils encore enfant, il écrivit au gouverneur de Salabréna de remettre à son envoyé Ahmet, la tête du prisonnier.

A l'arrivée de son bourreau, Youssouf jouait aux échecs avec l'alcade. Il reçut sans pâlir le messager sinistre, et ne demanda que quelques heures, pour faire à sa famille ses derniers adieux. Ahmet refusa, et n'accorda que le temps nécessaire pour finir la partie commencée. Le prince ne se départit pas un instant de son calme étonnant en face de la mort; il termina tranquillement sa partie, après quoi il tendit la tête à l'officier. Tout à coup deux cavaliers se précipitèrent dans l'appartement, annonçant la mort de Mohammed l'usurpateur, et saluant émir le véritable héritier du trône, Youssouf III.

Youssouf III (1408-1423). — Instruit à l'école de l'adversité, Youssouf fut un roi rempli de sagesse et de modération. La guerre, cependant, et ses calamités désolèrent son règne. Ayant refusé de reconnaître la suzeraineté du roi de Castille, il eut à combattre contre lui. Le succès ne répondit pas à ses efforts, et il fut obligé d'acheter la paix à des conditions onéreuses. La fortune, il est vrai, le dédommagea d'un autre côté; car il eut la gloire de faire asseoir son influence sur le trône de Fez, en y appelant, sous la protection de ses armes, le cid Aben Saïd, frère du roi régnant. Les dix dernières années de sa vie furent consacrées à réparer, par les bienfaits de la paix, les maux de la guerre.

Malheureusement pour le royaume de Grenade, son fils et son successeur Mohammed VII, n'avait aucune des vertus de son père.

Mohammed VII (1423-1436). — Joignant à un despotisme brutal, l'orgueil et la présomption, Mohammed se rendit odieux à ses sujets.

De tous les biens légués par son prédécesseur, il n'avait su en conserver qu'un seul, la paix avec les rois chrétiens.

Cette paix présentée au peuple, déjà mal disposé en sa faveur, comme une lâche concession, tourna bientôt contre lui. Une révolte générale éclata sous la conduite de Mohammed el Zakir, et l'émir, forcé de fuir, alla chercher protection auprès de son ami et parent, le souverain de Tunis.

Mohammed fut proclamé sous le nom de Mohammed VIII.

Mohammed VIII. — Mohammed s'aperçut bien vite que la couronne ne donne pas le bonheur.

Roi par la grâce d'une conspiration, il fut renversé par une rébellion.

Le roi de Castille feignant d'être touché des malheurs de Mohammed VII, lui avait fait offrir son appui pour le replacer sur le trône.

L'exilé, encouragé par cette royale promesse, épiait le moment favorable.

Il connaissait par expérience la versalité des opinions de son peuple, et il savait que l'idole d'aujourd'hui pouvait être brisée demain. Bientôt, en effet, l'émeute triomphante gronda de nouveau dans Grenade. A cette nouvelle, Mohammed VII repassa le détroit, vint se présenter aux rebelles fort embarrassés de leur victoire, et fut acclamé avec autant d'empressement qu'on avait mis d'ardeur à le chasser de ses États (1428).

Première restauration de Mohammed VII. — L'enthousiasme, toutefois, fut de courte durée. L'émir n'ayant point tenu les promesses faites à son allié, le roi de Castille, ce dernier lui déclara la guerre.

Elle fut fatale aux armes musulmanes, qui éprouvèrent plusieurs échecs. Ces revers mécontentèrent le peuple : on murmura, on cria à la trahison : le roi restauré fut plus impopulaire que jamais.

Un homme se rencontra qui sut profiter de ces dispositions. Youssouf ben Alhamar, issu du sang royal des anciens souverains de Grenade, exploita le mécontentement général, se lia secrètement avec le roi chrétien, auquel il vendit l'indépendance du royaume pour prix de son appui, et parvint à détrôner Mohammed. Le fils de Youssouf reprit une deuxième fois le chemin de l'exil. Ce ne fut pas toutefois avant d'avoir tenté le sort des armes, sous les murs mêmes de Grenade, assiégée par les troupes du prince rebelle, et par celles de son allié (1431). Un instant même la fortune lui fut favorable. Pris tout à coup d'un beau zèle pour la patrie, les Grenadins résolurent de s'ensevelir sous les ruines de leur ville, plutôt que de se donner à un souverain imposé par les armées étrangères. Le siége traîna en longueur, et le roi Juan, rappelé dans ses États, fut obligé de renoncer à son entreprise. Avant de s'éloigner, il fit reconnaître Youssouf ben Alhamar roi de Grenade, avec ordre à tous les gouverneurs militaires de ses frontières de lui prêter secours.

Cette déclaration eut une grande influence sur l'esprit des populations. Plusieurs places se soumirent au protégé d'un monarque redouté, et le nombre de ses partisans s'étant considérablement accru, Youssouf reprit l'offensive. Mohammed ne voulant point exposer sa ville aux horreurs d'un assaut, abandonna la place et s'enfuit à Malaga.

Mais par une fortune bien rare dans l'histoire, ce roi, deux fois envoyé en exil, fut de nouveau rappelé et replacé sur le trône après la mort de Youssouf, dont le règne ne dura que six mois (1432).

Deuxième restauration de Mohammed VII. — Roi pour la troisième fois, Mohammed ne fut ni plus sage, ni plus heureux. Les chrétiens dévastèrent périodiquement ses États, et plusieurs des principales villes, se voyant entièrement abandonnées par le gouvernement, consentirent à payer tribut aux Castillans.

Pendant ce temps, l'émir ne songeait qu'aux plaisirs et laissait grandir chaque jour davantage le mécontentement des nobles et du peuple.

Il ne manquait qu'un chef pour changer en rébellion ouverte la sourde indignation qui fermentait dans tous les cœurs. Ce chef fut Mohammed ben Osmin, neveu du monarque.

L'émir fut pris et renfermé dans une étroite prison. Étrange destinée d'un prince trois fois renversé du trône!

Mohammed (1436-1454). — Mohammed ben Osmin prit le nom de Mohammed IX.

L'union de tous les partis pouvait seule sauver le royaume de Grenade ou du moins prolonger son existence au milieu des peuples chrétiens qui le pressaient de toutes parts.

Mais tandis que la monarchie visigothe marchai à l'unité, la nation maure se divisait et s'affaiblissait par ses dissensions intestines.

Mohammed ben Osmin se vit contraint de lutter, dès le commencement de son règne, contre un parti puissant resté fidèle au dernier monarque.

Abdelbar, qui avait rempli avec distinction la charge de hadjeb sous Mohammed VIII, se mit à la tête de ce parti et parvint à gagner Montéfrio, où il se fortifia. Ses vertus, égales à ses talents, attirèrent auprès de lui un nombre considérable d'adhérents, et bientôt il put songer à renverser l'usurpateur.

Replacer sur le trône le roi déchu était un projet irréalisable, et Abdelbar n'essaya pas même de l'exécuter; mais il existait un prince du sang royal, jeune, brave et digne de régner : c'était Mohammed ben Ismaïl, neveu de Mohammed VIII.

Ce jeune prince, impliqué sous l'un des règnes précédents dans quelque accusation politique, avait fui la vengeance de son oncle et s'était réfugié à la cour de don Juan.

C'est à lui qu'Abdelbar fit offrir la couronne.

Malgré les recommandations de ses amis de sortir secrètement des États de Castille, dans la crainte que le monarque ne s'opposât à son départ, ben Ismaïl se confia à son hôte royal, et lui fit connaître les propositions des révoltés de Montéfrio.

Loin de mettre obstacle à ces projets, don Juan les favorisa de tout son pouvoir, et le jeune prince se trouva bientôt au milieu de ses nombreux partisans. Il fut reconnu et proclamé roi de Grenade.

Cependant Mohammed ben Osmin se préparait à défendre énergiquement sa couronne.

Instruit des haines que les rois d'Aragon et de Navarre nourrissaient contre leur frère de Castille, il sollicita et obtint leur alliance. D'après le traité conclu entre les trois monarques, le royaume de Castille devait être attaqué par trois points à la fois.

Heureusement pour don Juan que cette alliance n'eut pas de résultat effectif.

La lutte n'eut lieu qu'entre les deux rois de Grenade.

Pendant cinq ans, ils se firent la guerre avec des alternatives de succès et de revers, qui permettaient également aux deux partis de s'attribuer la victoire; mais si le triomphe par les armes restait indécis, il n'en était pas de même des progrès que les deux causes obtenaient dans l'esprit des peuples.

Tandis que, par la noblesse de son caractère et la grandeur de ses vues, ben Ismaïl gagnait tous les jours de nouveaux amis, la cruauté et la rapacité de ben Osmin détachaient de lui, même ses plus fidèles serviteurs. On conspirait jusque dans les murs de Grenade, dont les habitants n'attendaient pour se déclarer qu'une occasion favorable. Ben Ismaïl vint la leur offrir.

Des renforts nombreux lui ayant été envoyés par son allié de Castille, il marcha contre son rival, le défit et le poursuivit dans sa fuite vers sa capitale. Tant que le sort des armes ne s'était pas ouvertement prononcé contre lui, Mohammed ben Osmin avait pu maintenir le mécontentement de ses sujets; mais, vaincu, il restait sans force contre la rébellion. A peine rentré dans Grenade, il comprit que son règne venait de finir.

Furieux de se voir ainsi abandonné, il voulut au moins se donner le barbare plaisir de la vengeance. Sous prétexte de consulter les principaux habitants de sa ville, il les manda à son palais, où il les fit tous massacrer par les soldats de sa garde. Une pareille barbarie ne fût pas restée sans châtiment; mais Mohammed IX s'étant secrètement dérobé pendant la nuit à la juste indignation du peuple, se retira dans les montagnes, et disparut pour jamais de la scène politique (1454).

Mohammed X. — Ben Ismaïl fut reçu dans Grenade au milieu des élans de la joie la plus vive. Son premier soin fut de cicatriser les plaies de la guerre civile; elles étaient profondes, et demandaient pour être guéries une main habile et prudente.

Le nouveau souverain entreprit courageusement sa tâche. Connaissant dans quel état d'affaiblissement et d'impuissance était tombée sa nation, il comprit que la guerre contre les chrétiens n'aurait même pas la vertu de ranimer le patriotisme de ses sujets; en conséquence, il résolut de consacrer tous ses efforts à les faire jouir des bienfaits de la paix. Une ambassade fut envoyée au roi de Castille, Henri IV, afin de solliciter de lui le renouvellement des anciens traités; mais ce prince avait d'autres vues que son prédécesseur.

Il répondit à l'ambassade de Mohammed X par l'envoi sur le territoire de Grenade d'un corps de vingt mille fantassins, et de quatorze mille cavaliers.

Les Maures étaient hors d'état de résister à de pareilles forces, et Grenade tremblait de se voir assiégée, lorsque Henri, ne pouvant amener ses ennemis à un engagement sérieux, et voyant la saison très avancée, prit le parti de se retirer (1455).

Son intention était de reprendre les hostilités dès le commencement de la campagne suivante; mais des troubles intérieurs le retinrent en Castille, et il se contenta de faire dévaster le pays de Grenade par les hommes d'armes de ses forteresses.

C'était chose affreuse que ces dévastations périodiques. Moissons, arbres fruitiers, forêts, tout tombait sous la faux et la hache de ces *taladores*, dont la mission était de faire un désert des plus riches campagnes.

En vain l'émir, pour mettre fin à ces brigandages

organisés, sollicita-t-il une trêve, la guerre de partisans continua à exercer ses fureurs. Les généraux maures essuyèrent plusieurs échecs; Gibraltar et Archidona furent réduites ; les populations consternées ne se croyaient plus en sûreté, même derrière les remparts de leurs citadelles.

Vaincu par la nécessité, Mohammed X s'humilia devant son ennemi, et consentit à payer un tribut annuel de 12,000 pistoles en or, à titre de vassalité.

Il mourut six ans après, laissant à son fils Muley Ali Aboul Hassan un trône chancelant.

Muley Ali Aboul Hassan. — Le nouveau roi aurait eu besoin pour raffermir son empire de l'appui de ses peuples et de l'obéissance de ses walis; mais lorsqu'un État menace ruine, la lâcheté et la trahison, se cachant sous le nom de prudence ou de nécessité, se ménagent un abri contre la tempête qui gronde ; les ambitieux, sacrifiant la patrie à leur égoïsme, ne craignent pas de vendre leur souverain pour sauver un lambeau de leur autorité.

Le wali révolté de Malaga se plaça sous la protection immédiate d'Henri IV, et lui livra la ville dont il était le gardien. Aboul Hassan essaya vainement de réduire le gouverneur rebelle. Malaga devint le rendez-vous de tous les mécontents, et durant plusieurs années, la guerre civile ajouta ses horreurs aux maux que la guerre étrangère avait déjà répandus sur toute la contrée.

Ainsi s'épuisait la force du royaume de Grenade. Ainsi la révolte, en armant les musulmans contre les musulmans, avait préparé les voies à la chute et à la destruction complète de l'islam dans la Péninsule.

Henri IV venait de mourir, laissant la couronne à sa sœur Isabelle, dont le mariage avec Ferdinand V d'Aragon avait opéré la réunion définitive des deux plus beaux royaumes de l'Espagne chrétienne.

Ferdinand, tout occupé à combattre les partisans de la princesse Jeanne, fille d'Henri IV, dont la légitimité était contestée, ne put rien entreprendre contre le royaume de Grenade, et observa forcément la trêve que son prédécesseur avait signée avec Aboul Hassan (1).

Mais le malheureux émir ne put mettre à profit ce temps de paix que lui laissait la Castille. Des conspirations, préparées jusque dans son harem, troublèrent

(1) Ferdinand ayant mis pour condition à la trêve qu'on paierait le tribut accoutumé : « Dites à votre maître, répondit l'émir aux envoyés, que les souverains andalous, qui payaient impôt aux rois de Castille, sont morts depuis longtemps. Nous ne fabriquons plus dans Grenade, au lieu de pièces d'or, que des épées et des fers de lance. »

la tranquillité de son règne. Zoraya, mère d'Aben Abdallah, héritier présomptif de la couronne, avait conçu une haine jalouse contre une de ses rivales. De là, des trames perfides qui amenèrent le jeune prince, sur les excitations de la sultane favorite, à une révolte ouverte contre son père, révolte doublement impie, car la patrie en fut la première victime.

A l'expiration de la trêve avec les musulmans, Ferdinand avait juré de donner définitivement la tranquillité à l'Espagne, en expulsant de son sol jusqu'à la dernière trace de la domination musulmane.

La paix, une paix durable et sûre, ne pouvait, en effet, être conquise qu'à ce prix. Deux peuples de religion si différente, et par conséquent, de mœurs si opposées, ne pouvaient vivre ensemble sur le même sol. Il fallait nécessairement que l'un des deux restât unique possesseur de ce champ de bataille si longtemps et si vaillamment disputé.

Des deux côtés, on fit pour ce combat suprême les plus grands préparatifs. Mais que pouvait un royaume comme celui de Grenade, où la discorde et la rébellion régnaient en souveraines !

Dès le commencement des hostilités, Aboul Hassan s'empara de Zahara. Les souverains castillans ressentirent un vif chagrin de la perte de cette place forte, mais ils furent dédommagés par la prise de l'Alhama, l'une des citadelles les plus importantes de l'émirat, et dont la prise fut un fait d'armes vraiment admirable (1).

Alhama n'était éloignée que de quinze lieues de la capitale, dont elle était une des principales défenses; aussi, en apprenant la triste nouvelle, Grenade fut plongée dans la consternation. Aboul Hassan, pour faire taire les plaintes, non moins que pour rassurer les esprits, voulut tenter de reprendre la place et en fit le blocus. Il poussait les opérations avec vigueur, lorsqu'il reçut l'avis que son fils tramait une conspiration contre lui. Force fut de lever le siége et d'accourir à Grenade pour étouffer dans son germe une insurrection qui menaçait de renverser le monarque. Le fils fut confiné, avec sa mère, dans une forteresse, et l'émir crut avoir ainsi assuré sa tranquillité. Mais Zoraya était femme à ne point reculer devant les obstacles : elle corrompit tous ses gardiens, obtint qu'on laisserait pénétrer ses femmes dans sa prison, et à l'aide de leurs voiles et de leurs tuniques liés ensemble, elle fit descendre le

(1) Don Roderigo, prince de Léon, fut le héros de ce magnifique fait d'armes. La citadelle fut escaladée pendant la nuit et emportée d'assaut; il fallut ensuite prendre la ville qui ne communiquait avec la citadelle que par un étroit sentier. Les habitants se défendirent avec acharnement; mais les chrétiens combattirent avec un courage irrésistible, et restèrent maîtres de la place.

prince du haut des créneaux au pied des murailles.

Une troupe de cavaliers dévoués le ramena dans la ville aux cris de Vive le roi Aben Abdallah! (Paquis.)

La lutte armée recommença alors entre le père et le fils. La ville, partagée en deux camps, voyait chaque jour se renouveler des combats meurtriers, qui lui coûtaient le sang de ses meilleurs défenseurs.

Tandis que les deux rivaux usaient ainsi, dans une guerre impie, le courage de leurs guerriers, les chrétiens, commandés par le grand maître de Santiago, tentaient un coup de main des plus hardis sur le territoire de Malaga (1). Le succès ne répondit pas à l'audace de l'entreprise, et l'expédition fut on ne peut plus funeste aux armes de Ferdinand.

Malgré les représentations du chevaleresque marquis de Cadix, le grand maître de Santiago, à la tête de ses hommes d'armes et suivi des gardiens des frontières, soldats au cœur intrépide et à l'esprit aventureux, s'engagea dans les défilés étroits de la sierra Névada.

On était au mois de mars (1483). Toute la troupe réunie ne montait guère qu'à deux mille cavaliers; il est vrai que c'était l'élite de la noblesse andalouse.

(1) Nous avons emprunté à Rosseeuw Saint-Hilaire la plus grande partie des détails concernant cette dernière lutte entre l'Espagne chrétienne et les infidèles. Nous avons quelquefois cité mot à mot.

A l'approche de cette cohorte de preux chevaliers, la terreur se répand dans la montagne ; les habitants prennent la fuite, et les Castillans ne rencontrent sur leur passage que des hameaux abandonnés qu'ils livrent aux flammes.

Cependant, à la clarté sinistre des villages incendiés, El Zagal, émir de Malaga et frère d'Aboul Hassan, a reconnu l'invasion chrétienne.

Aussitôt, il sort de la ville à la tête de ses meilleurs cavaliers, s'enfonce dans les gorges de la montagne pour barrer le passage à l'ennemi ; tandis que le brave Reduan, le Roland des ballades musulmanes, gagnait les crêtes les plus élevées pour lui fermer le chemin du retour.

Le grand maître se défendit avec un courage digne de la bravoure bien reconnue des chevaliers de son ordre ; mais il fallut tomber devant un ennemi maître des hauteurs et supérieur en nombre.

Presque tous les combattants furent massacrés ; ceux que les balles ou les blocs de rochers n'avaient pu atteindre, roulèrent au fond des précipices ; le grand maître n'échappa lui-même à la mort qu'en prenant la fuite par le flanc le plus difficile de la montagne. Quant au marquis de Cadix, il parvint à regagner la frontière après avoir vu égorger à ses côtés deux de ses frères, et en avoir laissé un troisième aux mains des musulmans.

La perte des chrétiens fut si grande que ce val funeste reçut le nom de *Côte du massacre* (Cuesta de la matanza), qu'il porte encore aujourd'hui.

A la nouvelle de cette victoire, Grenade, oubliant ses maux intérieurs, se livra à une grande joie et chanta les louanges de El Zagal, le défenseur de l'islam; puis, comparant son activité et sa vaillance à l'inaction du jeune émir, elle murmura contre ce dernier et le força enfin à tirer le glaive contre les envahisseurs.

Excité par les reproches de ses partisans, et jaloux de la gloire de son oncle, Abou Abdallah se décida enfin à diriger une attaque contre Lucéna, place forte appartenant au roi de Castille. Il fut vaincu et fait prisonnier par l'alcade de cette ville et par celui de Baéna, le comte de Cabra, qui était accouru au secours de son collègue.

La captivité de son coupable fils ayant rendu Aboul Hassan seul maître de Grenade, lui permit de reprendre son palais et son trône; mais les trésors de Zoraya, et plus encore des raisons de haute politique, décidèrent Ferdinand et Isabelle à rendre la liberté à leur royal prisonnier. Ils savaient bien que le retour du prince dans ses États serait le signal de la guerre civile, et hâterait plus que leurs armes la chute de Grenade.

Abou Abdallah, après avoir juré fidélité et obéissance de vassal, fut reconduit dans sa capitale par un corps de cavaliers que lui avait fourni le roi d'Aragon.

Son arrivée ranima son parti abattu : la lutte recommença plus envenimée que jamais.

Pour mettre un terme à toutes ces dissensions si fatales à la cause musulmane, quelques chefs des plus honorés parmi les soldats tinrent conseil, et déclarèrent les deux rivaux également déchus du trône. En même temps, ils proclamèrent Abdallah el Zagal (1), dont les armes victorieuses avaient plusieurs fois repoussé les chrétiens du territoire de Grenade.

Abdallah el Zagal. — Le vieux roi Aboul Hassan consentit sans peine à sacrifier sa couronne au salut de l'État; il se retira avec son harem et ses trésors à Almuñécar, où El Zagal se défit de lui par le poison.

Son fils refusa de se soumettre.

De nombreux partisans restaient encore fidèles à sa cause, et la guerre civile se poursuivit sans relâche. Aben Abdallah el Zakir se mit en possession de l'Abaquir, ou ville basse, et s'y fortifia, tandis

---

(1) Selon d'autres versions, Aboul Hassan, sur la demande d'un pieux uléma, renonça de lui-même au trône en faveur de son frère.

que le nouvel émir El Zagal possédait l'Alhambra, ou ville haute (1484).

Tout occupés à se combattre, les deux souverains de Grenade laissaient le champ libre aux ravages de leurs ennemis, et, n'écoutant que leur ambition personnelle, sacrifiaient à leurs querelles la patrie expirante. Cependant tout croulait autour d'eux : Alhaurin et Setenil avaient reçu garnison castillane ; la cité même de Ronda, réputée imprenable, avait dû capituler devant l'héroïque et miraculeuse audace de Ferdinand.

Assise au-dessus d'un affreux précipice, défendue par l'art et par la nature, elle se croyait si bien à l'abri de toute attaque, qu'une partie de la garnison était sortie pour porter secours à Malaga ; mais l'infatigable roi d'Aragon semblait grandir de volonté et d'audace à mesure que grandissaient les obstacles. L'artillerie fut conduite à bras sur ces hauteurs inaccessibles, et bientôt elle lança la mort et l'incendie sur la ville effrayée. Deux assauts consécutifs livrèrent aux assaillants tous les points de quelque importance. Les assiégés, refoulés jusque dans l'enceinte de leurs maisons, mirent bas les armes, demandant pour toute condition la liberté de se retirer avec leurs biens soit à Grenade, soit en Castille (1485).

Ainsi tombaient, une à une, toutes les citadelles qui faisaient à Grenade comme un double rempart de sûreté.

Après Ronda, vint le tour de trois autres places fortes : Moclin, Vélez-Malaga et Loja. Un corps de troupes, détaché du gros de l'armée, cernait les premières, tandis que Ferdinand assiégeait la troisième.

Pour cette fois, l'oncle et le neveu entendirent enfin les cris de détresse d'un peuple livré sans défense, par le fait de leur coupable antagonisme, aux attaques de ses ennemis : ils se réconcilièrent.

Abdallah el Zagal courut au secours de Moclin, et Abou Abdallah el Zakir se jeta dans Loja. Chemin faisant, El Zagal tenta par un coup de main de sauver Vélez-Malaga, mais il fut défait, et lorsqu'il voulut rentrer à Grenade, les habitants, furieux de son échec, lui en fermèrent les portes. Il fut contraint de se retirer à Guadix.

El Zakir ne fut pas plus heureux dans sa tentative en faveur de Moclin : dès le premier assaut, les chrétiens se rendirent maîtres des faubourgs et en massacrèrent les habitants.

L'émir voyant la brèche ouverte, fit prier Ferdinand de lui pardonner une rébellion dont il rejeta la faute sur la nécessité; il offrit de rendre la ville. Le roi d'Aragon, toujours clément dans la victoire, fit grâce à Loja et à son vassal infidèle (1486).

Tant de victoires semblaient avoir livré à Ferdinand le chemin de Grenade; mais tel était le nombre des habitants qui se pressaient dans le riche bassin du Xénil, telle était la quantité des villes qui s'élevaient de toutes parts dans cette vallée, le véritable jardin de l'Espagne, qu'après quatre ans de victoires, le vainqueur n'avait, pour ainsi dire, fait que préparer les voies au grand coup qu'il voulait porter. Grenade ne pouvait être prise qu'autant que Malaga serait au pouvoir des Castillans. C'est donc sur ce point que Ferdinand concentra toutes ses forces.

Malaga, la seconde ville de l'émirat, était restée, par sa position, le seul lien possible entre Grenade et l'Afrique.

La difficulté de sa conquête en égalait l'importance ; car si son commerce avait entassé dans son enceinte richesses sur richesses, la prévoyance des émirs y avait accumulé des grands moyens de défense. Deux forts, reliés l'un à l'autre par une longue muraille, là protégeaient du côté du nord; un autre fort la couvrait à l'ouest, et de nombreux arsenaux, entourés de murs et de tours, comme autant de citadelles, la mettaient à l'abri du côté du sud.

Dans la prévision de ce qui allait arriver, l'alcade avait renforcé, par de nombreux auxiliaires enrôlés en Afrique, la place abondamment pourvue de vivres; enfin, deux faubourgs fortifiés avec un soin extrême, s'étendaient dans la plaine, et étaient comme deux corps avancés qu'il fallait enlever, avant de pouvoir se rendre maître de la ville.

On peut juger par ce court exposé, des difficultés de cette glorieuse entreprise.

Après tous les préparatifs ordonnés par la prudence, Ferdinand vint camper à deux lieues de la place. Son armée se composait de 20,000 chevaux et de 50,000 hommes de pied.

Une colline s'élevait entre les deux forts dont nous avons parlé. Cette position était indispensable au succès du siége. Mais l'alcade, qui comprenait toute l'importance d'une pareille situation, l'avait fait garder par un corps de troupes africaines.

Ferdinand V envoya pour s'en emparer une division de son armée, qui fut repoussée.

Une seconde attaque, appuyée par un corps de cavalerie, avait eu le même sort, lorsque le grand maître de Santiago, resté au pied de la colline avec une réserve formée des meilleures troupes, rallia les fuyards et parvint, après des efforts inouïs et des pertes immenses, à se rendre maître du point disputé. Cet exploit sauva l'armée qui, renfermée dans les dangereux défilés de la Sierra, avait failli périr tout entière.

Le vaillant marquis de Cadix fut chargé de garder la colline avec 1,600 hommes,

Le lendemain, Ferdinand campait aux pieds des murs.

De fortes palissades et des fossés profonds couvrant l'armée du côté de la ville, la protégeaient contre les sorties des assiégés. L'armée castillane formait autour de la place comme une demi-lune, dont les extrémités se reposaient sur l'un et l'autre rivage du détroit qui embrassait Malaga.

Au centre de ce demi-cercle était placée la tente royale, sur une éminence que l'on pouvait apercevoir de toutes les parties du camp ; mais comme ce point, entièrement à découvert, servait de mire à toutes les pièces des forts et des remparts, et que plusieurs fois la vie du roi avait été mise en danger, Ferdinand transporta son pavillon derrière un pli de terrain.

Le siége fut poussé avec une vigueur et une régularité sans exemple. Dès le début, les chrétiens s'emparèrent des deux faubourgs et forcèrent la garnison à se replier dans l'enceinte de la ville. Nuit et jour les grosses pièces d'artillerie faisaient pleuvoir sur la place une pluie de feu, et cependant la ville résistait toujours.

La position commençait à devenir critique : malgré les soins d'Isabelle, les vivres n'arrivaient pas toujours régulièrement dans le camp, où la disette succédait ainsi à l'abondance. Habitués à vivre au milieu de l'opulence, tous ces grands seigneurs, qui pour la première fois reconnaissaient un maître, étalaient encore un luxe princier, et le camp, brillant d'or et de soie, contrastait avec la misère du soldat, manquant souvent du nécessaire. Aussi les murmures grandissaient chaque jour, et comme la peste exerçait ses ravages dans les villages voisins, le bruit se répandit que le siége allait être levé. Telle n'était pas la pensée de Ferdinand.

Convaincu qu'à la prise de Malaga était attachée celle de Grenade, et que la gloire de son règne, comme le salut de l'Espagne, exigeait qu'il ne reculât devant aucun sacrifice, le roi d'Aragon prit une de ces résolutions dont l'à-propos sauve les empires. Il fit venir au milieu de son camp sa femme Isabelle, l'illustre et héroïque reine de Castille. La présence de leur souveraine rendit aux soldats la patience et le courage. Une noble émulation s'empara de toute cette fière noblesse qui entourait le roi, et qui, factieuse à force d'indépendance, en temps de paix, devenait héroïque à force de loyauté, sur les champs de bataille.

On continua à rivaliser de luxe et de prodigalités, mais on rivalisa aussi de zèle et de fidélité envers la patrie et les souverains.

Le duc de Médina Sidonia, qui déjà avait fourni son contingent, vint en personne, à la tête d'un nouveau corps de troupes, dont il fit hommage à la reine, avec cent galères chargées de provisions.

Le cardinal Mendoza amena à Isabelle trois mille cavaliers équipés et armés, s'engageant à fournir toutes les sommes dont elle aurait besoin. Enfin, le duc de l'Infantado, chef de la puissante maison des Mendozas, conduisit au camp un nombre tel de vassaux, qu'à eux seuls ils formaient une armée.

C'est ainsi que, par le sacrifice de sa fortune et de son sang, la grandesse d'Espagne savait dès lors gagner ses nobles écussons, les plus beaux et les mieux mérités qu'en aucun lieu de la chrétienté.

Cependant Ferdinand avait fait proposer des conditions honorables, et les assiégés les auraient acceptées avec joie, sans l'opposition furieuse de la garnison africaine.

Ces mercenaires, devenus les maîtres de la place, répandaient une terreur profonde, pour le moins égale à celle qu'inspiraient les ennemis. Placés pour ainsi dire entre deux feux, les habitants de la ville se résignèrent à combattre, et la défense prit une vigueur nouvelle.

De son côté, Ferdinand donna une nouvelle ardeur à l'attaque.

Toutes les batteries ouvrent leurs feux : la place riposte avec vivacité, et dans une sortie de nuit, les assiégés opèrent contre la hauteur occupée par le marquis de Cadix, une attaque si bien concertée, que le héros castillan faillit y perdre et la vie et l'honneur.

Deux choses soutenaient l'espoir des habitants. Ils espéraient que la saison des tempêtes approchant, la flotte ennemie lèverait forcément le blocus du port et permettrait aux secours d'arriver d'Afrique; ils attendaient en outre les renforts promis depuis longtemps par l'émir El Zagal. Mais les secours d'Afrique ne purent arriver, et les renforts d'El Zagal furent taillés en pièces par le traître et lâche émir El Zakir, qui, maître de Grenade, avait vendu son honneur et son pays aux rois catholiques.

Néanmoins les assiégés continuèrent à se défendre avec une énergie qui tenait du désespoir.

Des sorties fréquentes ne laissaient aucun repos aux assiégeants. On se battait le jour, on se battait la nuit, et malgré cela on trouvait encore des bras pour réparer les désastres occasionnés par les bombes ennemies.

Cependant, la brèche était ouverte et praticable sur plusieurs points. Ferdinand tint conseil : il fut résolu qu'on attendrait, pour donner l'assaut, que la faim eût affaibli l'ardeur des assiégés. La place fut cernée de plus près encore, et l'on attendit.

La famine, en effet, se fit bientôt sentir dans l'infortunée cité. On y était réduit à se nourrir des aliments les plus immondes, et la faim faisait autant de victimes que le fer des ennemis.

Touchées des souffrances de Malaga, et pénétrées d'admiration pour son héroïque résistance, toutes les villes musulmanes eussent voulu la secourir; mais, impuissantes à lui venir en aide, elles ne pouvaient que gémir sur son sort.

Enfin, le fanatisme arma un meurtrier qui se dévoua pour ses frères.

C'était un Maure africain, établi à Cadix, et que les chroniques nomment Abrahen el Gerbi. Exalté jusqu'à la frénésie par ses idées religieuses, il se crut et se dit appelé du ciel à délivrer Malaga. La sainteté apparente de sa vie lui fit des complices, et quatre cents adeptes jurèrent d'obéir aveuglément à ses ordres. Ils se mettent en route, marchent la nuit, par des chemins détournés, et arrivent, à travers mille dangers, devant le camp des ennemis.

Là, quatre cents hommes n'hésitent pas à en attaquer cent mille; ils se fraient un chemin sanglant à travers les lignes chrétiennes. Deux cents des leurs succombent; le reste parvient à se jeter dans la place.

Abrahen el Gerbi avait habilement ourdi sa trame. Pendant la mêlée, il jette ses armes à l'écart, et, prosterné, il semble prier dans une sainte extase. Pris et pressé de questions, il est, dit-il, possesseur d'un secret qu'il ne veut et ne peut communiquer qu'au roi. Sur ses instances, on l'introduit dans la tente royale. Le roi et la reine étant absents, la tente n'était alors occupée que par deux personnages de leur cour, Béatrix de Bobadilla et don Alvar de Braganza.

Le Maure croit avoir devant lui Ferdinand et Isabelle.

Aussitôt, tirant un poignard de son sein, il en frappe don Alvar, qui tombe mort. La broderie de sa robe para heureusement le coup porté à Béatrix.

Le meurtrier fut mis en pièces : ses membres, jetés dans la gueule d'un canon, furent lancés dans la ville.

Le moment de livrer l'assaut était venu ; mais à la prière d'Isabelle, qui voulait épargner le sang de ses sujets, on différa encore, et l'on attendit l'œuvre de la famine. Les assiégeants, du reste, pouvaient sans danger pour eux prolonger indéfiniment le siége : les vivres abondaient dans le camp, où les souverains avaient établi un ordre admirable, et où régnait la concorde la plus parfaite, malgré la diversité de patrie et d'idiome, de l'immense multitude qui le composait.

Tout cela était l'œuvre d'Isabelle, la providence des soldats, le conseil des capitaines et l'âme de la guerre.

Enfin, le brave alcade, Hamet Céli, voyant que la ville ne pouvait être secourue, se retira dans la citadelle de Gébelfaro, et laissa aux habitants la faculté de traiter avec les souverains catholiques.

La ville se rendit à discrétion : le château de Gebelfaro suivit son exemple. Contrairement aux habitudes suivies jusque-là par les vainqueurs, le courageux alcade fut jeté en prison, et les habitants souffrirent d'affreux traitements. On en fit trois parts : la première fut donnée en échange d'un nombre égal de chrétiens captifs en Afrique; le deuxième tiers fut vendu; les nobles castillans se partagèrent ceux qui restaient (1487).

Ainsi veuve de ses anciens possesseurs, la ville, convertie en désert, offrait un aspect désolant. Les rois catholiques y appelèrent les chrétiens de toutes les parties de l'Andalousie, et accordèrent de grands priviléges à ceux qui vinrent s'y fixer. Son heureuse situation entre deux mers, la fertilité de son territoire, la douceur du climat, attirèrent bientôt une nombreuse population; mais Malaga chrétienne ne fut jamais que l'ombre de Malaga musulmane.

Nous n'avons plus à raconter maintenant que la chute de Grenade, dernier acte de la conquête chrétienne et couronnement de ce règne, l'un des plus glorieux de la chevaleresque Espagne.

Après la prise de Malaga, il ne restait pour défendre le chemin de Grenade que trois places fortes, placées, pour ainsi dire, comme des sentinelles à la garde de leur souveraine. Elles appartenaient à l'émir El Zagal.

Chose inconcevable! le péril prochain planant sur sa capitale, ainsi mise de plus en plus à découvert, à mesure que tombaient une à une les citadelles qui lui faisaient comme une ceinture, ne fut pas capable de ramener El Zakir à des sentiments plus patriotiques. Dans un commun danger, alors que la patrie, sur le bord de l'abîme, réclame le bras de tous ses enfants, c'est être doublement criminel que de ne point abjurer ses haines personnelles. Aussi l'histoire a-t-elle de tout temps flétri d'un arrêt sévère le traître qui préfère son ambition ou sa vengeance au salut de l'État. Le roi de Grenade mérita cet anathème; il fut lâche envers lui-même et traître à son pays. Loin de chercher à porter secours à l'émir El Zagal, il l'empêcha de disposer de toutes ses forces contre Ferdinand. Le roi d'Aragon assiégeait alors Baza. Sa position avantageuse, dans une riche vallée, au pied d'une chaîne de monts, formant un rempart inaccessible du côté de l'ouest, faisait de cette ville une place importante à posséder, comme arsenal et magasin de vivres, pour les armées qui voudraient plus tard attaquer la capitale musulmane. El Zagal avait tout intérêt à défendre cette forteresse; mais la crainte des incursions de l'émir de Grenade ne lui permit pas de voler à son secours, et la ville dut songer à se défendre avec ses seules ressources.

Fortifiée par la nature plus encore que par l'art, munie de vivres pour quinze mois, occupée par une garnison aussi fidèle que brave, Baza pouvait résister longtemps et retarder la prise de Grenade.

Ferdinand le savait ; c'est pourquoi il réunit toutes ses forces sur ce point. La ville fut enveloppée par une armée de cent mille hommes. Des travaux, savamment conduits, fermèrent passage aux secours que les assiégés pouvaient recevoir du dehors, en même temps qu'ils mirent les Castillans à l'abri de toute attaque.

Puis, l'hiver approchant, Ferdinand, au lieu d'un camp ouvert aux injures de la température, fit construire une ville de bois et d'argile battue, pour loger les soldats. Comme par les soins d'Isabelle (restée à Jaën), les vivres arrivaient en abondance, les troupes se résignèrent gaîment à faire le blocus de la place, au lieu du siége prompt et court qu'elles avaient espéré. Leur constance fut mise à de rudes épreuves. Un orage épouvantable éclata dans la vallée à la suite d'une longue sécheresse. Les torrents se précipitant des montagnes, inondèrent le camp, détruisirent les constructions, effondrèrent les routes creusées avec tant de travaux et de dépenses, et isolèrent les assiégeants du territoire chrétien ; mais Isabelle veillait au salut de son armée. Six mille pionniers envoyés par elle, réparèrent les désastres de l'orage, rétablirent les communications; les vivres arrivèrent plus abondants que jamais. Pour couvrir tous ces frais, elle avait, la courageuse reine, vendu ses bijoux, et engagé jusqu'à sa couronne royale. Bientôt, appelée par les vœux de l'armée, elle parut au milieu des soldats, apportant avec elle la patience, la joie et le courage. En apprenant son arrivée, les assiégés perdirent tout espoir, et le commandant de Baza, cid Yahia, après en avoir demandé l'autorisation à son maître, El Zagal, offrit de rendre la place. Les rois catholiques firent à cette ville des conditions plus favorables que celles qu'avait obtenues Malaga; le bon accueil dont ils comblèrent le gouverneur leur gagna le cœur du vieux général, qui se rendit auprès de l'émir pour l'engager à cesser une résistance inutile, et à s'en remettre à la générosité de Ferdinand (1489).

El Zagal pleura de douleur, puis levant les mains au ciel : « Ce qu'Allah a décrété, dit-il, doit être accompli. Mon épée eût sauvé Grenade, si Grenade eût pu être sauvée. Que la volonté d'Allah soit faite! »

Il consentit à tout ce que le vainqueur voulut ordonner.

En retour de Guadix et d'Alméria, livrées à Ferdinand et à Isabelle, il reçut un royaume dérisoire dans les Alpujarras (1); mais, lassé bientôt de sa royauté éphémère, il passa en Afrique, où il mourut dans la misère.

Abdallah el Zakir. — Démantelée de toutes les places fortes qui lui faisaient une garde redoutable, et veillaient sur elle comme des serviteurs fidèles, Grenade restait exposée sans défense aux coups des rois catholiques.

Son émir, El Zakir, homme sans patriotisme et sans courage, était plus propre à servir de complice aux ennemis qu'à préparer le salut de sa ville, ou du moins qu'à lui faire un tombeau glorieux.

Aussi le siége de Grenade consista plutôt dans celui des places fortes que nous avons déjà mentionnées, que dans le blocus de la ville elle-même. La capitale de l'Andalousie tomba comme tombe le chêne, lorsqu'on a coupé les racines qui le retenaient au sol. La vraie lutte, la lutte héroïque de part et d'autre, avait eu lieu devant Baza, Malaga et les autres citadelles déjà au pouvoir de Ferdinand.

L'armée chrétienne, forte de cinquante mille hommes, vint camper à deux lieues de Grenade. Telle était la fécondité des rives du Xénil, que les arbres à fruit et les arbres d'agrément y formaient comme une vaste forêt, où l'on dut porter la hache.

(1) Les Alpujarras sont un rameau de la sierra Névada,

Tout fut détruit sur les fertiles côteaux des Alpujarras ; des villages entiers furent rasés jusqu'au sol, et l'armée des rois catholiques put enfin camper sous les murs de la dernière capitale des musulmans dans la Péninsule.

La position de la ville, défendue par les deux forts dont nous avons déjà eu occasion de parler, l'Albaquin et l'Alhambra, pouvait soutenir un long siége.

Dans cette prévision, Ferdinand et son inséparable reine, Isabelle de Castille, s'étaient établis dans leur camp comme en une ville de leurs États, tenant cour avec autant d'appareil et de luxe que s'ils se fussent trouvés dans leur capitale. L'espace entre le camp et Grenade avait été transformé en champ clos, où les plus vaillants champions des deux partis se disputaient, sous les yeux de leurs dames, la palme du courage. Dans ces joûtes sanglantes, les musulmans luttaient de courtoisie avec les plus nobles chevaliers chrétiens.

Un incendie qui se communiqua pendant la nuit du pavillon de la reine aux tentes des soldats fit transformer en cité le camp construit à la hâte, et donna au siége un caractère de perpétuité bien propre à décourager les assiégeants.

Santa-Fé fut le nom qu'Isabelle donna à la nouvelle ville. Soldats et ouvriers tour à tour, les assiégeants quittèrent le glaive pour la pioche, et en trois mois Santa-Fé, sortie de terre, faisait briller au soleil les cimes du double clocher de sa cathédrale. La ville, bâtie en forme de croix, subsiste encore aujourd'hui, monument impérissable de la persévérance qui arracha l'Espagne aux infidèles.

Enfin, en octobre (1491), l'émir El Zakir traite secrètement avec Ferdinand de la reddition de la place. Gonzalve de Cordoue, dont la bravoure et les talents militaires devaient plus tard jeter un si vif éclat, fut chargé de régler les conditions du traité. Elles furent, en apparence, favorables aux assiégés. Les rois catholiques s'engageaient à respecter les personnes et les biens, à laisser aux musulmans la liberté de conscience et à leur permettre de conserver leurs juges naturels, avec appel aux rois de Castille. Ils devaient, en outre, être exempts d'impôt pendant trois ans. L'ancienne taxe ne pouvait être rétablie qu'à partir de la quatrième année. El Zakir recevait un semblant de royauté dans les Alpujarras.

Ces conditions, favorables pour des vaincus, furent agréées par les principaux scheiks; mais la populace fanatisée accusa hautement l'émir de trahir les intérêts de la ville, et parla de massacrer les traîtres pour s'ensevelir ensuite sous les ruines de la patrie.

El Zakir, instruit des dispositions de la multitude, et craignant que dans son désespoir elle ne se portât aux plus grands excès, fit prier les deux souverains de devancer le jour fixé pour la capitulation.

En conséquence, le 2 janvier 1492 (1), le cardinal Mendoza, au nom de ses augustes maîtres, prit possession de l'antique cité des émirs. La croix fut plantée sur la plus haute tour de l'Alhambra et saluée par les cris enthousiastes de l'armée chrétienne.

Quant au dernier roi des musulmans en Espagne, il se retira dans les Alpujarras avec sa famille et quelques rares serviteurs, tristes représentants d'une race fameuse.

Jetant du haut des côteaux qui dominent Grenade, un regard attristé sur ces tours et ces minarets, où la croix triomphante proclamait la victoire de la chrétienté sur l'islamisme, il ne put, dit-on, retenir ses larmes.

« Pleure comme une femme, lui dit sa mère, la sultane Zoraya, toi qui n'as pas su combattre ni en homme, ni en roi. »

Suivant l'exemple de son oncle El Zagal, l'émir déchu ne tarda pas à vendre ses possessions d'Espagne et passa en Afrique, où il mourut dans une bataille au service de son parent, le roi de Fez.

Deux princes de sa famille, Yahia et son fils, embrassèrent le christianisme et vécurent honorés à la cour de leur nouveau souverain.

(1) Paquis adopte la date du 4 janvier.

Ainsi disparut de la Péninsule toute trace de la puissance musulmane.

L'étendard de l'islam, abattu pour ne plus se relever, ne conserva pas une citadelle, pas une tour où sa présence pût rappeler à la postérité son règne de sept cent quatre-vingt-un an de durée.

L'Espagne victorieuse, noble exemple de ce que peuvent la persévérance et le courage, inspirés par le patriotisme et la religion, s'était reconquise elle-même à l'unité, à la chrétienté, et cette œuvre d'héroïque patience, commencée sous Pélage, poursuivie à travers les siècles au milieu de mille vicissitudes diverses, dut enfin son couronnement à deux princes illustres, justement placés par l'impartiale histoire parmi les plus grands rois du monde chrétien, à Ferdinand d'Aragon et à Isabelle de Castille.

A eux appartient la gloire d'avoir fondé la monarchie espagnole.

TABLE DES MATIÈRES.

Avant-propos.   I

CHAP. I. Espagne dans les temps primitifs. — Premiers habitants de l'Espagne. — Ibères. — Celtes. — Celtibères. — Colonies phéniciennes. — Colonies grecques.   1

CHAP. II. Conquête carthaginoise. — Commencements de la domination carthaginoise en Espagne. — Amilcar. — Fondation de Barcelone. — Résistance des naturels. — Conquête des Carthaginois. — Asdrubal gendre d'Almilcar. — Les naturels implorent le secours des Romains. — Annibal. — Siége et prise de Sagonte. — Cnéus Scipion débarque en Espagne. — Lutte entre les Carthaginois et les Romains. — Arrivée en Espagne de Publius Scipion (plus tard Scipion l'Africain). — Prise de Carthagène par les Romains. — Asdrubal fils de Giscon. — Les Carthaginois abandonnent la Péninsule   8

CHAP. III. Domination romaine. — Tyrannie des Romains. — Révolte des naturels. — Indebilis. — Les cruautés et les exactions des vainqueurs excitent de nouvelles rébellions. — Les différents peuples de l'Espagne s'unissent dans une confédération commune. — La désunion des confédérés donne la victoire à leurs ennemis. — Viriathe. — Siége et destruction de Numance. — Sertorius. — La lutte recommence contre la domination romaine. — Assassinat de Sertorius. — Soumission de l'Espagne — Dans la guerre civile entre César et Pompée, la Péninsule redevient un champ de bataille. — Nouvelle division à l'avénement d'Auguste. — Ère de calme et de prospérité. — Situation de l'Espagne sous les successeurs d'Auguste. — Première invasion des barbares. — Les Romains se disposent à défendre leur conquête. — Fin de la domination romaine. 22

CHAP. IV. Suèves, Alains, Vandales, Visigoths. — Les Suèves, les Alains et les Vandales se partagent l'Espagne. — Apparition des Visigoths. — Ils disputent la Péninsule aux peuples envahisseurs. — Défaite des Vandales et des Alains. — Les Suèves résistent. — Les Romains essaient de reprendre la Péninsule aux barbares. — Alliance des Suèves et des Visigoths. — Rupture de cette alliance. — Les Visigoths s'unissent aux Romains. — Les Suèves sont vaincus. — Les Visigoths se déclarent contre leurs alliés. — Ils triomphent sous leur chef Euric. — Chassés de la Gaule, ils s'établissent en vainqueurs au delà des Pyrénées. — Situation de l'Espagne à l'avénement de Theudis. — Divers peuples qui l'habitent. — Victoire des Visigoths. — Destruction définitive du royaume des Suèves. — Les Visigoths poursuivent leurs conquêtes. — Anarchie causée par le principe de la royauté élective. — Troubles religieux. — Guerre contre les Francs. — Récarède renonce à l'arianisme et embrasse le catholicisme. — Il triomphe des Francs. — Les Visigoths maîtres de l'Espagne. — Lutte entre la royauté et les grands. — Influence du clergé. — Les conciles. — Léthargie politique du peuple. — La royauté sous Vamba essaie de ressaisir le pouvoir. — Guerre heureuse dans la Septimanie. — Première attaque des Musulmans contre l'Espagne. — Pouvoir des évêques. Symptômes de la chute prochaine de la domination gothique. — Deuxième attaque des Arabes. — Ils sont repoussés. — Règne de Roderic. — Trahison du comte Julien. — Tareck débarque dans la Péninsule. — Bataille de Xérès. — Victoire des Musulmans. 44

CHAP. V. Domination arabe. — Réflexions sur le peu de résistance des Visigoths à la nouvelle domination. — Division de l'histoire des Musulmans dans la Péninsule. — Succès de Tareck. — Prise de Tolède. — Theudemir et Pélage, échappés au désastre de Xérès, fondent deux États indépendants : Theudemir dans la province de Murcie, Pélage dans le royaume des Asturies. — Theudemir se reconnaît tributaire des Musulmans. — Mouza en Espagne. — Mouza et Tareck sont rappelés en Afrique. — Abdelaziz, fils de Mouza, achève la soumission de la Péninsule. — Il est mis à mort par l'ordre du calife. — Fin du royaume tributaire de Murcie. — Émirs ou gouverneurs. — Conquête de la Septimanie. — Eudon, duc d'Aquitaine, bat les Musulmans. — Expédition d'Abdelrahman dans les Gaules. — Guerre civile entre les Berbers et les Arabes. — Les Syriens d'Afrique interviennent. — Ils sont chassés par Almansour. — L'Espagne musulmane commence à rompre le lien qui l'unissait aux califes. — Insubordination des walis. — Progrès du royaume chrétien fondé par Pélage. — Guerre civile entre les Musulmans. — Abdelrahman, prince ommiade, fondateur du califat de Cordoue. 97

PREMIÈRE PÉRIODE. Temps de la conquête. 101

Époque des émirs. 109

DEUXIÈME PÉRIODE. Califat de Cordoue. — Luttes et victoires d'Abdelrahman Ier. — Expédition de Charlemagne dans la Péninsule. — Guerre contre les chrétiens. — Conquête de la Septimanie. — Siége et prise de Barcelone par Louis, fils de Charlemagne. — Marche de Gothie. — Progrès du royaume des Asturies. — Normands en Espagne. — Bernhard comte de Barcelone. — Trahison de Mouza, wali de Saragosse. — Le rebelle Omar ben Hafsoûn. — Ses succès continués par ses fils. — Alliance des Musulmans avec Alphonse III, roi des Asturies. — Règne glorieux d'Abdelrahman III. — Ordono II, roi des Asturies, vainqueur à San-Esteban. — Chrétiens défaits à Mindonia et à la Junquera. — Guerre heureuse contre les Fatimites d'Afrique. — Apogée de la puissance des Ommiades. . . . 133

Califat de Cordoue. Décadence. — Les ministres ou hadjebs, espèce de maires du palais, usurpent le pouvoir. — Le hadjeb, Mohammed-Almansour. — Ses victoires. — Sa défaite à Calat-Anozor. — Sa mort. — Ses fils héritent de sa charge et de son pouvoir. — Révolte des grands. — Anarchie. — La royauté dépouillée de tout prestige. — Les gouverneurs ou walis indépendants. — Arrivée des Edrisides d'Afrique. — Leurs victoires. — Les walis s'unissent contre les vainqueurs. — Guerre civile. — Défaite des Edrisides. — Retour des Ommiades au pouvoir. — Nouvelle révolte des walis. — Abdication d'Hischem III. — Fin de la domination des Ommiades. 187

TROISIÈME PÉRIODE. — Anarchie ou démembrement du califat de Cordoue. — Vains efforts de Gehwar, émir de Cordoue, pour reconstituer le pouvoir. — Les émirs devenus souverains. — Guerre entre Mohammed, gouverneur de Séville, et les Édrisides de Malaga. — Mohammed aspire à la souveraineté universelle. — Rivalité entre les émirs de Séville et de Cordoue. — Leurs fils, dissimulant leur haine mutuelle, s'unissent contre les Tolédans. — Mohammed II, vainqueur des Tolédans, détrône son allié. — Ses succès contre ses rivaux. — Mohammed III fait la guerre à l'émir de Valence Almamoun. — Son triomphe. — Son alliance avec Alphonse VI. — Prise de Tolède par Alphonse VI. — Rupture de l'alliance entre Mohammed III et Alphonse VI. — Confédération des émirs. — Les Almoravides en Espagne. — Leur victoire à Zélaca. — Ils font la guerre aux émirs, leurs anciens alliés. — Après cinq ans de luttes, ils restent maîtres de l'Espagne. 219

QUATRIÈME PÉRIODE. Règne des Almoravides. — Youssouf maître de l'Espagne méridionale. — Le Cid el Campeador. Victoire d'Uclès sur les chrétiens. — Puissance des Almoravides. — Saragosse capitale du royaume chrétien d'Aragon. — Rivalité entre les Berbers et les Arabes. — Révolte des Cordouans. — Soumission des rebelles. — Les Almohades en Afrique. — Leurs guerres contre les Almoravides. — Alliance entre les Mozarabes d'Espagne et le roi d'Aragon Alphonse I. — Expédition malheureuse d'Alphonse. — Victoire de Zélaca sur les chrétiens. — Dissensions entre l'Aragon et la Castille. — Décadence des Almoravides. — Alphonse VIII roi de Castille. — Les Almohades en Espagne. — Alliance des Almoravides avec Alphonse VIII. — Prise de Grenade par les Almohades. — L'empire des Almoravides passe aux Almohades. 238

CINQUIÈME PÉRIODE. Souveraineté des Almohades. — Abdelmoumen. — Situation de la Péninsule à l'avénement de Youssouf. — Séville, capitale des Almohades. — Révolte des émirs. — Leur soumission. — Youssouf triomphe en Afrique. — Prise de Santarem sur les chrétiens. — Yacoub ben Youssouf. — Le roi de Portugal. — Victoire d'Alarcos sur Alphonse IX de Castille. — Alliance de Yacoub avec les rois de Léon et de Navarre. — Mohammed. — Guerre contre les chrétiens. — Victoire des chrétiens à Las Navas de Tolosa. — Minorité d'Abou Yacoub Youssouf (Almostansir Billah). — Décadence des Almohades. — Guerre civile. — Anarchie. — Almamoun règne sans les conseils. — Révolte de son peuple. — Prise de Séville par Ferdinand III, roi de Castille. — L'Espagne échappe aux Almohades. — Révolte des Mérinès. — Fin de la domination des Almohades. . . 258

SIXIÈME PÉRIODE. Royaume de Grenade. — Rivalité entre Almotawakkel et Mohammed ben Alhamar. — Mort d'Almotawakkel. — Son rival hérite de sa puissance. — Fondation du royaume de Grenade. — Prise de Jaën. — Mohammed se place sous la suzeraineté du roi de Castille. — Rupture de l'alliance conclue entre ces deux princes. — Avénement de Mohammed II. — Sa visite au roi de Castille. — Il réclame l'appui de l'émir d'Afrique. — Les Musulmans remportent quelques avantages. — L'émir d'Afrique se détache de l'alliance avec Grenade et fait amitié avec les chrétiens. — Sa mort. — Abou Yacoub. — Mohammed reprend Malaga aux Africains. — Avénement de Mohammed III. — Sa guerre contre les rois chrétiens.

— Son abdication. — Affaiblissement du royaume de Grenade. — Ferdinand de Castille. — Bataille de Salado. — Siége et prise d'Algésiras. — Guerre civile entre Mohammed V et son frère Ismaïl. — Sous les règnes suivants, la guerre civile continue à désoler Grenade. — Henri IV, roi de Castille. — Ferdinand le Catholique et Isabelle. — Leurs campagnes contre Grenade. — Prise de Malaga et de Baza. — Siége et prise de Grenade. 289

PARIS. — IMPRIMERIE DE L. MARTINET, RUE MIGNON, 2.

www.ingramcontent.com/pod-product-compliance
Lightning Source LLC
Chambersburg PA
CBHW060600170426
43201CB00009B/838